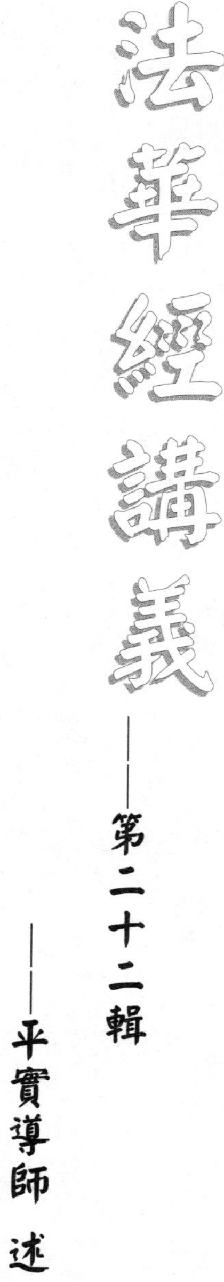

ISBN 978-986-97233-0-5

執著離念靈知心爲實相心而不肯捨棄者，即是畏懼解脫境界者，即是畏懼無我境界者，即是凡夫之人。謂離念靈知心正是意識心故，若離**俱有依**（意根、法塵、五色根），即不能現起故；若離**因緣**（如來藏所執持之覺知心種子），即不能現起故；復於眠熟位、滅盡定位、無想定位（含無想天中）、正死位、悶絕位等五位中，必定斷滅故。夜夜眠熟斷滅已，必須依於**因緣**、**俱有依**緣等法，方能再於次晨重新現起故；夜夜斷滅後，已無離念靈知心存在，成爲無法，無法則不能再自己現起故；由是故言**離念靈知心是緣起法**、**是生滅法**。不能現觀離念靈知心是緣起法者，即是未斷我見之凡夫；不願斷除**離念靈知心常住不壞之見解**者，即是恐懼解脫無我境界者，當知即是凡夫。

——**平實導師**——

一切誤計**意識心為常**者，皆是佛門中之常見外道，皆是凡夫之屬。意識心境界，依層次高低，可略分爲十：一、處於欲界中，常與五欲相觸之離念靈知；二、未到初禪地之未到地定中，暗無覺知而不與欲界五塵相觸之離念靈知，常處於不明白一切境界之暗昧狀態中之離念靈知；三、住於初禪等至定境中，不與香塵、味塵相觸之離念靈知；四、住於二禪等至定境中，不與五塵相觸之離念靈知；五、住於三禪等至定境中，不與五塵相觸之離念靈知；六、住於四禪等至定境中，不與五塵相觸之離念靈知；七、住於空無邊處等至定境中，不與五塵相觸之離念靈知；八、住於識無邊處等至定境中，不與五塵相觸之離念靈知；九、住於無所有處等至定境中，不與五塵相觸之離念靈知；十、住於非想非非想處等至定境中，不與五塵相觸之離念靈知。如是十種境界相中之覺知心，皆是意識心，計此爲常者，皆屬常見外道所知所見，名爲佛門中之常見外道，不因出家、在家而有不同。

——**平實導師**——

如《解深密經》、《楞伽經》等聖教所言，成佛之道以親證阿賴耶識心體（如來藏）爲因，《華嚴經》亦說**證得阿賴耶識者獲得本覺智**，則可證實：證得阿賴耶識者方是大乘宗門之開悟者，方是大乘佛菩提之眞見道者。經中、論中又說：證得阿賴耶識而轉依**識上所顯真實性**、**如如性**，能安忍而不退失者即是**證真如**、即是大乘賢聖，在二乘法解脱道中至少爲初果聖人。由此聖教，當知親證阿賴耶識而確認不疑時即是開悟眞見道也；除此以外，別無大乘宗門之眞見道。若別以他法作爲大乘見道者，或堅執**離念靈知**亦是實相心者（堅持意識覺知心離念時亦可作爲明心見道者），則成爲實相般若之見道內涵有多種，則成爲實相有多種，則違實相絕待之聖教也！故知宗門之悟唯有一種：親證第八識如來藏而轉依如來藏所顯眞如性，除此別無悟處。此理正眞，放諸往世、後世亦皆準，無人能否定之，則堅持離念靈知意識心是眞心者，其言誠屬妄語也。

—**平實導師**—

目次

第九輯：

第十輯：

第十一輯：

第十二輯：

自　序

大乘佛法勝妙極勝妙，深奧極深奧，廣大極廣大，富麗極富麗，謂此唯一佛乘妙法，意識思惟研究之所不解，非意識境界故，佛說爲不可思議之大乘解脫境界，名爲大乘菩提一切種智，函蓋大圓鏡智、成所作智、妙觀察智、平等性智；然而此等極勝妙乃至極富麗之佛果境界，要從因地之大乘眞見道始證，次第進修方得。然大乘見道依序有三個層次：眞見道、相見道、通達位。眞見道者位在第七住；相見道位始從第七住位之住心開始，終於第十迴向位滿心；通達位則是圓滿相見道位智慧與福德後，進修大乘慧解脫果，再依十無盡願的增上意樂而圓滿，名爲初地入地心菩薩。眾生對佛、法、僧等三寶修習信心，十信位滿心後進入初住位中，始修菩薩六度萬行，皆屬外門六度之行；逮至開悟明心證眞如時，方入眞見道位中；次第進修相見道位諸法以後，直到通達而得入地時，歷時一大阿僧祇劫，故說大乘見道之難，難可思議。

大乘眞見道之實證，即是證得第八識如來藏，能現觀其眞實而如如之自性，名爲證眞如；此際始生根本無分別智，同時證得本來自性清淨涅槃。乃至證悟般若不退而繼續進修之第七住位始住菩薩，轉入相見道位中，歷經第一大阿僧祇劫中三十分之二十有四的長劫修行，同時觀行三界萬法悉由此如來藏之妙眞如性所生所顯，證實《華嚴經》所說「**三界唯心、萬法唯識**」正理；如是進修眞如後得無分別智，終能具足現觀非安立諦三品心而至十迴向位滿心，方始具足眞如後得無分別智，相見道位功德至此圓滿，然猶未入地。

此時思求入地而欲進階於大乘見道之通達位中，仍必須進修大乘四聖諦，現觀四諦十六品心及九品心後，要有本已修得之初禪或二禪定力作支持，方得相應於慧解脫果；或於此安立諦具足觀行之後發起初禪爲驗，證實已經成就慧解脫果；此時已能取證有餘、無餘涅槃，方得與初地心相應，而猶未名初地。而後再依十大願起惑潤生，發起繼續受生於人間自度度他之無盡願，不畏後世長劫生死眾苦，於此十大無盡願生起增上意樂而得入地，方得名爲大乘見道之通達位，眞入初地之入地心中，完成大乘見道位所應有之一切修證。此時已通達大乘見道位應證之眞如全部內涵，圓滿大乘見道通達位應有之無生法忍智慧，及慧解脫果與增上意樂，方證通達位之無生法忍果，方得名爲始入初地心之菩薩。

然而觀乎如是大乘見道之初證眞如，發起眞如根本無分別智，得入第七住位，成爲眞見道菩薩摩訶薩；隨後轉入相見道位中繼續現觀眞如，實證非安立諦三品心而歷經十住、十行、十迴向位之長劫修行，具足眞如後得無分別智，生起初地無生法忍之初分，配合解脫果、廣大福德、增上意樂，名爲通達見道位眞如而得入地。如是諸多位階所證眞如，莫非第八識如來藏之眞實與如如二種自性，同屬證眞如者。依如是正理，故說未證眞如者，皆非大乘見道之人；證眞如者謂現觀如來藏運行中所顯示之眞實與如如自性故，實相般若智慧依如來藏之眞如法性建立故，萬法悉依如來藏之妙眞如性而生而顯故，本來自性清淨涅槃亦依如來藏之眞如法性建立故。

如是證眞如事，於眞藏傳佛教覺囊巴被達賴五世藉政治勢力消滅以後，由於時局紛亂不宜弘法故，善知識不得出世弘法，三百年間已經不行於人世。及至時局昇平人民安樂之現代，方又重新出現人間，得以繼續利樂有緣學人。然而，縱使末法時世受學此法而有實證之人，欲求入地實亦匪易，蓋因眞見道之證眞如已經極難親證，後再論及相見道位非安立諦三品心之久劫修行，而能一一教授弟子四眾者，更無其類；何況入地前所作加行之教授，而得具足實證大乘四聖諦等安立諦十六品心、九品心者？眞可謂：「善知識者出興世難，至其所難，得值遇難，得見知難，得親近難，得共住難，得其意難，得隨順難。」如是八難，具載於《華嚴經》中；徵之於末法時世之現代佛教，可謂誠言，眞實不虛。

縱使親值如是善知識已，長時一心受學之後，是否即得圓滿非安立諦三品心及安立諦十六品心、九品心而得入地？觀乎平實二十餘年度人所見，誠屬難事；殆因大乘見道實相智慧極難實證，何況通達？復因大乘慧解脫果並非隱居深山自修而可得者，如是證明初始見道證眞如已屬極難，更何況入地進修之後所應親證之初地滿心猶如鏡像現觀，解脫於三界六塵之繫縛；二地滿心猶如光影之現觀，能依己意自定時程及範圍而轉變自己之內相分，令習氣種子隨於自己施設之進程而分分斷除；三地滿心前之無生法忍智慧，能轉變他人之內相分；以及滿心位之猶如谷響現觀，能觀見自己之意生身分處他方世界廣度眾生，而使無生法忍及福德更快速增長。至於四地心後之諸種現觀境界，更難令三賢位菩薩了知，何況未證謂證、未悟言悟之假名善知識，連第七住菩薩眞見道所證眞如都只能想像者？

雖然如此，縱使已得入地，而欲了知佛地究竟解脫、究竟智慧境界，亦仍無法望其項背，實因初地菩薩於諸如來不可思議解脫及智慧仍無能力臆測故。縱使已至第三大阿僧祇劫之修行——已得八地初心者，亦無法全部了知諸佛的境界，則無法了知佛法之全貌，如是而欲了知十方三世諸佛世界之關聯者，即無無其分。以是緣故，世尊欲令佛子四眾如實了知三世佛教之亙古久遠、未來無盡，以及十方虛空諸佛世界等佛教之廣袤無垠；亦欲令弟子眾了知世間萬法、出世間法及實相般若、一切種智無生法忍等智慧，悉皆歸於第八識如來藏妙眞如性者，則必於最後演述《妙法蓮華經》而圓滿一代時教；是故 世尊最後演述《法華經》時，一仍舊貫而如《金剛經》稱此第八識心為「**此經**」，冀諸佛子醒悟此理而捨世間心、聲聞心，願意求證眞如之理，久後終能確實進入絕妙難思之大乘法中。斯則 世尊顧念吾人之大慈大悲所行，非諸凡愚之所能知。

然而法末之世，竟有身披大乘法衣之凡夫亦兼愚人，隨諸日本歐美專作學問之學者謬言，提倡六識論之邪見，以雷同常見、斷見外道之邪見主張，公開否定大乘諸經，謂非佛說，公然反佛聖教而宣稱「**大乘非佛說**」。甚且公然否定最原始結集之四大部阿含諸經中之聖教，妄判為六識論之解脫道經典，公然貶抑四阿含諸經中之八識論正教，令同於常見外道之六識論邪見；全違 世尊依八識論而解說聲聞解脫道之本意，亦令聲聞解脫道同於斷見、常見外道所說之解脫，則無餘涅槃之境界即成為斷滅空而無人能知、無人能證。如是住如來家，著如來衣，食如來食，藉其弘揚如來法之表相，極力推廣相似像法而取代聲聞解脫道正法，最後終究不免推翻如來正法；如斯之輩至今依然寄身佛門破壞佛法，而佛教界諸方大師仍多心存鄉愿，不願面對如是破壞佛教正法之嚴重事實，仍多託詞高唱和諧，而欲繼續與諸多破壞佛教正法者**和平共存**，以互相標榜而**維護名聞利養**。吾人若繼續坐令如是現象存在，則中國佛教復興，以及中國佛教文化之推廣，勢必阻力重重，難以達成；眼見如是怪象，平實不得不詳解《法華經》之眞實義，冀能藉此而挽狂瀾於萬一。

如今承蒙會中多位同修共同努力整理，已得成書，總有二十五輯，詳述《法華經》中 世尊宣示之眞實義，因名《法華經講義》，梓行於世，冀求廣大佛門四眾捐棄邪見，回歸大乘絕妙而廣大無垠之正法妙理，努力求證，共為復興中國佛教文化、抵禦外國宗教文化之侵略而努力，則佛門四眾今世、後世幸甚，中國夢在文化層面即得實現。乃至繼續推廣弘傳數十年後，終能使中國成爲全球最高階層文化人士的歸依聖地、精神祖國；流風所及，百年之後遍於歐美社會各層面中廣爲弘傳，則中國不唯民富國強，更是全球唯一的文化大國。如是復興中國佛教文化之舉，盼能獲得廣大佛弟子四眾之普遍認同，乃至廣有眾人付諸實證終得廣爲弘傳，廣利人天，其樂何如。今以分輯梓行流通在即，因述如斯感慨及眞實義如上，即以爲序。

佛子　**平實**　謹序

公元二〇一五年初春　謹誌於竹桂山居

第二十二輯：

《妙法蓮華經》

〈妙音菩薩來往品〉第二十四

（上承第二十一輯〈妙音菩薩來往品〉未完內容）

瞭解了這個道理，回頭再來觀察一下剛剛講的阿難尊者；他在無量劫前跟釋迦牟尼佛同時發心，但他發願要護持賢劫一千尊佛的法藏，那麼你想：「這樣的人會不會有慢心、私心呢？」一定不會。所以阿難尊者長得很莊嚴，比丘眾們很多人並不瞭解阿難尊者過去世的本事，因此對他不是很尊重，特別是那一些定性聲聞阿羅漢。可是其他比丘們都很喜歡他，而且更多的是所有比丘尼們全都喜歡他，因為他都願意幫忙，只要幫得上的他就幫忙。

例如今天佛門中能有比丘尼出家修行，也是阿難尊者幫的忙；甚至於有王舍城比丘尼眾來見　佛時吵吵鬧鬧，舉止都很不如法，佛要她們來聽開示時竟然不來，佛要她們離去時也不肯離去；依諸佛常法這時就避去，於是離開王舍城，導致阿闍世王不能見　如來，國王大怒就把她們趕出國去；她們只好來求　如來，本來不被准許見　如來，但阿難尊者幫她們求情，三進三出一直來求，最後　佛陀問說：「**你爲什麼要爲她們這樣殷勤求情？**」阿難就找一個理由來說。因爲若是想要　世尊垂憐加被，允許她們近前親近　世尊，得要有一個理由給　世尊啊！他就說：「**因爲世尊您都說她們是『比丘尼僧』，看在世尊說她們是『僧』，所以我三次來求世尊允許她們來見。**」世尊就說：「**好吧！讓她們進來。**」她們才終於能拜見　世尊。世尊爲她們訓誡以後，叫她們要從原路回去，會遇到來時所見的五通居士，就在他那裡結夏安居，聽他說法。結夏安居完了，她們每一個人在五通居士的指導下，全都證得初果。這些比丘尼們證初果，其實也是阿難尊者加持的，否則就沒因緣了。

阿難尊者的心性就是這麼好，那你想，他過去世供養過多少佛了？又是多麼用心供養。你想想也就知道了。那麼他能夠對那麼多佛盡心供養、盡心奉事，沒有自己的私心，你想他對眾生會苛刻嗎？當然不會啊！所以　佛陀座下一千兩百五十大阿羅漢，他們座下的其他小阿羅漢也就不談，單說這一千兩百五十大阿羅漢之中最有人緣的就是阿難。所以有的佛寺裡面把阿難尊者隨便雕一雕，擺在一個不重要的位置，這種作法眞是不對，顯然他們並不曉得阿難的來歷。

這意思是說，阿難尊者供養過無量無數諸佛，所以他不需要再供養許多佛，就能成佛了；而他在《楞嚴經》中的記載，是聞法之後進入初地，後來漸漸引生往世的證量；這也看得出來，親近供養諸佛是多麼重要。這是因爲能夠盡心盡力親近供養諸佛時，在這個過程中心性就會轉變，於是也願意跟眾生親近。當他跟眾生的緣結得很多、結得很好，那他未來世弘法時自然也都順利，表示他每一世弘法度眾都有很好的弟子緣。有沒有聽過「弟子緣」這三個字？如果沒有弟子緣，他弘法的過程將會很辛苦，而且不順遂，將來成佛就很慢。

所以「植眾德本」並不是短時間可以作完的，而是應該要作很久，才會說「久已植眾德本」。在這個過程裡面，當然是「供養親近無量百千萬億諸佛」，這時諸佛會教導他很多三昧。而妙音菩薩正因爲修行以來非常、非常久了，也是即將成佛了，所以他供養的諸佛非常多，在這過程中，當然諸佛已經教導他很多「智慧三昧」，所以說他「而悉成就甚深智慧」。那麼這裡講的是甚深智慧，可不是甚深禪定。所以接下來講的這麼多的三昧，全都屬於智慧。既然是智慧，爲什麼又叫作三昧？是因爲「心得決定」。心得決定就表示他對這一個智慧具足圓滿了勝解，而且心得決定絕不轉易，因此這個智慧能夠爲他所用，才叫作「三昧」。

這些三昧，我們可以概略說明一下。經文中說他得到「妙幢相三昧」等，那就先來談談「妙幢相三昧」。「妙幢」，不曉得諸位有沒有去參加過供佛齋僧大會，有參加過的請舉手。喔！有很多人參加過了；你們如果從一開始就在現場，就會看到某一些大法師出場時是怎麼樣呢？他們每一個人後面都有人拿著一個寶幢來莊嚴，有沒有？好像雨傘一樣，但是雨傘的邊緣沒有下垂的邊，而幢有邊；上面繡了一些莊嚴的裝飾，大家拿著寶幢幫大法師莊嚴。假使我有機會披了僧服去應供，一定趁人家沒注意就先跑去席上坐好；若是那個寶幢擎在我後面，我就是渾身覺得怪。

但那個寶幢用處是什麼？用來彰顯那些僧寶們的尊貴，就像皇帝一樣有寶幢。如果是道教的天神，他們出門巡遊時，隊伍之中也有寶幢。但是道教的寶幢爲什麼要旋轉？也許他們想這樣便叫作轉法輪吧？而寶幢的原意就是在彰顯他們的尊貴，已經不只是遮陽了；所以不同的神，就有不同的寶幢。那麼這個寶幢的所在，就顯示國王在那裡，也就是說，它是一切儀仗之中最尊貴的代表物。那麼這個「**妙幢相三昧**」是什麼意思？是說一切三昧都要看這個三昧。只要有這個三昧，一切三昧就跟隨著存在，它在彰顯很多的三昧全都依止於此；也就是說，它是三昧之首，所以應該把它矗立起來猶如寶幢一樣。

那麼這個三昧就是告訴大家：一切佛法的總持就是這個三昧。然而一切佛法的總持究竟是什麼，當然是「法華經」、「金剛經」，又名「**此經**」，就是第八識如來藏。當你把「**此經**」通達了，你就是得到了「**妙幢相三昧**」，一切智慧三昧以此爲歸，這就是「**妙幢相三昧**」。

有了「**妙幢相三昧**」才能夠有「**法華三昧**」，法華就是妙法蓮花；我們二〇〇八年一開始講解這部經時就解釋說：什麼叫作妙法蓮花，簡單的說就是「**此經**」如來藏出淤泥而不染，並且能生一切萬法。當你有了「**妙幢相三味」，就有了佛法的總持；藉佛法的總持，你就可以去現觀一切諸法是如何從「此經」如來藏中次第出生的。當你能夠這樣子觀察的時候，「三界唯心，萬法唯識」這個《華嚴經》中的聖教，就是你親證的智慧了。這樣子現觀的人，心得決定而無猶豫時，就說他得到「法華三昧」。因爲他現觀「此經」妙法蓮花能生諸法。

有了「法華三昧」而能次第進修，當然後來就能得到「淨德三昧」。「淨德三昧」祖師們說是因爲清淨了三障而發起修道的功德，所以叫作「淨德三昧」；然而修除三障並不是祖師說的那麼單純的事，因爲對於三賢位的菩薩而言，修除三障的內涵以及入地後，到了三、四、五地所要修的「修除三障」的內涵是大不相同的。在三賢位中，大家都希望趕快消除三障，我們講經說法圓滿，最後的迴向也是說「願消三障諸煩惱」；可是諸地菩薩不這樣子發願，三障該怎麼消，直接就去修行了！

但是所消的三障與三賢位的三障並不一樣。祖師們說具淨三障的妙德，他們說的三障我唸給諸位聽：「加行障、遠離障、寂靜障」，這都是三賢位中的事，特別是在見道之前。因爲想要證悟大乘法的本來無生，得要先作加行；

一定得要在思惟的層次上面，觀察能取的自己是從如來藏中所生，這個必須先要作思惟；而所取的六塵諸法也是如來藏所生，必須要這樣子思惟觀察完成了，才算是加行完成，隨後才有機會開悟明心，這便是唯識增上慧學中說的「**現前立少物，謂是唯識性**」，屬於加行位。

現在有個問題，這個觀行是屬於加行位，在現代佛教中，爲何沒有人能把這個加行位的內涵修學好？因爲沒有人教。爲什麼沒有人教？因爲所謂的大善知識自己也有這個「**加行障**」；所以末法時代大家都被加行障所障礙，那他們怎麼可能證悟明心呢？所以這個加行障要怎麼樣遠離？其實正是現代大乘佛教中的所有大師與學人們最重大的課題——遠離惡業以免色身各種遮障而無法修學真正的佛法，包括形勢所逼無法改弦易轍。諸位進來正覺學法，我們就是在慧門上盡量幫大家把這個加行上的障礙滅除；所以在去禪三之前禪淨班的課程裡面，親教師們會教導大家：能取的覺知心是空，所取的六塵也是空，這些都是從空性如來藏中出生。這就是排除大家的加行障，那麼這個障礙排除了才有辦法證悟明心。

第二個是「**遠離障**」；在加行位之前有遠離障，證悟明心後入地之前也有遠離障。加行位前有很多的世俗法纏繞著，使他無法遠離一切攀緣，所以參禪的時候自己心中攀緣一大堆；因爲他參禪的時候還有外法干擾，親朋好友對他的攀緣也是一大堆，使他始終無法遠離；因此處處干擾他的加行，就沒辦法證悟。那麼在禪淨班的課程裡面，對這個部分，親教師們都有教導了，要怎麼遠離，在這裡就不必再講。

可是明心以後一樣有很多的遮障，所以沒有辦法快速完成三賢位的過程。已經明心了，你想不想趕快入地？有沒有人不想？請舉手，一定沒有啦！明心了，接著就想：「我要趕快怎麼樣修行才可以入地？」入地時就過完成佛之道第一大阿僧祇劫了，大家都想要，但爲什麼作不到？就是因爲「遠離障」。明心以後要遠離什麼？要遠離五蓋呀！悟前要降五蓋，悟後還有更深細的五蓋也是一樣要滅呀！滅了這五蓋你才能夠超越於三界境界，然後留惑潤生，繼續受生於人間。可是悟了以後被欲界法、色界法、無色界法所遮障，無法遠離，所以連欲界境界都無法突破而難以遠離，那你想要開始入地前的加行也就不可能成功了！這就是悟後應該要滅除的「遠離障」。

第三個障礙叫作「寂靜障」，也就是說，在悟前心中妄想紛飛、煩惱纏繞，永遠不能住於寂靜的境界中，所以無法參禪，這是悟前的寂靜障礙；我們以無相念佛的法門幫助大眾遠離這個寂靜障。悟後同樣有這個障礙，因爲入地之前得要取證第二禪，最少也要證得初禪的定境。但爲了預防退轉於初地的心境，得要進修第二禪定境；因此你打坐的時候得要遠離五塵，有這個二禪的證量以後，入地心就可以保證不退轉，此時無妨捨下一切禪定，入塵垂手接引眾生。但是如果沒有辦法修得二禪，常住於人間時，初禪有可能退轉，因爲初禪的發起主要在於離欲；可是初禪中並不寂靜，如果有二禪寂靜境界的深厚定力作基礎，初禪就不會退轉。這表示他沒有「寂靜障」，所以他可以順利入地。

因此這個三障悟前、悟後都有，可是妙音菩薩是何等的證量，他所清淨的三障妙德，會是這種入地前應滅除的三障嗎？當然不可能！因爲他這個證量若不是妙覺位，至少也是等覺位，怎麼會是地前的這種三障呢？所以我們說他具足清淨三障後的妙德。至於三障是指「業障、煩惱障、報障」。業障是什麼？是說他在修道以及行道的過程中，不再被往世的業所干擾，也不再於此世造作惡業而產生干擾，叫作「清淨了業障」。很多人都抱怨說：「唉呀！

我業障好重啊！所以我沒有辦法去正覺修學啦！」那意思應該是說諸位都沒有業障了，因爲諸位都已經進入正覺了。聽起來好像要高興一下，但別太早高興，因爲業障的具足滅除，那是三、四、五地以後的事情，還沒有到七地滿心之前是沒有辦法滅盡的，哪有可能還沒有證悟之前就已經滅掉全部業障？

也就是說：過去世應該受的各種業報而產生的障礙已經滅除了。那諸位想一想，妙音菩薩摩訶薩久已「植眾德本，供養親近無量百千萬億諸佛」了，這是多麼長的時劫啊！那麼他應該還的眾生債，也早就還了；還有一些債也是可以藉著利樂有情而還掉，也是早都還掉了，所以他當然是業障清淨了。

第二個「煩惱障」是說，分段生死的煩惱已經斷除了還不算數，還得要把習氣種子給滅除，這習氣種子的滅除都屬於三界煩惱相應之法。把三界煩惱相應的各種微細習氣種子全部滅盡了，也得要七地滿心才能作得到，所以這不是祖師講的那個三障的滅除與清淨。那麼最後一個「報障」，報障又名「異熟障」。

「報障」，顧名思義就是在三界中繼續受生而行菩薩道的每一世所得到的果報身，或多或少阻礙了成佛之道的快速推進，這是最粗淺的報障。可是過七地以後也還是有報障啊！那不是斷盡三界愛的習氣種子所能規範的範圍，所以叫作「異熟障」。也就是說，「人無我」的實證具足圓滿之後，還有「法無我」的具足實證；就是如來藏中所含藏的一切種子的變異生滅，也得要全部斷除，才能度過變易生死境界。每一個種子的變異生滅就是一個生死，也就是說，如來藏中所含藏的某一個功能差別，都會生起、變異然後消滅，因爲還沒有究竟圓滿，還必須要轉易爲究竟清淨位的種子以後，才不需要再變易，所以每一類種子的生滅轉易就叫作一個生死；那麼這個異熟生死已經完全斷盡了，才能夠說他已經「清淨了異熟障」。然而這是八地以後的事了，一直進修到妙覺位才算圓滿。所以〈妙音菩薩來往品〉所說的妙音菩薩摩訶薩的「淨德三昧」，絕對不是祖師們所講的那三障的清淨，而是業障、煩惱障和異熟障的清淨。

然而這三種障，並不是凡夫地就不存在；凡夫地仍然有，而且是非常粗重的障礙。舉例而言，許多眾生學佛時，他學得很快樂，因爲就只是每天作義工，大家一起工作的時候嘻嘻哈哈說笑，所以時間過得很快樂。有一天聽說這樣不叫作學佛，學佛是應該滅除什麼、實證什麼的，他想：「喔？原來如此！那好，我要眞的學佛。」可是他才一進入了義正法的道場，各種障礙無奇不有，導致他完全無法修學，最後只得離開，這就是「業障」。

有的人業障比較輕一點，可以學了，可是去到禪三精進共修的時候，在大殿裡參究時頭頭是道，他想：「監香老師問什麼我就答什麼。」他所有的應答都準備好了，沒想到這一進去小參室中，監香老師一問，他就「啊？……」嘴巴張開、腦袋空白、只剩下漿糊，已經沒有腦筋能夠應答了；可是才一離開監香老師的小參室，他又會了！不信邪，時間到了又登記小參，才一進去，換另外一位監香老師，同樣一問，他又沒法子答了！都不知道該怎麼答了，這只能歸咎於「業障」。

那時我們會教他：「你可以開期票。」就教他開期票，因爲現在正在打三，一定作不到的嘛！開期票就是說，跟怨親債主打商量，讓他們不要障礙；你承諾未來世要如何補償他們，先開期票；然後去跟佛菩薩發願，也是開期票，發願要怎麼樣護持正法。現在一時無法作到，就先開期票。如果佛菩薩認爲你是眞的誠意發願，不是只發口頭願來騙這個正法的實證，也就幫忙提點，讓你突然一念相應，問題全都解決了。當然也會幫忙排解冤親債主，於是也就過關了。這表示說，他的業障是還可以解決的。

但是有的人是往世欠了命債，那可就很難解決了，因爲對方的怨氣沒消掉，他的業障就消不掉。如果他是因爲往世不斷跟鬼神混在一起，那個業也難消，因爲欠那些鬼神太多的債，因此也難消。

那更多的業障是什麼？有的人拿到一本正覺同修會的書，不管遇到誰，對方都告訴他：「那本書有毒，你不能讀。」然後到了別的地方，人家送給他一本書，還是同一本書；不論去到哪裡人家都會送他，有時手裡拿到三本、四本，竟然是同一本。他拿了三、四遍，心想：「奇怪！爲什麼到處都有人送我這本書？」問了親朋好友，他們卻沒有，偏偏就是他，到處都有人要送他那本書。可是不管遇到誰，那些人都勸他說：「你不要讀那本書。」所以他也不敢讀。就這麼一擺，擺上十年；因爲捨不得丟掉，可是又不敢讀，這就是業障啊！

這就表示他過去世於正法中結了很多善緣，可是他同時也作了許多爲難正法之事，同時也跟專學相似像法的人結下深緣，那他修學了義法時就會有業障，怎麼理都理不清了，眞的沒來由。一直到經過某一件重要的事情，讓他出現了轉折，才下定決心說：「嗯！有人這樣說，有人那樣說，不然我去問問觀世音菩薩好了。」到龍山寺抽了籤，然後擲筊確定是那支籤，菩薩連著給他三個聖杯；把籤詩取來一讀，終於放心開始學了。可是他修學的過程中，還是有很多人一直跟他講閒話，勸他要離開正覺，這就是業障。所以業障清淨了，並不是說大菩薩們才要一一把它們滅盡，其實在因地、凡夫地就已經存在而需要歷緣對境開始滅除的。

「煩惱障」當然更是如此，然而根本就是三界愛的煩惱；連分段生死這一關都過不去了，就別說習氣種子的滅除。因爲告訴他五蘊的我、十八界的我全部虛妄，應該趕快滅除；道理也爲他講到非常詳細、非常清晰了，他也全都聽懂了，可是他在深心之中仍然不能眞的接受；也就是心中不得決定，那就是很嚴重的煩惱障。他都已經學佛二十幾年了，你這樣很清楚告訴他，五蘊的每一蘊爲什麼是虛妄的，十八界的每一界爲什麼是虛妄的，他全都聽懂了，也還是無法在深心中眞的接受，這表示他的煩惱障非常深重。這個煩惱障是因地就有，至於修所斷的思惑如何除斷，這裡也就不談它，因爲這不必急著斷除，是證悟以後才需斷除。

至於「**報障**」，放眼所見到處都有；你們路上走著，不都看見有狗嗎？牠何嘗不想生而爲人，可是牠的果報就是有障礙啊！即使生而爲人了，有的人說：「**我要當一個聰明有智慧的人，才容易學佛，不然笨笨的怎麼學佛？**」偏偏他一世又一世都只能羨慕人家聰明有智慧，他始終是腦袋轉不過來；不論你跟他說什麼法，他都聽不懂；你講得再淺，他也是聽不懂，這也是「**報障**」。且不談外面，當你回到家裡，有時有些甜的東西招引螞蟻來了，你們有沒有對螞蟻搖過頭？啊？都沒有嘛！看到螞蟻時應該搖頭說：「**你什麼時候才能當人？**」然而牠們根本聽不懂你在對牠們說話，可見牠們的報障很重。狗還可以知道當人最好，也能聽懂人類說的不少言語，但螞蟻連這個都還不懂。所以，報障就是牠們的異熟果，對於牠們出離三界的事情產生障礙，而這種障礙實在太多了。

佛法的不可思議解脫境界，在現前的人間依舊存在而弘傳著，然而有多少人有幸得聞、得修、得證？同樣的，且不說生在非洲，單說生在臺灣就好了，有一些人每天禮 佛、拜 觀世音菩薩，每天求 佛、求 觀世音菩薩說：

「我在佛法的修學上面都沒有成績，渺渺茫茫，《大藏經》也根本讀不懂，請佛菩薩幫我指點一位善知識。」每天上香很虔誠地祈求。有一天某甲師兄送給他一本書《念佛三昧修學次第》，看起來好像不錯，他想：「欸！有次第就一定有內涵。」可是一看封面作者是平實導師，就問：「請問他是出家、還是在家？」「喔！他是在家人，那我不看。」這樣拒絕了以後，晚上上香時又求佛、求菩薩，（大眾笑…）這不但是業障，也是報障的另一種，因為他往世的所說、所作，都是在遮障正法的流傳，那麼他跟那一種業行就會相應，所以報障其實是有很多種的。

但是到了八地以後要滅除的「報障、煩惱障、業障」，那都是很深細的，並不是我們人間的菩薩們所能瞭解的。因此這裡說的「淨德三昧」絕對不是祖師們說的那三障的滅除，那個加行障、寂靜障、遠離障，不應該拿來套在妙音菩薩摩訶薩身上來說。因爲這是大菩薩，若非妙覺，至少也是等覺位啊！當然是後面說的這三障煩惱的滅除，才叫作「淨德三昧」。這個淨德之所以有三昧，是因爲心得決定而具足圓滿。

接著「宿王戲三昧」，宿王之戲的三昧是什麼？「宿」的意思是說，已經很久的時間以來一直都是如此；而且它這個法又是諸法之王，用這個「宿王之法」可以於一切法中作各種遊戲。那麼這個「宿王戲三昧」到底是什麼？也就是說，這個宿王之法可以讓你遊戲於一切三昧中。那麼諸位想想看，三界中有什麼法可以讓你遊戲於一切三昧中？（大眾回答：如來藏。）欸！但是要再加上幾個字，單單「如來藏」三字不足以成就，也就是說，證得常住不變的如來藏而且心得決定以後的智慧，可以讓你遊戲於一切三昧中。

很多人學佛很久了，也有不少人是少年就開始學佛，如今六、七十歲了，然而三轉法輪諸經請了出來，怎麼讀就是怎麼不懂，不然就是怎麼讀就怎麼誤會。諸位別說我講這話誇大，現成的例子：印順法師二十五歲出家，勤讀經書，據說他把一套《大藏經》翻到快爛了，邊邊都起毛了，然而他卻是怎麼讀就怎麼誤會。原因是什麼呢？問題出在哪裡呢？就是因爲他沒有證得「宿王華」。「妙法蓮花」常住不變，無始以來始終如此，而且清淨又能生萬法，才是宿王華。而他沒有證得這個妙法蓮花，導致他對於佛法中的一切三昧都不能如實理解。所以他有一本書叫作《遊心法海六十年》，那是他幾歲時寫的？大約是八十歲時寫的；那麼他捨報的時候是遊心法海幾年呢？至少有八十年。可是遊心法海八十年以後，他對於三轉法輪諸經中所說的種種三昧，竟然完全不懂，全面誤會。而且他的所知是互相矛盾的，但他自己都不知道有矛盾；他之所以會這麼可悲，都是因爲他沒有證得「宿王華」，也就是沒有證得「妙法蓮華經」，所以他就不能夠遊戲於各種三昧。

那你如果證得了「宿王華」，也就是證得了「妙法蓮華經」，當你看見這個妙法蓮花是常住而不變異的，無量劫以來都是如此，又能出生萬法，那你就生起了這個「宿王華三昧」。有宿王華三昧時，你就可以在持續進修後遊戲於種種三昧之中，那就叫作「宿王戲三昧」；所以這時把三轉法輪諸經請了出來讀，都可以互通，沒有衝突或矛盾之處。

記得以前講《實相經宗通》時我有說過：假使有人告訴你說，他已通達大乘佛法；也就是說他認爲自己已經入地了，那你問他說：「如何證得無餘涅槃？」他竟然說：「這個我不懂，我只懂大乘法。」那時我有說過：「如果有人是這樣子回答，你就說：『你根本是個凡夫，莫說二乘法與大乘法，你全都悟錯了。』」因爲凡是證得大乘法而能夠通達的人，他是可以三轉法輪諸經的妙義全部互通的；不可能證得大乘法以後，結果《阿含經》全然讀不懂；問他如何證初果，他都不知道。所以證得二乘菩提的人，若是沒有「宿王戲三昧」，他也不能遊心於二轉、三轉法輪諸經；但是證得大乘法的人，可以開始或多或少遊戲於初轉法輪及二、三轉法輪諸經，這就是「宿王戲三昧」。也就是說，你可以藉這個三昧遊戲於各種三昧中，差別只是具足圓滿或者不具足圓滿。

接著是「無緣三昧」，對於二乘聖人來講，他們一聽到無緣三昧，一定會認爲：「我拋棄三界一切諸法，時時準備入無餘涅槃，一切都無所緣，就是無緣三昧。」那麼世間法中的凡夫大師們一定這麼解釋：「一切煩惱都不要攀緣，全部都放下。」結果放不下自己，只一味緣於自己，他只是離開了外我所的煩惱。可是對於一個實證般若的菩薩而言，無妨自己依舊有所緣，然而卻能同時現觀自己的妙法蓮花如來藏妙心於一切法都無所緣，如是現觀而且心得決定，就稱爲「無緣三昧」。

但這只是三賢位的「無緣三昧」，到達初地以後對於三界諸法是不再貪求的，那也叫作「無緣三昧」；他轉依於眞如心——轉依「妙法蓮華經」，所以對三界諸法都無所緣，他只是爲了利樂眾生，所以繼續受生於人間。這樣就算圓滿無緣三昧了嗎？不然！因爲地地進修各不相同。那麼入地已經如此了，那諸位想想看，如果入了第四地、第五地，用意生身到各個世界利樂有情；這時你建好一個五百公頃的大山頭，寺院寮房金碧輝煌，一切用品都是最頂級的，找了這位最優秀的地上菩薩住進來，請求他來這裡當住持，他來不來？不來！

因爲他到十方世界說法利樂眾生，所度的有情太多、層次太高了。所以這樣的人間大道場邀請他住持，他依舊不肯；可是他願意有時來爲大眾說法，完全不貪戀住持的高位，所以他也無所緣。那麼他緣於十方世界的那一些佛弟子們，那時他也是無所緣的。爲什麼緣而無緣？因爲不是每天住在一起當作自己的法眷屬，他只是想到了就去諸方世界說一說法，說完了，他的意生身就不見了，又回到他在人間的五蘊身中，所以也是「無緣三昧」啊！那麼這樣次第進修一直到妙覺位，才算圓滿了「無緣三昧」。

所以這個三昧不是世俗凡夫大師們說的：「放下、放下，別在心中記掛著。」像這些大師們說的修行，努力放下幾十年以後依舊放不下自己，繼續緣於生滅性的五陰自我，那要叫作「有緣三昧」。因爲下一輩子一定是有緣來相會，還是會再回來這個道場中去當常住，然後努力運作人際關係，最後繼續再當上住持。所以「無緣三昧」不能當作世俗的境界來解釋，必須轉依於如來藏心的無緣，然後在事相上去修行，最後到達了等覺位、妙覺位，才說是他的「無緣三昧」具足圓滿了。

接著說「智印三昧」。咱們同修會中很多人證得妙法蓮花如來藏以後，不管人家怎麼恐嚇，甚至於被詛咒說：「你大妄語，會下地獄。」可是他們心中都很安心，眞正的安心。爲什麼呢？因爲證得「妙法蓮華經」以後，就有那個無分別智可以印定前後三轉法輪諸經；所以每天請出經典來，閱讀時可以現前觀察：自己所印定的都沒有錯誤。這個月讀了許多的般若部經典，印定了以後想要換個口味，所以下個月換第三轉法輪經典來讀；一面讀一面現觀，用這個「妙法蓮華經」如來藏，也同樣可以印定。下下個月想再換一下口味，就換《阿含經》來讀，一部一部讀下去，同樣用這一個實相般若法印一一印定。這時他當然心得決定，因爲以這個實相般若的智慧，對三轉法輪諸經一一都印定了，完全沒有矛盾與衝突，這時當然心得決定，這就是「智印三昧」。以此智慧可以印定前後三轉法輪諸法，但是這只是最基本的「智印三昧」。

接著次第進修三轉法輪諸經，全都印定完了，他有時突然間笑了起來，你問他說：「欸！你一個人在想什麼，為什麼笑了起來？」他說：「唉呀！太好了！你不知道。」「為什麼我不知道？能不能告訴我？」「說了恐怕你也聽不懂啦。」被纏著不得不講了，他就說：「證得這個『妙法蓮華經』，觀察八識心王的運作實在是妙哉！妙哉！這八個識各個不同，配合無間，少一個也不行，多一個也不行，實在妙啊！因為想到這個，現前看到這個境界，所以我才笑了起來。」這表示，這個「智印三昧」不但可以印定世間法、出世間法、世出世間法，其實他是在自己身上就去印定了。

然後，再來看看周遭的有情，再從比量推究三界一切有情，都由這個親證「妙法蓮華」的智慧之印，而可以一一印定；這時再有誰來恐嚇他，他一定會覺得對方很可笑；因為他已經於智慧法印心得決定，他有了「智印三昧」了。也就是說，以這個實相般若智慧，作為檢驗的印章；當你檢驗什麼通過了，就自己蓋個章，表示這個檢驗通過了，可以印定了，這就是「智印三昧」。

接著說「解一切眾生語言三昧」；剛明心的時候也有這個三昧呀！但還

只是一個理上的總相，譬如「解一切眾生語言」，那麼你要去瞭解一切世間的語言，到底是從哪裡來的——都是從如來藏來的啊！假使沒有如來藏就不可能有語言，不管眾生有多少種類，語言有多少種，終究是這個如來藏心。眾生的語言，你可以把它統一，譬如狗的語言諸位其實很瞭解，例如你有時候正在作事，聽到屋子外面有一隻狗哀哀大叫，一聽就知道牠被欺負了；牠正在告訴你說：「我被人欺負了！」如果聽到有一隻狗不斷地在吠、在叫，你就知道一定是牠遇到不認同的對象，或者是陌生人，或者是陌生的狗，你能聽懂牠的語言呀！如果牠吠過幾聲以後，聲音低沉下來「嗚、嗚、嗚⋯」低吼，有沒有？你知道牠是在說：「我要咬人了。」

狗如是，鳥如是，你都可以聽得出來，那聲音背後一定是有原因的；但其實你都可以把它匯歸一處，就是「如來藏妙音」——一切語言不外於如來藏妙音。因爲你現前觀察到：假使如來藏離開了，牠們可就非常寂靜。你完全可以瞭解這一點。那你如果沒有證得如來藏，你來問我說：「爲什麼如此？」我就給你一巴掌。你別怪我，我打你一定有打你的道理，等你悟了以後才會知道。

那麼眾生的語言如是，接著世間的語言一直演進，由於眾苦所逼，爲了求離苦得樂，所以有了出世間法的語言——所謂二乘菩提的語言，藉著世間的語言來演說、來弘傳。同理，當然也就同時會有世出世間法的語言，也就是大乘菩提的弘傳時使用的語言，由諸佛菩薩來人間爲大眾演說。可是這一些語言，從一個證悟者的立場來看，全部都是「**如來藏妙音**」，不外於「**妙法蓮華經**」。那麼當你悟後從這個層面去觀察時，你就瞭解「**一切眾生語言**」，而且心得決定。

然而這還只是在理上的現觀，接著你得要次第進修，修到後來通一切眾生心，因爲你已經具足通達三界境界，四禪八定的境界也都具足了，並且已得四無量心、五神通，當然二乘菩提中的漏盡通都已經圓滿了。這時不管什麼樣的眾生來找你，想要求法，今天來了一個講英語的人，明天來了一個講日語的人，後天來了一個講西班牙語的人，大後天來了一個講拉丁語的人，你都可以開導他們，這叫作「**解一切眾生語言三昧**」。也就是說，你的實證不受人間境界的拘束，這就是悟後進修所應該達到的初步目標。然後次第進修到了八地「**於相於土自在**」，這更沒有問題；一直到達九地滿心具足「**四無礙辯」，再進修到了妙覺位，這個「解一切眾生語言三昧」也就圓滿了。

說起來都很容易，但是修起來的確很困難！可是也不應該因此而妄自菲薄，想想看正覺同修會出現在臺灣之前，有兩個極端，一個極端說：「開悟很容易。」另一個極端說：「開悟不簡單，此世無望，因爲已經是末法時代了，不可能開悟。」但是那兩個極端全都正確，因爲我們已證明「眞的不可能開悟」，而那個證明是證明他們都無法開悟，不是證明諸位。因爲那些自認爲不可能開悟的人，當然不能開悟；他們自己都打退堂鼓了，還能夠悟什麼？至於那些自認爲開悟很容易的人，卻全部都悟錯了；所以開悟眞的很難，我們已爲他們證實了。但是今天我卻用龐蘊的女兒龐靈照的話來說：「也不難、也不易，百草頭上祖師意。」也就是說，你要去實證祂並不困難，但是也不太容易，都看大家的因緣如何。

那麼接著是「集一切功德三昧」；什麼法可以集一切功德？三句不離本行，就是「妙法蓮華經」如來藏！因爲凡是有生之法就不能「集一切功德」，所集的功德都很有限。佛法中常常說「三德密藏」，最主要的功德就是「三德」，也就是「解脫德、法身德、般若德」。可是這三德，祖師們都說叫作「密藏」；既是「祕密藏」，就不輕易給人家知道。所以若要真說起來的話，《阿含正義》是不應該出版的；因為在佛世，外道想要求證解脫，佛不一定為他們演說的。這是因為如果講「**施論、戒論、生天之論**」，他們已經不信受，佛也就不再講下去了！

所以 佛陀先講了三論以後，對方接受了，才會再演說「**欲為不淨、上漏為患、出要為上**」這三個解脫道的理，是要先確定這個人對於施論、戒論、生天之論能信受、心得決定才為他講的。可是我們《阿含正義》印出去以後，誰都可以買去讀，看來似乎是不符合 世尊的規矩。但是如今不得不然，因為末法時代必須要在佛教界中特別標明「**五陰一切法、十八界一切法全部虛妄**」，所以我們還是得要把它流通出去，勢所必然！那麼這個「**三德密藏**」為什麼是「**集一切功德三昧**」的根由？就只能等下週再講了。

歡迎諸位回家來！（大陸同修齊聲說：阿彌陀佛！）來這一趟真的很不容易喔！又是車船、又是飛機的。不過，只要有心，終究可以回來團聚！因為我們臺北正覺講堂不是一個很大的建築，而我們目前只有四個講堂，可以說是辦事不力，所以沒有買更多講堂來容納大家。如今又買了地下室一千五百平方米也還沒有裝修（編案：此書出版前數年已整修，成為第五、第六講堂及大辦公室），所以我們臺灣的同修們，大家聽說應該讓回家的師兄姊們先聽經，他們都願意改個時間再來講堂看ＤＶＤ，所以今天四個講堂就全部讓給你們大眾，我再一次表達歡迎諸位回到正法大家庭的意思！

好！我們今天《妙法蓮華經》要從一百八十五頁講起。諸位手裡沒經本沒關係，就看銀幕上面的經文。我們上一週講到最後是一百八十五頁的倒數第五行第二句「**集一切功德三昧**」，今天要延續再來演說。請老菩薩們放掌，輕鬆一點，回家是應該很自在的，好不好？要很歡喜、很自在。

這一段是〈妙音菩薩品〉，或者叫作〈妙音菩薩來往品〉。這一品的開頭，先介紹妙音菩薩在東方百八萬億那由他恆河沙數諸佛世界之外，那是非常遙遠的地方，他是在那裡的一位大菩薩。他成就了許多的大三昧，我們上週最後講到一個三昧，叫作「**集一切功德三昧**」。這個三昧，古德有註解說：這個三昧是講密藏之法，都集於「**此經**」如來藏，知道這個道理時就叫作「**集一切功德三昧**」。但是我不很認同古德這個看法，因為「**三德密藏**」應該是含攝在稍後下一行的「**淨藏三昧**」之內才對。

那我們回來談「集一切功德三昧」。所謂的「集一切功德」，就要先來探討一下「到底是集什麼功德」？又是以什麼法來集這一些功德？「功德」，簡單的說就是可以有自受用，而且還可以利他，顯現他受用的功德，這才叫作功德。所以功德不是一個虛無飄渺之法，它是有實際體性存在的；也就是說，一定是有自受用才能叫作「功」，並且能產生他受用才能稱爲「德」。既然有功德被集在這個三昧之中，意思就是說：有一個法能收集各種的功德，而妙音菩薩實證了這樣的功德，能夠如此現觀而心得決定，這就叫作「集一切功德三昧」，這表示妙音菩薩早已實證這個法，由這個法來成就「集一切功德三昧」。

那麼諸位所知，這一部《法華經》所說的「此經」就叫作如來藏，而這個第八識如來藏有非常非常多的功德，當然能「集一切功德」而在實證後產生了「集一切功德三昧」。那我們就來看看這個功德到底應該怎麼定義。從世間法來說，三界世間之所以能夠有一切有情，莫不是因爲如來藏出生了名色的緣故；由於出生了名色所以才會有三界的世間；假使如來藏不能出生有情的名色，就不會有三界的世間，這就是祂的第一個功德。而「妙法蓮華經」

如來藏心出生了三界有情的名色，所以依於三界有情的不同名色，而產生了不同的三界器世間，這是祂的第二個功德。

也許有人想：「這如來藏眞的還能夠出生山河大地嗎？」那麼諸位應該要想一想說：「宇宙之間無量無邊的世界，所有的山河大地，一切的太陽星辰等等，會不會是無因無緣而自己就在那邊存在或者毀壞呢？」萬法之存在一定有出生的原因，出生以後暫時存在的期間會不斷地變異，這個變異也有它變異的原因；然後接著漸漸地毀壞消滅，會毀壞消滅也是有原因的。絕對都不是無因而生，無因而住，無因而變異，無因而滅。那麼這宇宙中的一切事物，全都是因爲眾生心——也就是眾生身中的「妙法蓮華經」如來藏心，秉持著無量劫以來所造作的各種善業、惡業、無記業的種子直接運作，因此才會有這樣的山河大地，或者三惡道，或者欲界天、色界天、無色界天的世間存在，都不會是無因而有，所以說這就是「妙法蓮華經」如來藏心的功德。

那麼這樣子只是大略的說了兩種功德，可是這兩種功德已經函蓋了一切的功德。那麼，我們可以單就人間來說如來藏妙心有什麼功德？如來藏妙心在《妙法蓮華經》裡面就稱爲「此經」，在《金剛經》裡面也稱爲「此經」，那麼這一部經，每一個人都各自揹得好好的，從來不曾遺失；可是這一部經很難唸，有一句俗話說「家家有本難唸的經」；所以家裡面問題還眞多，沒有一個家庭不曾出問題，因此才說每一個家庭都有一本難唸的經。那麼請問諸位：「你們來到這裡，五陰具足，五陰是不是你的家？你的覺知心能不能離五陰而存在？」不能！所以覺知心以五陰爲家。

可是你這個五陰家裡面有一部經，叫作「妙法蓮華經」，在《金剛經》裡面就把祂叫作「金剛經」，這部經眞的很難唸。有的人若是沒聽過我說法，心裡面想：「《金剛經》有什麼難唸，我二十幾分鐘就誦完了。」有的人說：「《妙法蓮華經》也許比較難唸，因爲經文特長。」可是問題來了，他們都很會唸經，爲什麼一旦人家問起來說：「那你讀《金剛經》那麼久，開悟了沒？」馬上就搖頭說：「開悟喔？那是聖人的事，我八輩子大概也想像不到。」何止八輩子，他學佛以來很多劫，到現在都還悟不了。所以說《金剛經》雖然短短的，可也不好唸，也就是不容易「讀誦」。

然而剛才我說過了，「此經」如來藏心有那兩種功德，如今要問諸位：「如果你的五陰家裡面沒有這一部難唸的經，好不好？」（大眾回答：不好。）爲什麼不好？套一句俗話說：「要是我家沒有這一本難唸的經，我早就翹辮子了！」也就是說，宇宙一切世界、一切有情世間莫不是依「此經」而起——全部都要依「此經」而生起；然後依於「此經」才能存在，依於「此經」才能繼續不斷地變異才能產生作用。如果不變異就不會有作用，沒有變異、沒有作用就不會有功德；那麼如果沒有這個功德，一切有情也就不存在了。

那麼話說回來，剛剛提到功德，我們一直沒有談：什麼叫作功？什麼叫作德？以人間來談，因爲你揹著這一部經，這一部經不斷地加持你，讓你可以繼續活著；繼續活著代表什麼？代表祂所出生的種子功用有變異，代表所生的五陰最後免不了都要死亡。這樣子好不好？不好！可是如果不這樣的話，那麼有一天你一定會後悔說：「我永遠都不能死，還眞的不好！」這是因爲，嫌自己永遠不死的事情是不好的，理由可以有很多種，先講一個最簡單的理由吧：假使你的家庭永遠是現狀不改變，那你永遠是這個模樣；你女兒、兒子也永遠這個模樣；你的孫子也如是；你家的堂上二老也如是永遠都不改變，那麼你會不會有煩惱？因爲你家孫子、孫女一天到晚唱著「只要我長大」呀！對不對？有一首兒歌這麼唱：「只要我長大、只要我長大……」

不曉得你們內地有沒有？他們期待長大可以作很多事情，永遠長不大就永遠被限制著，他們心裡也很悶哪！

還有，堂上二老心裡面也想：「我老是這樣子，要死不活、要活不死的。」不管怎麼說都是難過，沒精神，沒氣力，早就退休卻什麼事都老到不能幹；很想到哪裡去玩一玩，偏偏又沒力氣。結果探究出來是因爲你希望永遠是現狀。所以他們死不掉就沒有辦法再年輕，那他們想到時會不會不滿？會喔！那你永遠這麼年輕、這麼健壯、這麼有錢，可是你家裡會不會一天到晚鬧革命？一定鬧革命！那你好不好過？好過？（有人答：不好過。）是不好過嘛！

所以有情在三界中生老病死的過程，其實不要從世俗法、也不要單從二乘菩提去看，然後就判斷說這個不好。咱們是菩薩，菩薩要有菩薩的見地，跟阿羅漢、緣覺不一樣。這意思就是說：經由這樣子生住異滅的過程，使你可以去體會非常多的佛法；因爲一切佛法都在我們八識心王之中，不在外面，也不在 佛陀那裡。佛陀是教導我們怎樣把自己身中的佛法一一弄清楚，悟後繼續進修而在最後成佛。可是你若沒有這個生老病死，以及一世又一世不斷輪替的過程，那麼你要把所有的佛法全部實證，可就成爲不可能。所以這樣看來，這部經一定不好唸；因爲這部經，你得要唸三大阿僧祇劫才能唸完，眞的不好「讀誦」。

可是我又要問諸位了：「那你身中有這一部很難唸的經，到底好還是不好？」（大衆說：好！）現在倒是變好了。因爲，如果沒有這一部難唸的經，先別說是成佛，連成爲阿羅漢的機會都沒了。所以「家家有本難唸的經」，其實是好事，可不要像世俗人說的：「啊！我家有本難唸的經，很煩惱。」那就看是什麼經嘛！我們說這一部經就叫作「妙法蓮華經」，眞的很難唸！但是越發難唸就越發顯示祂的勝妙；所以咱們每一個人揹著一部好難好難唸的經，眞的是好事！

那麼正因爲這一部經如此，就先從世俗法來說：因爲有這一部經，所以你能夠有各種技藝、能夠學習種種諸法，在世間法上學各種技術；學到以後能讓自己有一個謀生的技能，這就是「功」；這個功還是從你的「妙法蓮華經」來的。然後藉著這個功能，你可以轉而利樂社會，不當寄生蟲，可以自力更生，而且行有餘力還可以幫助別人，這不就有「德」了嗎？所以這部經在世間法上有功德。

那麼換一個層次來說，在出世間法上，諸位可能有許多人讀過了《阿含正義》，我在其他的書本裡面也講很多：三乘菩提的實證都不能外於「此經」妙法蓮花；如果外於「此經」妙法蓮花，那麼阿羅漢證得無餘涅槃，他捨報以後滅盡了五陰十八界，不受後有、一法具無，結果會成爲什麼境界？（有人說：斷滅空。）正是斷滅空啊！所以諸位學得不錯喔！我這話去外面可沒辦法問人，我要是眞的問了，人家會質疑說：「你到底在講什麼？」因爲聽不懂，但你們一聽就知道說：「會成爲斷滅空。」你們智慧好，但是也倒楣，因爲你到了正覺以外遇到一般學佛人，可就沒得談了，那時你就變成孤家寡人了，因爲跟他們格格不入，所謂話不投機三句多。

正因爲有「此經」妙法蓮花恆住不壞，所以阿羅漢捨報時滅了蘊處界「不受後有」，不是斷滅空；因爲他的「妙法蓮華經」依舊恆住不壞。如果阿羅漢們不確定有「此經」常住不變，譬如佛或菩薩告訴他們說：「這個第八識可能有，也可能沒有吧？」假使這樣講的話，導致他們心中疑著，可就不敢斷盡我執了，因爲一定會想到入無餘涅槃以後可能成爲斷滅空。如果修行以後要變成斷滅空，那就不如世俗人了！世俗法中有一句話說：「好死不如賴活。」再怎麼不好過，活著總是比死掉的好，因爲大家都不願是斷滅空呀！那麼假使沒有了「此經」妙法蓮花，其實連聲聞菩提都不可能證得啊！而緣覺菩提亦復如是，更別說是佛菩提道了。

所以當你懂得這個道理，三乘菩提的實證才有分。而這個出世間法實證了，你就有自受用，有了自受用就是有「功」，不是學而無功。你是學而有功，功就是自受用。那麼你有了這個自受用以後，環顧周遭家裡的親人、好朋友、親戚等等，不忍心他們流轉生死，不忍心他們永遠被無明所遮障，有時就會爲他們說一點法；隨著他們所能接受的程度，次第演說一些他們目前所能接受的法義，就這樣子持續一點一滴去爲他們演說，使他們同樣也可以獲得解脫的功德；當他們也有解脫的受用，他們就認爲你有「德」；你有「德」就表示你先已實證，然後幫助他們，這樣就是有功也有德啊！

在聲聞菩提中如是，在緣覺菩提與佛菩提中亦復如是，所以由這裡來看，世間法的功德、出世間法的功德，如果離開了「此經」妙法蓮花，就完全不可能存在。妙音菩薩正因爲有這樣的實證，然後去觀察自受用、他受用兩種功德具足，因此在證實之後心得決定毫無猶豫，心得決定就是定，即是三昧，這就是「集一切功德三昧」，「三昧」就是心得決定。那麼這樣看起來，「**集一切功德三昧**」依舊是依於「**此經**」妙法蓮花而有。這是「**集一切功德三昧**」，是妙音菩薩的所證。

接著說「**清淨三昧**」；也許諸位沒有辦法現前觀察「**此經**」妙法蓮花爲什麼是清淨的，但是期於來日，因爲你們在大陸修學的時間已經到了，終究是也有機會打禪三的，也就有機會可以證悟了。打禪三是在我們大溪的祖師堂，但別等待那麼久，過幾天就讓諸位先去參訪一下。言歸正傳，這個「**妙法蓮華經**」在每一個人身中永遠不受染污，祂一直都是很清淨的，無始以來本就如此。那麼佛菩提中講四種涅槃，其中一種叫作……（大眾同時講出來：）「**本來自性清淨涅槃**」；欸！沒想到諸位也是耳熟能詳，這個自性清淨涅槃也是依「**此經**」妙法蓮華第八識而施設，證得「**此經**」的人，未來就會慢慢開始圓滿「**清淨三昧**」。

在我們正覺出來弘法之前，沒讀過也沒聽過誰在講解這個涅槃，因爲這個涅槃是依於「**此經**」妙法蓮花而施設的名稱；沒有證得「**此經**」的人，就無法爲人詳細確實地解說這個涅槃。涅槃本來不有，沒有一個東西可以叫作涅槃，佛法中說的四種涅槃，都只是依「此經」妙法蓮花的不生不滅、不生不死來施設為涅槃。那麼其他三種涅槃我們今天不談它，只談這個「本來自性清淨涅槃」。因為這個涅槃，跟這一個「清淨三昧」是相應的。

「清淨」是說不受染污，可是這個清淨是有不同層次的差異，那我們先來談一下理上的清淨。我們會裡現在有四百多位實證「本來自性清淨涅槃」的菩薩，也許我們未來會有一千零八十位實證者，那就要看渡海而來的諸位了！不要左顧右盼，要看你自己。這意味著說，得要實證「此經」妙法蓮花，你才能夠現觀涅槃而不是想像——現觀本來自性清淨涅槃。這就是說「此經」妙法蓮花的自性，是本來就已經清淨的，不是修行以後才轉變清淨的。

當你實證「此經」時，假使你正好在廚房看見了一隻螞蟻爬過來，你一看就驚訝地說：「唉呀！原來牠那本難唸的經還是自性清淨的，和我一樣都不是修來的。」你會馬上作比對，看牠的那一部經跟自己這一部經是否同樣是本來清淨？因為有人或許會想：「我們學佛、修行，因此清淨了。」心中有一點不太信受說「此經」是本來清淨的。可是當他看見那一隻螞蟻在那邊爬的時候，這一看隨即知道說：「唉！牠揹著的那一部經，也是本來清淨的，因爲牠從來沒有修行啊！」會去當螞蟻，絕對不是只有十百千生，是很久以來、是幾十萬劫以來一直都當螞蟻，都是不曾修行的；由於業報尚未受盡，所以現在才會當螞蟻，看來眞是人身難得！

有一次正好地上有鴿子，世尊吩咐舍利弗：「**你看看牠過去世是什麼？**」舍利弗看了一下：一世、兩世、三世、百世、千世、萬世都是鴿子；乾脆用劫往前看好了，每次只看一世又一世，眞是太慢了。於是，一劫、兩劫看去，隨即又改爲每一百劫、每兩百劫去看，全都是當鴿子；這樣看也還是太慢，改爲每一千劫、每兩千劫去看，看到八萬大劫前，依舊是鴿子。業眞的很厲害喔！但因爲大阿羅漢的宿命智只能看到八萬大劫前，無法再往前看了，佛又告訴他：「**那你看看牠的未來世。**」他這回不看一世、兩世，也不看一劫、兩劫了，就是每一千劫、每兩千劫、每五千劫這樣看過去，看到八萬大劫後，牠依舊要繼續當鴿子。

由此可見你在廚房看到的那一隻螞蟻，牠眞是沒有修行過的；牠八萬大劫以來就是螞蟻，當然這八萬大劫中都沒有修行過呀！可是你看到牠揹著的「**此經**」**妙法蓮花**，仍然是清淨的。這就證實說，不論有修行或沒修行，每一個有情身上的那一部「妙法蓮華經」都是清淨的。就是說他們的如來藏永遠都不染污，自性已是本來清淨的；這種清淨的自性是本來就這樣，不是修行才轉變爲清淨的。

那麼假使你已經能夠這樣現前觀察，不是用想像的，你這樣從自己的現量觀察，從別人來作現量觀察，然後你再以比量來思惟觀察，鬼道、地獄道、天道的一切有情，也可以證實一定都是如此。那你這樣觀察，是從現量、比量親自觀察出來的，再加上聖教量也這麼說，你當然可以心得決定啊！心得決定時，你就有這個「清淨三昧」了，這就是最基本的「清淨三昧」。可是如果實證了以後，有一天心中懷疑說：「我這一部經本來就是自性清淨，但是我在同修會不過學了三、五年就實證了，這會是眞的嗎？」得的容易就會懷疑，就會生起輕易想。因爲大家都這麼想：「古來多少大師們，是少小出家又很努力修行，一直到老死，全都參不透，抱恨而終。我到同修會來三、五年，我可就證悟了，不可能吧？這大概是假的。」於是就想要再去尋找，看還有沒有哪一個心是本來清淨的。這就表示說，這時候仍然不是心得決定，就不是三昧，他就沒有這個「清淨三昧」了，因爲三昧就是定。

那你能夠現觀而且有觀察的智慧，這時就稱之為「得」。聞思修證是一定的過程，但是證了還不算，必須心得決定時才能叫作「得」，所以才說「證得」三昧。你得到了這個三昧，但這個三昧這時只是最基本的三昧，只是剛剛入門，接著開始觀察：「我這一部難唸的經，祂是本來自性清淨的，可是由祂所出生的我並不清淨；但我是被涵蓋在祂裡面，我的一切種子都被祂所含藏——祂含藏著我的種子，然後祂供應給我的種子卻讓我覺知心不清淨。所以有時候上了館子，那素菜煮得太好吃了，我就不免多吃了半碗飯，起貪了；那我還是不清淨。觀察到我覺知心正是不清淨的時候，我身上揹的『此經』妙法蓮花，祂自己一點點貪都沒有，祂依舊是清淨的。」

這時就確定說，原來「此經」妙法蓮花本身是清淨的，但是祂所含藏的我們七識心的種子是不清淨的，那我們就得要繼續努力修行。所以悟後修行是修自己，不是叫「此經」為我們修行。修行時永遠都沒有叫別人修的，修行都是要靠自己修；當自己修清淨了，祂含藏的我們覺知心的種子就變清淨了。而初步的清淨就是入地的時候，已經有能力取證無餘涅槃，但是無妨發起菩薩大願而起惑潤生——不斷地受生於三界中，特別是在人間。但是這時分段生死的種子已經斷盡了，這就是初地的「清淨三昧」。接下來第二、第三大阿僧祇劫的菩薩道，全部都是乘願而受生，不是依業而受生的。

然後次第進修到了七地滿心，把三界愛的生死種子——一切三界法的習氣種子全部斷除。這是第二個層次的清淨，已經完成兩大阿僧祇劫的道業；剩下來的就是無記性的異熟種子變易生死，這還得要再用一大阿僧祇劫來修行才能完成。這第三大阿僧祇劫的修行完成了，卻只是完成三個階位，就是八地、九地、十地。可是這樣就使得「此經」妙法蓮花所含藏的所有種子都清淨了嗎？還不見得！因爲還有一小分非常微細的異熟種變易生死，得要藉著等覺位之中的「百劫修相好」，才能全部斷除淨盡。在這一百劫之中，「無一時非捨命時，無一處非捨身處」；到那個時候完成了這一百劫的修行，才算是全部斷盡，成爲妙覺菩薩——一生補處。

這時你的「妙法蓮華經」可就是內外俱淨了，這就是究竟的「清淨三昧」，就是妙音菩薩所證的「清淨三昧」。然而這個「清淨三昧」畢竟要從因地實證「此經」妙法蓮花入手，如果不能實證「此經」妙法蓮花如來藏，那麼這一切都免談。這樣看來，「此經」顯然很難唸，眞的很難唸！諸位搭車、坐飛機來到臺灣，今晚終於坐在正覺講堂，累不累？（大眾說：不累！）啊？不累？喔！眞不得了！其實是很累，只是心不累，因爲身體確實是很累！然而這麼辛苦來到這裡的目的，不就是爲了要學會啥「此經」嗎？對嘛！就是爲了要學啥「此經」：「正因爲『此經』很難啥，我得要來正覺講堂學著怎麼啥啊！」

可是要會啥，這個修學的過程是很辛苦的，你可別想說：「我看您蕭老師坐在上面講經，輕鬆自在，有什麼難？」你們也得想一想，我過去多劫以來，跟你們現在是一樣的；大家都要經歷這個過程，只是早經歷、晚經歷的差別而已，所以大家都一樣，也就沒有誰高誰下的問題。只是因爲往昔我先出發，你們出發得晚，只有這個差別，但是全部過程大家都一樣。所以不懂的人會說：「唉呀！那蕭平實啊！他多傲慢、多瞧不起人啊！」我說：「天啊！我從來不曾瞧不起人欸！」（大眾笑…）因爲我知道自己過去世也跟大家現在這樣走的過程一樣呀！只是我比較早走過來而已。

所以這樣看來，「此經」還眞的難啥，那麼諸位這麼辛苦，就是爲了來正覺講堂學著怎麼樣把「此經」啥通，卻得要遠渡重洋辛苦來學呀！所以「此

經」眞的不容易唸。但是越不好唸才越珍貴啊！假使有人告訴你說：「**我教你這一部經怎麼唸，你就會唸了。**」結果學了不到半天你就學會了，那這部經是不是很淺的東西？對呀！一定很淺！只要把字兒認清楚就會唸了，那麼小學生也會唸啊！那既然是小學生也會唸的，也就不算啥，得要咱們會唸而人家都不會唸的才珍貴！所以越難唸的經越是珍貴。

那諸位願意這麼辛苦迢迢千里，有的人可不只千里，那是三千里、五千里，從瀋陽來、黑龍江來，大概都超過二千里路，又是飛機又是車子奔馳的，眞是辛苦。但是正因爲難唸，我們寧可辛苦一點去唸，將來你得到的「這一部經」才是最珍貴的，才是至高無上的眞經。

可是話說回來，三大阿僧祇劫的修行，乃至最微細的部分還要經由「**百劫修相好**」來滅除最後的異熟愚，才能達成，顯然這個究竟清淨位的「**清淨三昧**」是不容易實證的；可是你從三界中的過去、現在、未來一切萬法來看，其他可以實證的法你都實證了，就只有剩下這一個不能證。假使有人智慧眞的很差，經過三大阿僧祇劫修行以後，或是三十、三百、三萬、三萬億阿僧祇劫以後，什麼都會了，就只是這一部經不會，那他要不要去弄通祂？（大衆回答：要。）因爲其他的都會了，就只剩下這個不會，當然得要弄通才行。所以最後還得要走上實證「此經」如來藏這一條路！因爲這才是最究竟之法。

世間人看重的是什麼？是財位、權力。菩薩們從來不看重這些，因爲以前都已經當過很多世的轉輪聖王，像這樣子享受過七寶以後，還有什麼可享受的？沒有了！人間最高、最究竟的享樂全都享受過了，也不過就是如此，都不究竟。所以最後就把王位捨了，再也不想當轉輪聖王了，覺得求悟佛菩提還是比較重要，所以次第進修，終於開悟以後又繼續修行，入地以後，有人對你說：「我把這個地球上所有一切國家都統一了送給你，好不好？」你一定會說：「不好。」「你這麼有野心，這樣還不夠喔？」你說：「不！我不是有野心，我是對這個沒興趣，因爲我的野心你無法想像。」「那你還有什麼可以貪圖的？」「有啊！我要成佛！」

所以，各種轉輪王，不管是鐵輪、銅輪、銀輪、金輪王，菩薩全都不看在眼裡，因爲那是往世曾經丟棄過的，當然不會想去要回來。假使你吃了食物，再從肚子裡面吐出來，你會想要再把它吃下去嗎？當你吐出去以後就是不想要了，當然一定不想再吃進去了——已經捨棄了就不會想再要回來。那麼這樣看來，「清淨三昧」的究竟完成是不容易的，可是大家得要努力；因爲你不論遲早都要完成它，但是入手處，要先從證得「此經」妙法蓮花來下手。只要你證得了「此經」以後，成佛之道走起來就很踏實，一點都不虛。那麼這個就叫作「清淨三昧」，但爲什麼你證得「此經」妙法蓮花，就能夠現觀祂的本來自性清淨呢？因爲祂是眞如——眞實而如如，不是想像之法；祂永遠都在，而且你可以跟祂互動。

可以互動的是想像的法嗎？不可能啊！如果你所證的一個眞如，或者說你所開悟的眞實心只能用想的，不是會與你互動的，你寧可不要，因爲畫餅不能充飢啊！這樣子就瞭解修學佛菩提道時，首要之務就是親證眞如。證得眞如的時候，你現觀「此經」妙法蓮花是眞實而如如，永遠不動其心，但是有許多的功德不斷運行；那你可以轉依於祂的本來自性清淨，次第修行以後自然就漸漸清淨，最後就是順理成章地成佛了。

下一個是「神通遊戲三昧」，這也是妙音菩薩之所證。什麼叫作神通遊戲？一般人都是想：「唉呀！我只要開悟了就有六通，那我想要看什麼就都能看得見，我想要去哪裡就飛過去。」心裡面想得好美、好美：「嗯！所以我要趕快開悟。」都還沒有去打禪七，心裡面就想著：「我打禪七開悟了，就用飛的方式飛回家。」（大眾笑⋯）可是來到正覺時發覺說，沒有禪七，只有禪三，而且禪三開悟了也沒有天眼通、神足通，只有實相般若。

可是我們禪三悟了就有六通，為什麼叫作六通？因為當你證得「此經」妙法蓮花以後，就可以現前觀察到妙法蓮花這個如來藏妙心，在你六根之中互通，無一根而不有。「此經」妙法蓮花從六根裡面你都看得到，通於六根，這不就叫作六通嗎？這樣總比世俗人好。世俗人是有吃才有通，沒吃就沒通啊！可是你現在有六通了，好不好？（眾答：好。）好啊！那這個就是菩薩們最低階的「神通遊戲」。當你現觀到這個事實，然後你心中都不猶豫，心得決定，就是三昧，這個三昧就叫作「神通遊戲三昧」。

可不能像以前有一些大師說：「想要證得『神通遊戲三昧』，一定得要打坐，入定了以後才可以運用。」那你現在要知道，那樣講的大師們，只是誤會「神通遊戲三昧」的凡夫大師。因為如果還要打坐入定才能夠遊戲，請問他能玩個什麼？他沒有遊戲可玩，入定了還能玩嗎？得要依定心運作才行的，就不可能是遊戲呀！可是我們正覺不一樣，因為諸佛菩薩教給我們的是

「神通遊戲」，不是「打坐遊戲」。

當你現前觀察到這個如來藏妙心在六根之中互通，從此以後你可以在世間法中，或者在出世間法中都能遊戲。當人家問：「你悟了以後神通是什麼？」龐蘊居士說：「神通並妙用，運水與搬柴。」「我悟了得到的神通就是搬柴與運水。」欸！也許諸位現在想一想：「奇怪！怎麼神通會是搬柴與運水？」如果正好有一點火氣，可就說了：「豈有此理！」可是我告訴你，眞的有這個道理。古時那一些證悟的禪師們，總不是精神病患吧？你看那木平禪師，人家來參訪時，要請問他「如何是道」？他就回覆說：「山下那邊泥土，幫我挑三擔上來。」永遠都是如此回應。因爲他山上要蓋個寮房或什麼建物，缺土呀！所以學人來問道時，就叫他們：「先幫我挑三擔泥土上來。」如果挑完了三擔還不會，就指著木榜上寫的偈給他們讀，這就是有名的木平三轉泥。

如果有人問禪師：「如何是道？」禪師答覆說：「長安大道。」有僧人來問趙州說：「我來到趙州，只見獨木橋，也沒看見趙州的石橋。」老趙州說：「自是爾不見。」只是你自己看不見哪！那個僧人只好問了：「那麼趙州石橋作什麼用？」老趙州說：「度驢，度馬。」「我老趙州的石橋，管度驢子過去，也管度馬過去。」可是沒有人敢去推翻禪師們，那你說，這是不是「神通遊戲」？欸！禪師們就這樣遊戲人間啊！所以舉手投足、觸目菩提。

因此，當人家來問雲門：「如何是佛？」雲門隨便看見什麼就答什麼，看見綠瓦就答：「綠瓦」；又有人來問：「如何是佛？」雲門剛好看見前面綁驢子、綁馬的一根露柱，他就回答：「露柱。」有人又來問他，剛好看見那種芍藥的欄杆，芍藥又叫作花藥，開的花形似牡丹，是芍藥科的植物；芍藥的花開得很美，因此怕被人家不小心踩了，都用個欄杆圍起來。當人家來問：「如何是佛？」雲門就答：「花藥欄。」竟然說佛是保護芍藥的欄杆。有人又來問，那個人倒楣，因爲雲門剛好看見乾掉了的狗屎，他就回說：「乾屎橛。」但不論他怎麼說就怎麼對，這是不是遊戲人間？是啊！禪師就這麼遊戲人間，那日子可寫意了！

可是換我遊戲人間可得要挨告，但是我挨告時也是遊戲人間啊！也得要讓人家罵說：「這個邪魔外道！」我剛出來弘法時都是被罵邪魔外道，所以我有一次私底下就講了一個笑話說：「實證三乘菩提的人是邪魔外道，沒有實證的人都是佛弟子；那麼諸佛菩薩不就是邪魔外道了？」那他們認同不認同？於是全叫他們嘴掛壁上，口似扁擔。所以遊戲人間時要看你怎麼遊戲，你如果要快樂地遊戲，那就要像禪師那樣子：榮辱不關心，法滅也無妨，我只要繼續遊戲於智慧三昧中就好；有緣的人來了，為他說一點法；沒有緣的人毀謗我，且不理他。這樣子，日子就很好過了。

可是佛弟子們就可憐了！那麼請問諸位，你要哪一種遊戲人間？要前者還是後者？（眾答：後者。）後者很辛苦喔！而且就像臺灣有一句俗語說：「滿臉都是豆花。」因為常常會被人家惡言惡語來砸。可是，既然要走上佛菩提道，要當菩薩，就要有一個認知：菩薩生來就是要給無明的人類糟蹋的。如果菩薩生來不是給人糟蹋的，幹嘛要修忍辱？得要讓人家糟蹋到習慣了，該作的事情繼續去作，這樣子佛菩提道才容易走啦！我們弘法過程中，諸位也都知道歷經過三次的法難；這三次法難的原因是什麼？就是要糟蹋我，雖然糟蹋不成功，都因為那些人各個都想要當法主啊！我是想要趕快把法主的位子丟出去，他們卻是沒等我丟就趕快要來搶；然後是我丟不掉，而他們搶不到，眞冤枉！

因為我早就想要丟了，是很早就想要丟的，我就想要退隱回鄉，在鄉下蓋房子的住宅區用地都買好了，就是歸不去。我這裡要交，但是交不出去；有人說他要接，結果親教師們大家都不同意，我也無可奈何呀！可是就因為這一些個人的因素，因此發動了三次的法難事件，前後共有三批人。我們有位幹部就感嘆說：「老師啊！沒想到菩薩遊戲人間是這樣玩的。」我說：「不然妳認為該怎麼樣遊戲？」她說：「我本來以為遊戲人間是很輕鬆、很愉快的。」我說：「菩薩遊戲人間喔，一定是要先苦後甘啦！到了八地、九地時，可都很愉快了。可是在眼前這個階段，就是很苦。難道吃甘蔗時要先吃最甜的頭部嗎？當然先吃尾端嘛！那尾端鹹鹹酸酸地，你也得吃呀！漸漸往根部吃去，最後則是最甜的。成佛一定不能在因地成就，一定是果地成就的；若是在因地成佛，那成個什麼佛呢？」終於想通了。

所以菩薩以六通在人間遊戲時，本來就該給愚人糟蹋。那麼這一回我被達賴集團告到法院去了，沒想到不該被判輸的官司竟然會被判輸，這顯示什麼呢？顯示說，以前某一個政黨執政的時候，在臺北法院培養了許多支持達賴的人，所以我們就輸了。唉！有人當然覺得蠻喪氣，但是我說：「唉呀！

我們要很滿足了。大不了賠幾個錢加上登報道歉，都沒像以前在沙漠裡幾乎死掉，都沒像以前在天竺還被人家殺掉，都沒像以前在西藏被人家殺掉三百多人呢！我們現在大家都好好的，沒有一個人被殺，有什麼不好？」大家聽了想一想，覺得還算不錯啦！欸！這就是菩薩遊戲人間。

所以不要以爲說：「我開悟以後，那時就像卜派吃了菠菜一般。」不要這樣想，不可能那樣的。你開悟以後還是舊時人，只是你的行履開始有所不同；因爲你的見地出生了，隨後也一天一天漸漸提升了，那時從實相法界來看現象法界，所以行履跟以前不同，但依舊是原來這個人。所以菩薩的「神通遊戲三昧」是這樣玩的，不要抱著美好的想像，否則你將來證得「清淨三昧」時，問說：「我的妙法蓮花是那麼清淨，可是我證得以後又沒有三頭六臂；證得以後又不會成爲千萬、億萬富翁，我證得以後在路上走，人家也不跟我頂禮供養。」那你就會很失望。所以要記得：菩薩神通遊戲，要記得祖師說的「不異舊時人，祇異舊時行履處。」我卻要反過來說：「不是舊行履，還是舊時人。」悟後轉依眞如，身口意行開始轉變了，但其實仍然是原來的這個人。但是你的見地出生了，而凡夫們沒有見地，那麼你的行履—爲人處事—就跟以前不一樣了，就是有智慧，但在人間行道修道還是跟以前一樣。

那麼當你能夠這樣觀察的時候，你會發覺自己「此經」妙法蓮花具足四威儀——行住坐臥之中不離法界定，顯現妙威儀。祂的威儀可不像五陰這樣子，祂眞的有威儀啊！當你行住坐臥時，祂也有行住坐臥；祂的威儀永遠具足圓滿，無缺無欠。也就是說，不論何時、何地，祂都以祂的神通不斷運作著。那麼你能夠這樣子觀察，心得決定而能毫不猶豫時，就說你有了「神通遊戲三昧」，差別只是這個三昧的層次是高或者低，是否圓滿。

接著說「慧炬三昧」，這也是妙音菩薩之所得。慧炬爲什麼要叫作炬？因爲炬能焚燒；智慧的大火炬，可以燒掉很多無明愚癡，因此稱爲「慧炬」。在證悟「此經」妙法蓮花之前，大家對於佛法永遠都落於想像之中，怎麼樣讀經閱論都沒有入手處，所以修行越久越會感嘆說：「三藏十二部經浩如煙海，無從入手。」諸位大多讀過或聽過這一句話，因爲不但今人如此感嘆，古人亦復如是感嘆。三藏十二部經請了出來，大部分的字都認得，可是你認得它，它不認得你。偶然有幾個字不認得，拿了辭典來查一查說：「喔！原來是這個意思。」然後把經文重新再思惟一遍，還是不懂。

後來有一天說：「**一定是這樣，我懂了！我懂了！**」沒想到去到禪師那裡，才一講出來，當頭一棒就敲了下來，還是不對！所以在證得「**此經**」妙法蓮花之前，都是沒有實證層次的實相智慧；追究沒有實相智慧的原因，是因為被無明煩惱所遮障，也是被假名大師所誤導，因此在聞慧、思慧、修慧三個層次全都錯了！所以我出來弘法以前，大家都說：「**開悟是不可能的，那是大菩薩們的事。**」我出來弘法四、五年時，去杭州南路找淨□法師，因為當時我想把法傳給他，然後我就可以歸隱山林。那時不叫作歸隱山林，應該叫作歸隱田園；因為我在故鄉買了塊住宅區的建地，後來又買了塊農地，就是準備要回故鄉去養老。

唉！沒想到淨□法師竟然質疑我說：「**什麼實相念佛？那是大菩薩們的事，跟我們無關，老老實實唸佛就是了。**」所以沒得談啊！只好與他談論《觀經》說的三品九輩往生的事，只談了二十來分鐘我就離開了，因為他不相信眞的可以證悟，而不相信的原因是因為無明遮障。聽說他前些年在內地也講什麼「**末日說**」，有沒有？（大眾回答：有。）彌勒菩薩都還沒有來人間成佛，他談什麼世界末日？像這樣的法師還能叫作佛教裡的法師嗎？這就是說他被無明所遮障了，而且無明非常嚴重！

當年見面時，我直勸他說：「可以修無相念佛，然後轉爲體究念佛，最後就是實相念佛。」他不能接受，馬上就說：「別唱高調了，我這些出家徒弟們，只要有一個能夠下品下生，我就心滿意足了，談什麼實相念佛！」我說：「師父啊！您這些出家徒弟們，都是五逆十惡之徒嗎？」他警覺到不對了，愣了一下，我說：「下品下生人都是五逆十惡，加上謗佛、謗法、毀謗僧寶，您這些出家徒弟們有人這樣嗎？」他就趕快岔開去。等他講到差不多了，我又拉回來講下品中生；我講了他又岔開，然後我再拉回來講下品上生；他又岔開，我又拉回來講中品下生。就這樣他一拉開，講了幾句話，我就拉回來，這樣來來往往，我也就講完了上品上生。然後我供養了他一個紅包，那時還請張老師幫我寫了幅毛筆字，用個鏡框裝起來，我送他說：「師父！您牆壁哪裡髒了就拿來補壁。」（大眾笑…）我就告辭了，只談了二十來分鐘就離開。

你想，一個很有名氣的大法師，當時他也是眾所信受的大師，竟然都還不能信受佛法可以實證這件事，那麼一般的佛弟子們可想而知啊！這就是無明遮障。那麼無明要用什麼來對治呢？用火！一把光明大火就可以把它燒掉。有一句話說：「千年暗室，一燈能破。」雖然它已經暗了一千年，你只要進去把一盞燈點了，那一千年的黑暗也就隨之破滅而消失了。同理，現在大陸佛教界漫天遍地無明烏雲籠罩，咱們該怎麼辦？（有人答：點燈。）不能只點燈了，我們要用大火炬點出去，要有一把又一把——很多把的大火炬，大家拿得高高的，把所有的漫天烏雲全部燒掉。

可是話說回來，這漫天烏雲——無始劫來的無明，該怎麼樣才能夠滅除？要用智慧火炬來燒滅。只要有智慧的火炬，就可以把它燒滅；可是這個智慧火炬不能用世間的木棍稻草麻繩去製作，要用「此經」妙法蓮花來作成。要怎麼作成呢？得要把這個課程具足圓滿教給大家，這就是教你們知見具足而知道該怎樣製造這把火炬；當你們各自製造好了這個大火把，去打禪三精進參禪時，一念相應時就點燃了。說的比唱的好聽？不！我說是眞的，只要火炬造好了，然後一個不小心碰到一星智慧的火花，它也就點燃了。

並且點燃之後，它只會越來越亮，永遠不會熄滅。那麼你發覺到這一點，那時會回頭再來檢查：「我在實證『此經』妙法蓮花之前，讀經典、閱論著，總是似懂非懂，而今讀了就懂。」所以很多人感慨說：「我們每天課誦在唸《心經》，到底《心經》是在講什麼？」有一位法師打三前發了誓：「我以前讀到人家的見道報告，他們都說破參以後，解三時唸《心經》都會流淚，我偏不流。」等到他破參了，解三時唸《心經》，他眼淚流得比誰都快、都多，爲什麼呢？因爲那時發覺，原來以前都誤會《心經》，發覺原來《心經》講的都是自己的心；一面誦著一面觀照自己的如來藏心，發覺沒有實證之前眞的無法理解，這回才是眞正的懂《心經》了。所以眼淚就不受控制，一直流下來了。

因此他悟前發的願沒效，他發願不流淚的，結果還是狂流，這表示說：他發覺只要證得「此經」妙法蓮花，就有了智慧的火炬，能夠把無始劫以來的黑暗照破，這就是破無始無明。但是破無始無明以後進修到斷盡，得要等到成佛才能完成，因爲無始無明是無邊的深廣。所以「慧炬」的意思是說，你可以用這一把火炬來燃燒掉一切的無明黑暗；當你這麼實證以後，回家把經、論請出來讀，發覺都不一樣了；以前讀不懂的地方，現在是讀了就懂，表示智慧火炬出生了。可是檢討下來的結果，知道這個智慧火炬的作用是從實證「此經」妙法蓮花而來的，於是對於這個事實，心中決定毫不猶豫，那就有了三昧。心得決定就叫作定，定就是三昧，這就是第一分的「慧炬三昧」。

然而這個「慧炬三昧」的層次差別很多，以前我們有位師兄去打三時心中發願：「我這一次去，要連過兩關，明心後還要隨即看見佛性。當我這一下子過了兩關，我就跟您蕭老師一樣了。」結果連第一關都過不去，到後來又參加幾次禪三被印證開悟時說：「我不能想要跟蕭老師一樣，因為現在悟了，跟我的親教師智慧都還不能一樣，因為真的還差很多！」所以「慧炬三昧」焚燒黑暗的力量有多大，照明度有多亮多遠，還得要看你在實證以後如何去作觀行。因此「慧炬三昧」是從明心以後開始，隨著修學菩薩道的時日不斷過去而漸漸地擴大、漸漸地成長；因為你得要不斷添上細的木條並且加上一些油，要不斷添上一些容易燃燒的物品，火炬才能越來越大；最後要加上大木棍等等，使火炬變得很大；當你持續增加到無法再加了，而一切暗處全都照亮了，那就是成佛的時候了。那麼這個「慧炬三昧」，不能夠說它只有明心開悟一個層次；妙音菩薩所證的「慧炬三昧」層次是很高的，後面就會再說到。

那妙音菩薩還有一個三昧叫作「莊嚴王三昧」。爲什麼叫作「莊嚴王」？若論世間的莊嚴，穿了西裝、打了領帶、皮鞋擦得雪亮，頭髮也梳得油亮的；可是到了現代呢，這個已經不作數了，現在得要穿名牌衣著；不但要穿名牌的服裝，而且還要請司機幫他開車；車子也得要是純白的，最好是七千西西的大轎車等等。但是這一些又能如何莊嚴？再怎麼莊嚴都不會比金輪聖王的儀仗更莊嚴吧！而金輪王的莊嚴，來到菩薩面前又不算什麼了。所以這一些都不是眞實的莊嚴，反而顯現出背後的不莊嚴——因爲貪求於世間法，不外於貪、瞋、癡、慢、疑等煩惱。

至於菩薩也有莊嚴，大菩薩們胸配瓔珞，還有臂釧，然後還有腰帶懸著寶玉，頭上還有寶冠，統統是價値連城。不但如此，腳下還有寶蓮，那蓮花可莊嚴了！買都買不到。然而這只是一個表徵，大菩薩本來就應該如此啊！所以假使哪一天我突發奇想留起長頭髮來，戴起寶冠，我也來掛著臂釧，又去買瓔珞來戴在胸前，再買一個翡翠寶玉掛起來，渾身行頭花上幾千萬元，諸位也不要覺得奇怪。但我如果這樣示現了，我明天就會走人了，因爲還沒有到達妙覺地以前，這其實都不足取法！這就是菩薩。

維摩詰菩薩是大富長者，而且還參與政事。可是如果阿羅漢們胸配瓔珞等等，手中拿個七寶鉢去托鉢，諸位覺得怎麼樣？確實覺得很怪異，因爲這表示他根本不可能是阿羅漢！阿羅漢是時時預備要出三界的，看到七寶鉢猶如毒蛇一樣，一定是震手而棄；才一碰到、才一看到，就像被毒蛇咬了一樣，一定是震手就丟了。他很怕被黏住，即使是覺知心的自己都還恐怕死不掉，怎麼可能還會落在外我所上面呢！然而菩薩不同，菩薩有很多的莊嚴，顯現菩薩的福德非常廣大；可是這些畢竟都只是一種表相，菩薩實際上以什麼作莊嚴呢？如果菩薩只是以寶冠、瓔珞等等來作莊嚴，那不叫作菩薩的「莊嚴王」，都只是世間人普通的莊嚴，因爲轉輪聖王也可以這樣莊嚴啊！所以菩薩的莊嚴，是用無量無邊的智慧來表顯的。

以前臺灣佛教界瞧不起正覺同修會，我們早期弘法時，沒有誰瞧得起正覺；不論哪一個大山頭都要罵正覺，只是不敢落實到文字上而已，因爲聽說那蕭平實不好惹。可是到後來，假使哪一天接到一封掛號信，裡面附了個簡函說：「蕭平實哪一天要來拜訪堂頭和尚。」你想他們會怎麼樣？就是說，當我哪一天忽然突發奇想，把名刺遞到各大山頭去，你想他們會怎麼樣？不思而知啊！所以我出門時都盡量裝得像糟老頭，人家都不認得，只看到一個糟老頭，低調得再不行了！所以不管人家談什麼，我就是不與對方談佛法。

有時人家問我說：「你是教太極拳的嗎？」我隨口就說：「對！對！」有一次我去新竹看房子，那時新竹想要買講堂，已經進行很多年了。那一次，有一個幫人家帶孩子的保姆，背上揹著孩子，剛好與我們搭同一部電梯，她問說：「請問這位師父！你是不是在跟人家算命？」我當場回說：「是啊！」「你算一次多少錢？」我說：「我算命很貴，妳付不起。」她也當眞了。反正人家講什麼，我都是答：「行！都好！是！」我就是不跟人家談佛法。在會外，我能跟誰談佛法？除非我亮出招牌。

但是現在佛教界談到正覺、談到蕭平實，對我們的說法已經跟以前不同了，只要有誰問說：「師父啊！我想要求開悟呢！怎麼辦？」師父就說：「你去正覺啊！」以前各山頭都很怕我找碴，但我也曾表明說：只要不是故意招惹我，有時是因爲誤會而罵了我，那也就算了，我不計較。但如果要針對正覺的法來找毛病，那我就會處理他了。那麼大家知道我不會平白無故去找碴，因爲知道我家的茶已經夠多了，所以他們也就安心了。

那麼這代表什麼道理？代表說，菩薩有「莊嚴王三昧」。因爲不是用世間法來作莊嚴的呀！哪天我假使去買了一輛勞斯萊斯來開，也不能算是莊嚴；因爲不論我開到哪個大山頭上去，人家一看說：「原來是蕭平實。」但那個莊嚴人家依舊瞧不在眼裡，爲什麼呢？因爲人家大山頭想：「欸！我這山頭有幾百億財產，你買一輛三千萬的車子來炫耀，太小看我了。」可是咱們一提起三乘菩提來，大家全都閉嘴——不論是哪個大山頭，這才是眞實的莊嚴。

因爲這個莊嚴不單在你身上，還留存在你的「妙法蓮華經」裡面，死後帶去未來世；這一些種子生生世世都跟隨著你，只要一到緣熟的時節，這個智慧莊嚴又會重新發揚起來，然後你又可以爲眾生作很多事情，又可以繼續利樂大家了，這才是眞實莊嚴。那麼當你有這個莊嚴時，可以藉這個莊嚴不斷地一世又一世利樂有情，只要跟你有緣的人，你就利樂他們；隨著他們的層次差別而爲他們演說不同層次的差別法，來一一利益他們。因此你對於有情們，就有很大的恩德存在，而這個恩德也是你的莊嚴。

而這些有情們隨著你的教導，他們在三乘菩提上的實證，雖然各有次第差別不同，然而各個都能實證，這樣一來，就是在成就你的佛土，因爲攝受眾生就是攝受佛土啊！你將來總不能一個人成佛吧？你成佛以後若沒有左右脇侍，沒有菩薩弟子，也沒有聲聞弟子，就只有一個人獨自成佛，然後一世過完就入滅去了，在佛法中永遠不可能有這樣的佛。你一定是有很多弟子，三乘弟子都有，而且是每一個層次的弟子都有；所以要像大海一樣，大海不擇細流、百川皆納。那麼因爲如是，所以你就有許多的莊嚴，這種莊嚴不是一世兩世、一劫兩劫所能成就的，而是要三大無量數劫廣修福德，廣度眾生而去成就。

那麼菩薩就隨著自己的所證，次第去莊嚴佛土；可是這個莊嚴，完全都要依靠你在「此經」妙法蓮花的實證上而得。如果沒有依於「此經」妙法蓮花的實證，就不可能有「莊嚴王三昧」，因爲除此以外的一切莊嚴，都是三界中的世俗莊嚴，不足以稱「王」。所以從我個人身上顯現出來的，諸位都可以看見啊：正覺同修會在臺灣並不是很大的道場，可是我們的威德卻是一個最大的大道場，因爲正覺的法大。我們的祖師堂就那麼小，我們臺北講堂就只有這麼四個講堂；地下室三戶一千五百平方米，也還沒有裝修完成。（編案：已裝修完成開始使用。）我們就算整棟大樓買下來，也不過就只有一整棟，依舊不算大，但我們永遠是法大——以法而作莊嚴，這個莊嚴才能叫作「莊嚴王」。

那麼諸位是正法中的種子，是佛教正法在華夏神州種下去的種子，將來華夏神州的往世親朋好友們，就得要靠諸位來度，因為我不可能去大陸弘法，就是要培養諸位起來，由諸位來幫忙、來住持佛教正法。我們以前派人過去是初期的作為，就好像我們從臺北派老師去臺中、臺南、高雄一樣，初期就是從這裡派出去；等到有人可以接手了，我們就撤回來，可以再去別的地方度人；這樣不斷複製下去，才能利樂更多的人，所以這個「莊嚴王三昧」，諸位得要設法實證。

但實證「莊嚴王三昧」之前要先把「慧炬」準備好，所以我是教你們怎樣去準備這一把火炬，然後突然間遇到了火星——碰上了一個小小的火星，慧炬點燃了起來，你們繼續度眾生、繼續進修，後來就能夠成就「莊嚴王三昧」。然而「莊嚴王三昧」的層次差別很多，究竟地還是要到達佛地才算數。所以問：為何等覺菩薩、妙覺菩薩見了諸佛，全都是那麼恭敬？因為諸佛的

「莊嚴王三昧」是具足的，而妙音菩薩的「莊嚴王三昧」已經快要圓滿了，這就是他的殊勝處。今晚講到這裡，時間已經到了。

《妙法蓮華經》上週講到一百八十五頁倒數第五行，已經說完了，今天要從倒數第四行說起：「淨光明三昧、淨藏三昧、不共三昧、日旋三昧，得如是等百千萬億恒河沙等諸大三昧。」今天先要講「淨光明三昧」。在世間法中也有不少光明，（導師看到大陸同修還有一些人沒回大陸，就問：「你們還沒有回去？還在喔！好！好！多結一分法緣！」）世間法中也有許多的法光明，但是那一些法光明，終究只是世間光明。那麼一個人的證量，或者說，他在世間法的語言上所說的修爲，在鬼神法界、天神法界中，都是瞞不了人的，只有在人間才瞞得了人。

因爲世間諸法也都各有其光明，那麼假使有天眼，遠遠看見有一團紅光過來了，定睛一瞧說：「原來是個喇嘛。」因爲他欲心高漲。並不是他故意要這樣放出紅光，而是因爲他被教導的心境就是這樣子，所以他的身體周遭就放出了紅光。那麼有的人心地陰險，所以遠遠的走過來，你就看見他有一團藍色夾著黑色的光明，那你就知道說：「這個人心地不好。」這也是光呀！

如果遠遠一個人走過來，他周遭是一團綠光，那一團綠光就表示他雖然不是很工於心計，可是他心中極不清淨，老是想著別人身上可以給他什麼好處；不能正當得到時，他就會想方設法不法取得。如果那個綠光是帶著黑色的，那就更不好，表示他從來沒有光明面，他的心一向都在黑法之中打轉，黑色越強就表示他的心越骯髒。

所以說眾生的光是各不相同的，如果在某一些法上心得決定，而那一些法是屬於世間的清淨法，那麼他就會帶有一點白色的光；如果他有很強烈的白光，使你的天眼覺得有一點刺眼，你就知道這個人已經證得禪定；如果你看見他是放出金光，就知道他已經實證般若；如果他的金光混合著強烈的白光，有一句成語叫作「金光閃閃」，你可以判斷說，這個人即使還沒有入地，大概也快了。如果他入地後有一天打坐時作了某一些事情，放出光明，照耀了半邊天，你就說這位菩薩金光、白光照耀了半邊天，這一定三地滿心了，至少也快要滿心了。

所以有很多的光明可供天人法界來作判斷，但人間的肉眼是看不見這些光明的。因此所謂的修爲或者證量，都只能在人間騙人，而人間愚癡無智的人們也都只看表相。當某某大師一出場時，前面八位金剛護法，後面又有八位金剛護法，身後還有人擎著好大一把寶幢，於是乎大家崇拜到不得了，心想：「這一定是大師了。」但是有智慧的人不受表相欺瞞，因爲這種手段自古以來凡夫最會作了。所以不能看這一些，要看他在法上的實質。因此說光明是每一個人各自皆有，但是各人的光明並不一樣。

那麼世間人的身光可以讓有天眼的人看得出一些小小的線索，知道這個人是否與出世間法相應，或者他只跟世間法相應。譬如有的人證得三禪、四禪，當他入定時光明遮蔽了半邊天，可是他沒有一絲一毫金色的光明，那你就知道他只是一個凡夫，而他的禪定功夫很了得。所以說，各人都有不同的光明。但是爲什麼那一些天主、天人、天神們沒有金光？因爲金光是般若實相智慧之所獨有；二乘聖者也有金光，就是沒菩薩那麼莊嚴，但都屬於出世間法。這意思是說，每一個有情各自都有光明，然而這些光明都屬於世間光明，並非出世間的慧光；出世間法的智慧爲什麼叫作「光明」？因爲它可以顯現出來：「於自有功、於他有德。」換句話說，他自己有智慧與解脫的受用，而他也能夠利樂別人，這才叫作「功德」。

所以臺灣有很多親近佛教或道教的人士，他們有一句口頭禪說「作功德」，問題是所作是否有功也有德？他們是不瞭解的。所以 世尊在《優婆塞戒經》告訴大家說：作功德的時候得要去注意即將被自己布施的對象，否則所布施就不能達到所要的結果。因爲布施的時候沒智慧檢擇自己所布施的是不是眞實福田？布施時至少要確定對方眞的是福田，在三種福田之中，或者功德田、或者報恩田、或者貧窮田，布施了都沒問題；可就不要在這三種田之外去種，因爲種了不得福，未來世反而受害：例如那是毒田，在毒田播種以後結出來的果實有毒，那些有毒的果實不吃也罷。

可是有一些毒田種了以後，未來世不想吃也還不行。例如有的人看見了廟就布施，可是那些廟裡面供的佛像下體卻都要用圍巾圍起來，那可就是標準的毒田。他若是去種了那個毒田以後，未來世果實會緊緊聯結著他，糾纏不已；一直到他作了某一些事而了結了，那個毒田生長的果實才不再繼續黏住他。所以布施時還眞的要小心，千萬別種了毒田還滿心歡喜說：「**唉呀！我未來世福報無量、無邊了。**」那個毒果無量無邊，到底是好、還是不好？有智慧的人要懂得判斷這一點。

最沒智慧的人是種了毒田以後，未來世會有很多而且都是很毒的果實，緊緊追隨著他，而他一點都不知道那些果實都很毒，那才可憐啊！那麼這一些人身上也有光明，因爲他們樂善好施，那麼未來世繼續跟那一些附佛法外道廝混，永遠也拔不開、斬不斷，想要理也還是一團亂。所以你們看到有些人信密宗，信到一場糊塗，眞是迷信到一場糊塗呀！你再怎麼樣爲他解說而且提示證據，深入爲他們說明正理，全都沒用，因爲他往世在密宗邪法種下的毒田果實已經成熟了。所以那一種人的光明就異於常人，那麼在這一些附佛法外道之中去親近修學的結果，那個光明都不清淨。

可是你如果在眞正的三種福田裡面去種了，特別是在功德田上面去種，也就是對三乘菩提之中有所實證的人種福田，或是在能教導佛弟子實證的道場種了福田，這種福田是有功德的福田，名爲功德田；果報不單是世間法中的福德，還有功德——就是遲早都會有所實證；一旦實證，智慧也就開啓了，解脫的功德也跟著生起，於是就有自受用作爲功，然後延伸出來可以產生他受用的德行；把自受用的功與他受用的德合起來說，就是功德。那麼他這種智慧，即使沒有實證的人，只要夠聰明，邏輯夠清楚，就能夠看見他的清淨光明，這叫作「慧光」。這不是用天眼看見他的光明，這裡講的光明是指智慧的顯現，這就是「淨光明三昧」。爲什麼說這種智慧顯現出來叫作淨光明？因爲他這種智慧所產生的作用，既使自己得利，也能利益別人；而這個智慧的作用不是在世間法上，所以不墮於世間，這種慧光就叫作「淨光明三昧」。

可是二乘法還不足以稱爲「淨光明三昧」，一定得要在大乘法中已經實證並且轉依成功；單單知道並不算數，得要轉依成功了，這時才能夠說他得了「淨光明三昧」。如果知道了般若的密意而沒有轉依成功，他眼前看來是有淨光明，但沒有三昧，隨時都可能退轉，因爲他還沒有心得決定，所以沒有三昧。那麼二乘菩提的實證爲什麼我們不說是「淨光明三昧」？因爲他們觀行的對象是世俗法的五陰、十八界；而菩薩所顯現出來的淨光明，心得決定而成爲三昧，是在清淨法「妙法蓮華經」——也就是如來藏心上面來實證，並且心得決定了，所以慧光不墮於世間法中。

但是二乘聖人在二乘菩提中的實證，引生的慧光只是依於世俗法蘊處界而修的；世俗法蘊處界無一清淨，所以他在解脫道上面究竟實證了，而且心得決定的時候，仍然不能稱之爲「淨光明三昧」，因爲他所觀行的對象是世俗法中的蘊處界。而這些世俗法本身並不清淨，所以他的慧光不能算是清淨的。至於凡夫們在世間法中的種種智慧光明，那更是不清淨了。

那麼這是最基本的「淨光明三昧」，如果還要繼續進修，三賢位中有三個大階段：十住、十行、十迴向。所顯現的淨光明三昧又互相不同。在七住位中，明心後煩惱依舊一大堆，後來有幸眼見佛性了，從佛性來看一切是虛幻不實的，心就比以前清淨一些。雖然生而為人，在家庭上、在社會上該負的義務、該作的事，都仍然繼續延續下來，但是心地又比以前清淨一些，智慧光明又比以前清淨一些。繼續經過十行位，修十種行而得圓滿了，那時對於七轉識的現觀，也更加廣泛和深入；所以在十行位滿心得陽焰觀，不管怎麼觀察，七轉識的自己畢竟就像夏日遠處地面的陽焰一般虛幻不實，於是又比以前更清淨。繼續進修到了十迴向滿心，眼看著此生所行菩薩之道皆如夢幻，與自己所見的往世多劫以前種種行道的事情一樣，都不眞實，如夢觀成就了，這時智慧更圓滿，所以他的慧光也更加清淨，這也是增益的「淨光明三昧」。

那麼接著入地，在初地滿心時證得猶如鏡像現觀，二地滿心時猶如光影，三地滿心時猶如谷響，四地滿心時如水中月，五地滿心時變化所成，六地滿心時非有似有，七地滿心證得念念入滅盡定，這時三界愛習氣種子全部滅盡，慧光又不同了，就有了如犍闥婆城的現觀。所以各地有各地的慧光，這一些慧光都是清淨的，但是清淨的程度有所差別；乃至於八地菩薩見了九地菩薩時深心恭敬，等覺、妙覺見了 如來時也是深心恭敬，都是不同程度的「**淨光明三昧**」。

諸位不要懷疑，哪一天你修到了等覺位時面見 如來，覺得不好意思，這是爲什麼呢？是因爲 如來的究竟清淨是自己無法想像的。這就是說，「**淨光明三昧**」從三賢位的第七住位開始，慧光已經不墮於世間法中，更何況進修到諸佛如來的境界。如果到了等覺位、妙覺位，像妙音菩薩這樣子，他的「**淨光明三昧**」就稱爲「**大三昧**」。所以同樣證眞如，第七住位還在賢位也是證眞如，到了十行、十迴向、初地，乃至等覺、妙覺、佛地，也一樣都是證眞如，但是互相之間的清淨性有別。清淨有別，所以那個三昧是不是大三昧，也就於此分野。這裡妙音菩薩所得的「**淨光明三昧**」是「**大三昧**」。

接著說「**淨藏三昧**」，爲何叫作「**淨藏**」？也就是說，這個三昧是由證得清淨藏而來的；這一個清淨藏，當然就是「此經」妙法蓮華；這妙法蓮華含藏了一切清淨法藏。以前還沒有正覺同修會時，佛教界所謂的清淨，都是在意識上面用心。都是希望修行時使意識清淨，從來沒有人想過要證得本來就清淨、本來就存在的清淨法；所以大家一起盲修瞎練，而且幾十年來習以爲常；在大陸則是三百多年來習以爲常，因爲臺灣佛教的弘傳才只有幾十年而已。

那麼正覺同修會開始弘法以後，提出一個法叫作「眞如」；可是有一個教禪很有名的大道場，他們堂頭和尚弘法走遍了五大洲，當我們書中寫了「證眞如」時，他們那一些信徒們，包括努力修行打坐的人都沒聽過什麼叫作「眞如」；而那樣的堂頭和尚同時主持著一家很有名的佛學研究所，他還當所長呢！那麼諸位想一想就知道了，本來清淨之法在正覺同修會弘法之前，佛教界是不曾聽聞的。所以在古時叢林中很平常的證眞如，對他們而言就成爲「**聞所未聞法**」，導致所有大師們跟前的弟子們聽到聞所未聞之眞如法時，於是心中生起了煩惱。

因爲他們的想法是：「**修行就是我們染污的心要轉變成清淨，你們正覺**

同修會爲什麼說有另一個心是本來清淨的？既然本來是清淨的，那又何必修行？」一般初機學人聽了也覺得他們的質問很有道理呀！就是不清淨才要修行！既然是本來清淨的心，你還要修什麼行？沒想到佛法不是那麼簡單的事啊！佛法如果是那麼簡單的事，那麼佛教跟那些一神教、多神教可就一樣了，還有什麼勝妙之處？

然而佛法打從天竺來到中國以來，自古多少有識之士（或者有志之士），投入禪宗叢林到老到死，終究無悔，這絕對不是沒來由的。那我們爲了說明給他們瞭解，也眞是苦心孤詣，不斷從各層面來說明、來解說，然後印成書，用成本價去流通，才能讓他們稍微瞭解一些。諸位看我們那一些書，一本才賣兩百塊錢臺幣（編案：這些早期的書本，現在因成本增加而調整爲二五〇元），每一頁的字都塡得滿滿的，而且法義又很勝妙。有些法師寫書是怎麼寫的呢？除了內容空洞以外，裡面的字又是橫排的；橫排時每頁的字數就已經變得很少了，然後有時又是兩個字就成爲一行，甚至一個字也可以成爲一行，而且整本書中的內容空洞。不但如此，我的書是三百多頁，他們不過兩百多頁，竟然要賣五百多塊錢，也有人願意買。原來冤枉錢有人願意花，就像禪宗祖師講的：原來屈棒有人願挨。

所以勝妙法的演述，在末法時代正覺出世弘法之前，可都是聞所未聞法。而本來就清淨的法——「此經」如來藏，祂才能夠含藏一切清淨法。如果祂不是本來清淨之法，就無法含藏一切清淨的法藏。那也許有人想：**「你提出來一個名詞叫作『清淨法藏』，那『清淨法藏』到底是指什麼？」**咱們可以合計一下：聲聞菩提是否清淨法藏？一定是啊！因為它可以使人超越於我所執，也能使人超越於我見和我執而出三界，所以聲聞菩提所說、所函蓋的一切法，當然是「**清淨法藏**」；而這個「**清淨法藏**」能否外於「**妙法蓮華經**」如來藏而存在？不行！假使沒有「**此經**」如來藏，聲聞菩提就不成立了；因為聲聞菩提之所以能成立、之所以能實證、之所以能使人出離三界生死，根本的原因就是「**此經**」如來藏，否則聲聞菩提的無餘涅槃就會成為斷滅空。若是斷滅空就沒有人願意實修，也沒有人能實證，就不是清淨法藏。所以依於「**此經**」如來藏，能成就聲聞菩提中種種清淨法藏。

接著第二個部分是緣覺菩提。這緣覺菩提的法義，我們提出來說：**「一定要依於十因緣法的實修，才能夠有十二因緣法的實證。」**很奇怪的是，佛教界幾百年來沒有人提出來講，實在是很怪。那我們既然要復興中國佛教，因爲這是傲視全球的文化資產；其實不能單單叫作文化資產，因爲這是超越於世間文化之上的。不過咱們權且就說它是文化資產好了，這卻是超越全球的；而且可能超越很多星球，因爲那裡沒有佛法流傳。因此，我們要把這個佛教妙法再度復興起來，就得要有一個函蓋面；這函蓋面的範圍必須要具足圓滿，佛教才能如實復興，才不會變成繡花枕頭；因此聲聞菩提得要說，緣覺菩提也得要說。

然而觀察緣覺菩提這一些清淨法藏，可以使人成就緣覺的果位、得出三界生死，能外於「此經」如來藏嗎？依舊不行！所以世尊才會說：「我釋迦牟尼在這個人間示現成佛，我是這樣子經由十因緣法的推究，得出有一個本識能出生名色，然後再藉由十二因緣法斷除無明，因此我成就因緣觀；然後在初夜分降伏一切魔，又以手按地明心證悟時，也還不能成佛啊！得要到夜後分，東方有一點點魚肚白色時，那時明星出來了，好亮！這一看，可就眼見佛性了，所以『成所作智』現前，終於成佛。」世尊親自告訴我們這一個過程，不是沒原由的。也就是說必須要有這個十因緣觀，否則緣覺法不能成就，那如果聲聞法、緣覺法不能成就的時候呢，成佛就別提了。所以這緣覺法還得要修十因緣觀才能成就，否則十二因緣法再怎麼修都沒用。那麼這個緣覺法的清淨法藏，依舊是含攝在「**此經**」如來藏中。這樣的實證就是第二個部分的「**淨藏三昧**」。

那麼大乘法中說眞見道叫作證眞如，悟後漸修的相見道位同樣是證眞如，這還只是見道位，一直到入地前都還在見道位中，還沒有進到修道位。在這麼長遠的劫數之中繼續努力修行，要修行很久完成第一大阿僧祇劫才能進入初地；這麼長的時間所修的眞如法也都是「**清淨法藏**」，而這一些清淨法藏也都依於「**此經**」如來藏才能存在，這一些清淨法藏也都函蓋在「**此經**」如來藏中。那麼見道位如是，入地以後開始修道一直到妙覺位乃至成佛了，一切的清淨法藏也都不外於第八識如來藏。這樣才算是完整的完成「**淨藏三昧**」。

所以在佛法中說清淨法藏，不只是二乘菩提中所講的清淨法藏。不迴心的聲聞聖人所說的清淨法藏，只不過是解脫道中、最多再函蓋緣覺菩提的清淨法藏；然而在佛法中是要現觀一切三乘菩提的清淨法藏，全部含藏於「**此**

經」如來藏中；並且心得決定了，才算是「淨藏三昧」。那麼初分的「淨藏三昧」是菩薩在第七住位明心不退時，接著次第進修使他的「淨藏三昧」次第圓滿，這至少得要到了第三大阿僧祇劫開始，也就是八地心開始時，才能夠說他這個「淨藏三昧」是「大三昧」。所以我也不敢說我有這個大三昧呀！只能夠說我有「淨藏三昧」，但還不是大三昧，因爲終究還沒有到達第三大阿僧祇劫。那麼妙音菩薩的「淨藏三昧」，那已是等覺位、妙覺位的事了，當然他的「淨藏三昧」是「大三昧」。

接著說「不共三昧」。「不共」的意思是說，與某一個人或某兩個人或者與許多的人，都不互相共通，才叫作「不共」。譬如佛法中布施世間財物利樂有情，這是共外道之法，這也是出世間法中的共世間之法。例如外道，他們也有在救濟眾生，就好像世間法中不歸於宗教的系統，有一個紅十字會也在救濟眾生。那麼宗教界，例如基督教有個救世軍，這救世軍其實是轉型後才成爲救濟眾生的善法，以前歐洲中古時代十字軍是幹嘛的？是專門要剪除異教徒的。因爲要剪除異教徒，所以殺人如麻。

好多國王都怕基督教的十字軍，但他們是信基督教的，那就已經不是善法了。又如日本古代有一個本願念佛法門，他們拿著一個長長的竹竿，掛著一面白色的布幡，有時候寫「一向宗」，有時又寫著不同的字樣，例如寫著「南無阿彌陀佛」六個大字；他們上戰場時拿刀殺人，努力殺人時就大聲唸「**阿彌陀佛**」，一心殺人求死。這可不像我們念佛人欸！我們念佛人是有時一個東西不小心掉下去，趕快直接反應去接，口裡同時說著：「**阿彌陀佛！**」有時被人不小心撞了，口中也自然講出來：「**阿彌陀佛！**」都是直接反應出來，表示心心念念都想著 阿彌陀佛。但他們不是，他們把長刀揮出去殺人時就大喊「**阿彌陀佛！**」當他們不小心被人家砍殺過來，而且避不掉時，他們也大喊「**阿彌陀佛！**」

這究竟是爲什麼呢？他們的軍隊叫作武田軍。日本有個武田製藥廠，有沒有？就是同一個名字，稱爲武田軍，也就是本願寺爲了政治上的利益，就利用念佛法門，教導大家說：「**在人間實在太苦了**（老實說日本那個年代的人民也眞的很痛苦），**所以要趕快求生極樂世界，早死早去。**」因此他們上戰場時就是求死，如果殺了異教徒就說是有功德，所以要努力殺敵，萬一死了就往生極樂世界；這思想跟十字軍東征是一樣的道理，但那已經是惡法了，不是善法。

話說回來，善法在菩薩道中也有，因爲一樣要布施啊！六度中的第一度就是要布施，然而這樣子所作的善事，跟外道們作的善事是共通的；除此以外，修證禪定也是與外道共通的啊！這些都是共外道之法，然而佛教有勝於外道之處，就是「**不共法**」。佛菩提道中又可分爲三乘菩提，二乘菩提是從佛菩提道中分析出來利樂某一些人，因爲他們的菩薩種性不夠，不足以成爲菩薩；他們一心要出離三界中的生死痛苦，於是針對這一些人分析出二乘菩提來，所以最淺的就是聲聞菩提。

聲聞菩提已經不共外道、不共世間了！當然我們講的是眞正的聲聞菩提，如果是印順法師所講的解脫道，或是各大山頭講的聲聞菩提，那卻是共世間法，因爲共於「常見外道」。那麼聲聞菩提因爲是不共外道之法，也是不共世間之法，所以 世尊爲人演述聲聞菩提時也有前提。假使你們有常常讀《阿含經》，你們會發覺外道們來見 佛陀求法時，佛有沒有一開始就爲他們說法？沒有！佛陀依循於諸佛常法，十方法界諸佛都這樣作：當外道來了，能不能成爲佛弟子呢？這要依諸佛常法來作，所以先爲他們演說「**施論**、戒論、生天之論」；如果他們聽完了布施的理論，信受布施有什麼因果，知道不同的布施會有不同的後世因果等；再告訴他們持戒有什麼因果，破戒有什麼因果；他們也接受了，這時才能講「生天之論」。

因爲布施、持戒都是人間事，可是外道來見佛時既然想要求出生死，就必須要知道三界的不同層次差別，所以要告訴他生天之論。這是使外道們瞭解往生欲界天是要什麼條件？往生色界天是要什麼條件？往生無色界天又是什麼條件？當他們聽得進去了，就能理解：「嗯！有三界境界，三界的層次不同，所謂的出離生死，是要超越三界全部才算是眞的出生死苦。」這個道理很重要，別小看說：「這只是次法。」然而現代佛教界正因爲「次法不彰」，所以大家才無法眞的證果啊！正是因此才會連初果都取不到。

想要拿初果，在會裡看來是很簡單的事，可是其實也不簡單啦！稍後如果還記得，我再來講它；如果我忘了講，你們再提醒我。初果的實證是不簡單的，可是在同修會中拿初果是簡單的事。但爲什麼佛教界幾百年來大家拿不到初果？因爲佛教界一向弄錯了，他們都不曾如實知道三界的境界。有人不信說：「欸！我們師父，以前我在那個道場時他早就講過了，已經都告訴我們三界是什麼層次，然後他說如何修行就可以證涅槃。」講到這裡我說：「好！停！停！停！別再說了，這樣我就知道該怎麼問倒你了。」我接著就問：「你師父說的出三界是什麼境界？」就指出他所說的證涅槃的境界，是三界中某一界的境界，問他說：「這樣有出三界了沒？」如果他很有智慧，就會發覺：「唉呀！我師父說離念靈知是涅槃境界，那其實還只是人間的境界。」他就懂了！

可是一般人都沒這個智慧！他想說：「我知道啊！出三界的境界就是離念靈知，到時候死了，什麼都放下，只剩下離念靈知就是無餘涅槃。」問題是色身丟了以後，又沒有四空定，那時還能保有離念靈知嗎？色身都還沒有丟棄，才不過睡著了，也就沒離念靈知了，何況是把色身丟了？所以問題就出在這裡。表示說，他對於人間境界、欲界天、色界天、無色界天的境界並不如實知，所以才把人間的境界當作出離三界的無餘涅槃境界。這是中國佛教界百年來很常看見的現象啊！直到正覺同修會成立，開始印書出來說明：無餘涅槃是不受後有，十八界永滅。

我還記得十幾年前《邪見與佛法》剛印出來，我們大陸有同修印了兩、三千冊，各處道場都寄，結果各處道場都譁然說：「這個是邪魔外道講的。」於是把書蒐集起來當眾焚燒。因爲我說：「涅槃是不受後有、十八界永滅，所以阿羅漢入了涅槃沒有證涅槃，因爲阿羅漢的五蘊已經不存在了，所以他們沒有證得涅槃。」哇！大家不能接受呀！可是直到現在快二十年了，大家開始接受了，因爲《阿含經》請出來讀時，明明白白記載著是「不受後有」。那麼離念靈知是這一世之有，下一世的離念靈知呢？正是後有。

佛法中沒有繼續領受後有的涅槃啦！所以大家才終於接受了。也有道場是弄清楚以後心中不願接受，放在心裡一直熬著、熬著。一心熬著看正覺同修會會不會倒閉。（大眾笑…）他們想：「如果正覺同修會倒閉了，就是新興宗教，那我們熬下去就對，就贏了。」沒想到正覺倒不了，越被挑戰是越強壯，閩南語說的就是打斷手臂以後，醫好繼續再把它練得比以前還要更強壯，結果整個中國佛教終於不得不接受。那你想，這粗淺的聲聞菩提，連佛門中的大法師都不共，連南傳佛法都不共，何況能共外道？這就是第一個「不共」。

那麼講到這裡也許有人想：「我們這裡講的是《妙法蓮華經》，是佛菩提，你爲什麼要拿聲聞菩提來談呢？」那我就要問：「難道聲聞菩提能外於佛菩提而存在嗎？」再作第二問：「難道佛菩提中沒有聲聞解脫道嗎？」當然是有。所以那個懷疑就可以砍掉了。接著再來講緣覺菩提，緣覺菩提依舊是不共外道的，因爲緣覺菩提是阿羅漢之所修；一定是先證得阿羅漢以後，才能證得緣覺菩提；佛世的大阿羅漢們同時都是證得緣覺果的聖者。

可是外道們淺如聲聞菩提就沒辦法實證了，爲什麼不能證？是因爲次法還沒有修好，所謂「施論、戒論、生天之論」全都沒有修好，因此對於聲聞菩提的證量產生了嚴重的誤會，當然不免誤把三界中的境界當作是三界外的涅槃境界。所以外道來求 佛時，佛爲他們先說「施論、戒論、生天之論」，求法者聽清楚，心中都接受了，心地清淨了，再告訴他：「欲爲不淨。」說明欲界法是不清淨的，應該設法超越欲界。這樣看來，證初果的事情，跟前面講的「生天之論」有沒有關聯？有啊！一定要先知道三界的層次，然後告訴他：「最底層叫作欲界，欲界是不清淨的，你應該超越；當你超越了，可以證得初禪。」這是告訴他第一步出生死的階段，就是「欲爲不淨」，當他應該證初禪時，就不會落入欲界中而自以爲證得涅槃出三界了。

當他脫離了欲界的貪愛，所以發起初禪到了色界境界，這是出離欲界生死喔！可是他會想：「在色界天，初禪境界也不錯呀！唉呀！好快樂！」因爲他胸腔裡隨時充滿樂觸啊！好，問題來了：這還是三界中的生死之法，還沒有到無色界，何況是出三界？所以要告訴他「上漏爲患」。這雖然是上於欲界的境界，在三界中算是高層次的境界，但仍然是有漏，是有上之法，仍然不是無上之法，所以說「上漏爲患」。於是他捨離初禪就到二禪，捨離二禪到三禪，捨離三禪到四禪，到四禪時就可以證得涅槃嗎？還不見得啊！除非他有智慧。

所以還要告訴他「出要爲上」，或者說「出離爲要」。因爲過了色界境界進入到無色界，仍然是「有」，「色」滅了也還有「名」—受、想、行、識具足，就這樣子教導他「生天之論」。然後都聽懂了，也具足次法了，再教他四聖諦，於是爲他三轉四聖諦法輪，使他成就了阿羅漢果，成爲聖弟子。但是當弟子成就阿羅漢果以後，佛陀來人間之目的是只要教導他阿羅漢法嗎？可不是呢！佛陀來人間時沒有一點吝惜之心，就是要把最好的給大家！剛開始，孩子還小，玩不了鹿車、大白牛車，就先給他羊車玩玩；玩過了，他也有些長大了，現在到了少年時期——阿羅漢不就像個少年人嗎？好啊！這時就給他鹿車吧！於是教他緣覺法，讓他弄清楚因緣法，成就緣覺果——證得因緣觀。

那麼這個因緣觀修學成就以後，世尊看著大家，看著、看著已經十八歲、十九歲了，可以預備讓大家承擔一點成人的工作了，所以開始教導般若。然而這緣覺法也不共外道呀！因為這緣覺法比聲聞法還要勝妙。可是二乘聖人被 佛陀度化成功以後，並不是每一個人都具足菩薩種性；即使到了 佛陀入滅時，在第一次的五百結集時，有四十位阿羅漢是不迴心的阿羅漢，他們和三果人、二果人、初果人及凡夫共五百人，一起結集出《阿含經》來。那麼這一些人終其一生，不曾證得佛菩提果。可是其他的大阿羅漢們都證得佛菩提了，就只是他們沒證，這表示什麼？表示其他一千二百位阿羅漢們都是菩薩種性，很多劫以來已經是跟著 佛陀在行菩薩道了；但是 佛陀弘法是有次第性的，因此該他們證佛菩提時也就幫他們實證了，而他們所證的佛菩提不共二乘聖人。

至於那些不迴心的聲聞聖人，佛陀是不教導他們實證佛菩提的，因為他們用不著證，證了也沒用。他們捨報後就會入無餘涅槃，幫他們證了都沒意義。那麼這個佛菩提道，對二乘聖者來說，可就是不共法了。可是二乘聖者修的二乘菩提是共菩薩的，因此菩薩很清楚知道二乘聖人斷了什麼、證得什麼。可是菩薩證得什麼，二乘聖人完全不知，這個道理就叫作「不共」。可是這個不共的道理，到末法時代大家已經都不懂了；最多只是從祖師開示的論著中說佛菩提不共二乘，但究竟是什麼地方不共，終究講不出個所以然來。

也許有人說：「我們都知道什麼叫作不共。」可是問題來了，當我上課或講經時說了，後來也整理在書上，我是這麼說的：「南洋今天縱使眞的有阿羅漢，來到正覺講堂時依舊開不了口。」哇！有人義憤塡膺，氣到不得了，也許私下裡還像那個黑金剛猩猩一樣暴跳如雷，拍胸脯表示生氣，然後就罵起來：「這蕭平實多麼驕傲、多麼狂、多麼傲慢。」但是我何嘗有過「慢」？我說的都只是眞話呀！而且我說的道理，如來也已經說過了呀！這其實不是我個人的創見，因為法眞的有「共」與「不共」。我說的佛菩提不共二乘聖者，所以二乘聖者不懂佛菩提，但二乘聖者的所證我卻是知道的，因此對我來說，二乘菩提與我是共通的。所以他們氣歸氣，終究不敢上門來理論。

所以我在《邪見與佛法》書中附著「法義辨正無遮大會」的補充聲明，到現在沒看見一個影子來到正覺辨正，連影子都沒有。這就是說，佛法中有共世間法的，也有不共世間法；佛法有共二乘聖者的法，也有不共二乘聖者的。因此你在這個部分實證了，所證的眞如是阿羅漢之所不知，是緣覺之所不知，這個現觀已經觀察完成，然後你又心得決定時，便能成就「不共三昧」。

所以說，在第七住位能夠這樣如實現觀的時候，表示你的「不共三昧」已經成就第一分了。而這個「不共三昧」繼續進修，同樣是在眞如佛性上面的實證；當你到了十住位時滿心了，看見佛性了，這時你所證的法又跟九住、八住、七住菩薩不共了；因爲七、八、九住菩薩不能在山河大地上看見自己的佛性，但你可以在山河大地上看見自己的佛性啊！雖然同樣是眞如佛性，也還是第八識的妙法，同樣還是不離「此經」如來藏啊！而你這個三昧是不共下位菩薩的，乃至於十行位菩薩的陽燄觀，不共於十住位菩薩；十迴向位的如夢觀，不共於十行位；如是次第而上，上位不共下位，但下位所證的法全都共於上位，所以「不共三昧」其實還是有很多的層次差別。那麼這個「不共三昧」，妙音菩薩實證的是已經快圓滿了，所以叫作「大三昧」。

最後一個是「日旋三昧」。「日旋」，顧名思義就是像太陽在天空每天不斷地旋轉，每天早上從東邊出來，晚上由西邊下去，如是旋轉永不中斷；因爲某一個智慧如是運作而能夠永遠不斷，所以叫作三昧。這意思就是說，在佛法中只要於「此經」如來藏實證了，你就可以有智慧的作用，使自受用、他受用功德顯現出來，這也是我們剛剛說的「淨光明三昧」。可是這一種「淨光明三昧」散發出來的智慧，有著自受用、他受用的過程，並且是綿延不斷永不終止的，就好像太陽每天周旋不斷一般。

有的人吝法，我不知道他的心態是什麼，也許他想：「我證這個法以後幫了你，你就跟我一樣了，那我就沒什麼勝妙了。」這當然是錯誤的心態。可是也不能浮濫，當你正式弘法時，當然應該依循於 佛陀的告誡，不應該違犯「法毘奈耶」，也就是不應該「虧損法事」，特別是對洋人。因此傳法給洋人時，你要細細去觀察這洋人是不是菩薩去投胎的？如果是菩薩去投胎的，你可以傳給他；如果不是呢？你可千萬要謹愼了。因爲他們的想法是：「公理、眞理，應該公諸於世。」可是公諸於世的結果，正法可就提早滅亡了！那就是「虧損法事」，也是「虧損如來」！因此度眾生時除了這個部分必須保守以外，是不應該吝法的。

因此在法上可以傳授的，你就得努力去傳；如果要吝法，我應該十年前就抽腿退隱，讓你們大家自己去弄就好了，不必再開增上班爲諸位講解更深妙的法了。然而圖得一世輕鬆，未來世成佛就得要多出很久的時程，因爲沒有好好攝受佛土！所以必須要如日旋空不斷地運轉，幫助大家在成佛之道上面走得更快才行。若沒有攝受眾生，就是沒有攝受佛土；攝受眾生不足，就是攝受佛土不足，那麼成佛自然就遙遙無期。這個道理好像沒有人講過，但是我們得要講出來。當大家瞭解以後，接著就是努力攝受眾生；只要有緣，無不攝受；那麼你就常常爲大眾說法，以你的智慧來爲大眾說法。當然這個智慧是清淨法的智慧，那麼你悟後有了更勝妙的智慧，應當把你的「盡智、無生智」拿出來，如日周旋虛空，不斷地照亮眾生的心，使他們的無明漸漸除掉。然而這樣子竟日周旋不絕之後，你的聲聞菩提智慧有沒有損減呢？沒有！絕對不會損減；那麼你能夠這樣子一世又一世、一劫又一劫不斷地延續下去，心得決定時就叫作「日旋三昧」。

那麼話說回頭，這個「日旋三昧」是根源於因地證得什麼而有？（大眾回答：如來藏。）欸！一定是證得「妙法蓮華經」如來藏，才能有這個「日旋三昧」；你講了很多的法，眾生從不同的層次吸收了很多你所說的法義，而你的智慧絲毫不減。你能夠不斷地去作，作到最後叫作「樂於此道」，那你就是心得決定了！假使講到沒力氣了，沒辦法講了，接著拿起筆來慢慢一個字、一個字寫也行啊！能寫還算速度快，到最後他要很慢地寫，每一畫一筆都要畫很久，那可以叫作刻了；即使用刻的，你也得刻。假使你該說的法還沒有說完，用刻的也得刻，得要這樣子作，你的佛土成就才會快啊！否則你將來成佛還是遙遙無期的，師兄弟們都成佛了而你殿後。殿後的意思是，以前師兄弟們度了的眾生，由你最後來接收，那就表示你的「日旋三昧」修得不好。所以這個「日旋三昧」就是說，你的清淨智慧猶如日輪處於虛空旋轉不絕，或者說是周旋不絕。

但是這還得自己一定心得決定才算數，如果現在興沖沖：「唉！我上來當親教師了，很好、很風光。」上來帶課的前半年很歡喜，因為：「學生們都尊重我了。」帶過半年以後覺得說：「也不過如此。」再到了第三個半年時，開始覺得有一點累了；等到那一個班才帶完，結果已經有一點厭煩了；

那就表示他的「日旋」是「有旋而無三昧」，只能叫日旋而不叫三昧。所以「日旋三昧」得要如同清淨的太陽一樣周旋不絕，永利眾生而無窮盡；可別教過兩、三年就厭了、膩了、煩了。因爲當菩薩的目的是要成佛，可是成佛以後並不是就沒事了，成佛以後還要繼續度眾生，永不入滅，那是永無止期的事。心裡面有沒有接受這一點？（女眾大聲回答：有。）有！（導師隨即看著男眾說）你們還不是所有人都說「有」，看來 佛說的對啊！末法時期女眾勇猛。（女眾大笑！）成佛以後你們可得帶著身邊的兩位妙覺菩薩，一個地方又一個地方去示現八相成道，永無止期，這才是究竟的「日旋三昧」。

所以妙音菩薩得到這麼多的三昧，從「妙幢相三昧」、「法華三昧」開始，到最後這個「不共三昧」、「日旋三昧」。但這些三昧只是一個代表，這一些三昧裡面都各自函蓋很多的三昧。大家要注意喔！這三昧可不是講定境的禪定，而是講心得決定那個定；當你心得決定了，就是五別境心所法中說的那個「定心所」，這叫作心得決定。決定了而不改其意，永遠制心於此—制心一處—這就是定，這樣才能叫作「三昧」。而經中說出來的妙音菩薩這些三昧，都只是代表，因爲這每一個三昧裡面都有許多的小三昧等等，所以總結說：「得如是等百千萬億恆河沙等諸大三昧。」因爲妙音菩薩對其他的三昧也都是幾乎要圓滿，即將成佛了，所以叫作「諸大三昧」。

講到這裡是在說明什麼道理？是在說明 如來爲大眾演述《法華經》的過程，放出大人相的肉髻光明，也放出眉間的白毫相光明，望「東方百八萬億那由他恆河沙等諸佛世界」照過去，光明超過那麼多的佛世界以後，到達淨華宿王智如來的國土；然後 釋迦如來用祂所放出的佛光照耀著妙音菩薩的身上。妙音菩薩是何等人，當然知道這是什麼原由；因爲諸佛講《法華經》到這個階段時就會放光照他，他一看見佛光從哪裡照過來，就知道某一尊佛講《法華經》到某個地步了，現在他得要去示現了。他自然知道這個道理，就向 淨華宿王智佛稟告說：「世尊！我應當要前往娑婆世界，禮拜親近供養釋迦牟尼佛，我去那邊也要跟文殊師利菩薩相見，還有藥王菩薩、勇施菩薩、宿王華菩薩、上行意菩薩、莊嚴王菩薩、藥上菩薩等。」

他就這麼稟告，這又是告訴我們什麼意思呢？告訴我們說：佛法不是只有一個地球上的小小地方、短短時間中的存在，而是遍十方世界存在的。那一些追隨日本人而出來主張「人間佛教」的法師居士們，究竟懂不懂佛法？

眞是不懂啊！眞懂佛法的人就會知道，眞實佛法是不可能被侷限在某一處的。有時候我正在用齋，打開電視新聞一看，又有人在講：「**地球應該是宇宙中唯一有人類的地方。**」還好飯已經嚥下去了，（大眾笑⋯）不然眞要噴出來。那些所謂的天文學家、科學家的腦袋瓜，不曉得在想什麼，還虧他們是個科學家呢！

從邏輯上來說，只要這個地方有人類，就不可排除別的銀河系、星雲漩系中同樣有地球、同樣有人類，可是他們竟然把他方世界會有人類的可能性排除掉。好在這三、四十年來已經有一些科學家比較有智慧了，也許他們讀過一些佛法的書籍。諸位可以發覺，那些物理學家、天文學家們的說法，緊跟著佛經所說的一步一步在前進，我想他們應該是有讀過一些英譯的佛經了，所以啓發了他們新的研究方向。可是那畢竟只是世俗人，而佛門中受了三壇大戒的出家人，竟然跟著世俗人在主張說：「**釋迦如來出現於這個人間只是一個或然率，只是一個偶然。**」虧他還是一個大乘法中受了三壇大戒的大法師。所以我說這眞的是臺灣佛教中的怪象。

因此說，佛法不可以主張只有人間才有；因爲佛法講的是三界六道中的事，講的三乘菩提則是出離三界六道的事，講的成佛之道是三大阿僧祇劫，是在無量無邊世界不斷流轉，一世又一世、一劫又一劫行菩薩道，最後才能成就佛道，怎麼可能侷限於這個地球上的人間呢？然而這一些道理沒有人講，就必須由我們來講。所以我要作個預告：我們的《金剛經宗通》出版完畢時，要暫停系列的書籍，我要先插進一本書來出版，叫作《人間佛教》，然後才出版《實相經宗通》。這個「人間佛教」題目不可以單單由他們來談，我也得來談一談啊！不能被他們佔據而亂講呀！所以他們講了他們的「人間佛教」，我也來講我的「人間佛教」；讓佛教界來看看這正覺講的「人間佛教」，跟他們講的有什麼差異。而且我講的「人間佛教」，要叫他們無法推翻；而他們講的「人間佛教」，我在書中已經把他們推翻掉。那麼這一段經文也在提示我們：佛教不被侷限於一個小小的空間、短短的時間之內，佛教的存在是有無窮的過去、無盡的未來，也是遍於十方虛空一切的世界中，這才是眞實的佛教。

那麼這一段這樣解說完了，說妙音菩薩稟告 淨華宿王智如來以後，要來見 釋迦牟尼佛，想要好好的禮拜供養親近，並且要面見 文殊師利法王子菩薩等，那麼 淨華宿王智如來會不會這樣說：「你是我的徒弟，跑去釋迦牟尼佛那邊幹什麼？」我們就看 淨華宿王智佛如何開示：

經文：【爾時淨華宿王智佛告妙音菩薩：「汝莫輕彼國，生下劣想。善男子！彼娑婆世界，高下不平，土石諸山，穢惡充滿；佛身卑小，諸菩薩眾其形亦小。而汝身四萬二千由旬，我身六百八十萬由旬；汝身第一端正，百千萬福，光明殊妙，是故汝往，莫輕彼國，若佛菩薩及國土生下劣想。」】

語譯：答案揭曉了，鼓勵妙音菩薩來娑婆世界朝禮 釋迦如來。

【這時，淨華宿王智佛告訴妙音菩薩說：「你去到娑婆世界，不要輕視他們那個國度，不要在心中生起了下劣之想。善男子啊！那個娑婆世界中的地面高下不平，而且有泥土石頭組成種種不同的山，在那樣的世界裡面，充滿著各種不乾淨以及惡劣的事物；而且示現在娑婆世界的釋迦牟尼佛色身是卑小的，那一些菩薩眾們，他們的身形也是很小的。而你的色身有四萬兩千由旬，我淨華宿王智佛的色身有六百八十萬由旬；你的色身是所有世界中最最端正的，你身上顯示了百福、千福、萬福，而且你所散發出來的光明，非常的特殊、非常的微妙，由於這個緣故，所以你前往娑婆世界的時候，不要輕視他們那個國度，也不要輕視他們的佛、菩薩以及國土，別產生了下劣之想。〕

講義：諸位想想看，這是不是很懸殊？我們身高大約都是五、六尺的多，像我長得矮矮的不過五尺多，姚明有多高？將近一丈吧？七尺多？還不到一丈；那麼高大的漢子還不到一丈，但妙音菩薩身高四萬兩千由旬。一由旬大約四十華里，四萬兩千由旬是一百多萬華里高。但這還不算很高，淨華宿王智如來身高六百八十萬由旬，這是不是人間的事？當然不是啦！如果是人間，早被自己身上的肌肉壓垮，連站都站不起來了。可是當時 文殊師利法王子、觀世音菩薩、大勢至菩薩，以及宿王華菩薩等人，他們可都是前來受生而取得人類色身的，當然是與我們同樣的身材。要記得這一點哦！這裡先埋下這一個伏筆，等下一品再來說明。

那麼妙音菩薩是這樣的高大莊嚴，因爲他不是像我們前面說的，只有百福莊嚴臂，而且還有千福、萬福的種種光明。那麼他們色身是那麼廣大，來娑婆世界見到 釋迦牟尼佛，諸佛菩薩的色身顯得很小；那你想一想：如果你是四萬兩千由旬的身量，你來到娑婆世界面見 釋迦牟尼佛時，釋迦牟尼佛大概只有這麼高（平實導師以姆指及食指作了一個很小的距離），應該比這個還要矮。假使把你的身高加上一百倍，當時 釋迦牟尼佛的身量大概只有這麼大（平實導師又以姆指及食指作了另一個很小的距離）。如果是一般人，並不瞭解佛地境界，單看表相時一定會生起低下之想。

我有時突發奇想說：假使哪一天我把往世的神通恢復了，然後可以去見某一種特殊的佛菩薩示現，譬如有佛菩薩去示現成小小的螞蟻身；那我去見祂們，我該怎麼辦？是要把自己縮小了？或是依舊保持原來的大身而禮敬極小螞蟻身的佛菩薩？這叫作突發奇想。這確實是突發奇想，因爲螞蟻之身不可能弘法，也不可能修行成佛的；一則壽命太短，二則那個異熟身沒辦法溝通、說法等等，所以那眞的叫作突發奇想。那麼這一段經文就是告訴我們，也是要提醒我們，在佛菩提道中有一些事情是大家從來沒想過的事。這一些從來沒想過的事就不能細說了，因爲要留下兩分鐘給輪值老師宣布事項。那麼今天既然還有好多大陸同修們不捨棄我，所以又留下來再跟我同處一堂，也還是要慰勞說：大家辛苦了，祝各位一路順風！

上週因爲九樓還有超過一半的人，是大陸的戒子們留下來聽，讓諸位在其他各樓層坐得很擁擠；但也眞的要慰勉他們，他們眞的很辛苦，也很調柔。你看他們從早到晚一直都關在講堂裡面專心學戒，一整天下來都不喊累，這就是菩薩的心性。可是這一週，我可得要慰勞諸位了；因爲諸位爲了辦這一場菩薩戒法會，以及我們臺灣本地的一場菩薩戒法會，這兩場讓大家非常的辛苦，特別是專爲大陸同修受戒的那一場；因爲還要爲他們上戒相持守的課，眞的不容易。但就是大家眾志成城，總算也把它完成了。那麼這一次一千位出頭，臺北的飯店幾乎被他們住滿了；他們離開後，緊接著臺北的飯店說要漲價，恐怕漲了以後會發覺說：怎麼沒人了？（大眾笑⋯⋯）因爲這一千位來這裡這一住就是五、六天，有人是住六、七天，他們漲價後一定會發覺現在怎麼沒什麼人了？欸！大陸同修們眞的很不容易。

但是明年開始要限定爲一千位，不能超過一千位，因爲人太多，講堂負擔不了。（編案：二〇一四年十一月的菩薩戒傳戒法會，提前停止報名，但大陸同修已達一千八百人。）我想，大陸同修們受了菩薩戒以後，依於戒律而行菩薩道時，身口意行都會開始清淨起來，成爲守法持戒的中國人，也不會干預政治事務，專心於利樂有情及自己的道業上。如果能把菩薩戒廣傳於全中國，未來中國將會是幸福安祥的社會，也能引生抵制外國宗教文化侵略的功效，並且將會使中國成爲全球唯一具有深厚佛教文化的國土，佛教在中國的再次復興也就可以期待了。

回到《妙法蓮華經》來，這《妙法蓮華經》的「講義」，將來整理成書，我看是要二十幾冊，因爲現在已經有一百七十幾講了，我統計了一下是一百七十六講，後面還有尚未講解的品目，所以全部講完大概要二十幾冊。上一週《妙法蓮華經》把一八六頁第一段講完，我記得好像是要說一點什麼，好像諸經中沒有說的關於佛教中的一些事情應該講解一下。這些事情在三賢位中不容易體會到，很難能夠體會出來，在凡夫位中就更不能了知了，但我們還是得要簡略地來說明一下。因爲《妙法蓮華經》是圓教的經典，函蓋面非常之廣，所以 文殊師利菩薩在龍王宮中專講《法華經》，已經講了無數千萬年，一直都還在講解這一部經，就因爲它的函蓋面很廣。

可是從經文的字義上來讀，其實是沒有辦法讀懂的，特別是凡夫位的佛弟子們。我記得以前——那是一九八九年去印度朝禮聖地，我那時學佛沒幾年，大約是不到五年的時光，其實什麼都還不懂；那時可不像諸位來正覺上課兩年半，禪淨班畢業了，比我當時懂的還多。那麼當年去到印度，在遊覽車上有個師姊比我年長，她現在大概也快八十歲了吧？她在讀一本經，我問她是什麼經，她說是《法華經》。才一聽到《法華經》，我的頭皮就有一點通電的感覺，現在講起來時也還在麻；因爲有感應，我就說：「**現在能不能先借我讀一下？**」若是沒有感應的就不必先借來讀，但因爲有感應，我就要先借讀。

那時每天找時間讀，讀完了很歡喜，可是其中到底在說什麼，當時自以爲是讀懂的，因爲從文字表面上看來都很淺啊！可是明明經中說「**這一部經很深、很微妙**」，才知道自己沒有眞懂，所以只好自怨自艾，就抱著一個「景行行止、心嚮往之」的心態去面對。但就是很喜歡這一部經典，可是也恨自己老是讀不懂。沒想到現在可以爲大家講這一部經，而且是如實演講其中的眞義出來，也是意外。但是後來由於如夢觀的緣故，知道自己往世多劫的經歷以後，也就覺得不意外了，如今認爲本來應當如此。

所以有很多佛教裡面的一些事情，都不是在三賢位中所能理解的。那麼我就大略來講幾樣吧，例如這一段經文說的，淨華宿王智佛向妙音菩薩說：**「汝莫輕彼國，生下劣想。」**等等，這從表面上看來是爲妙音菩薩說，但其實不然，是爲隨行者說的。因爲妙音菩薩也有他的法眾，因此說，菩薩們有法眾是很正常的事。在大乘法中，大菩薩們各個都有自己的法眷屬，這一點都不奇怪。但是大菩薩都各有法眷屬的時候，如果生起了私心，那就奇怪了，因爲這樣的人不可能是大菩薩，他的法眷屬層次可就低了，而眞正的大菩薩卻沒有這種法眷屬的欲望。

至於會形成一個又一個、一群又一群的法眷屬，是因爲往昔多劫來的因緣導致這個狀況；所以一千兩百五十位大阿羅漢，除了不迴心的那四十位以外，其他都各有法眷屬。而法眷屬最少的人，諸位應該知道是誰吧？對！正是空生須菩提；而法眷屬最多的人是阿難尊者，因爲不管哪一位阿羅漢都願意當他的法眷屬，而這一些事情並不是大眾所知道的。那麼這一些大阿羅漢們都成爲菩薩了，其中有不少人已經入地了；是因爲過去無量世以來，本修菩薩道，只是因爲 世尊度眾的方便施設，初轉法輪是聲聞法，所以他們成爲聲聞相的大阿羅漢，其實本質還是菩薩；後來二轉法輪時當然全都成爲菩薩了，又因爲往昔的無量劫行菩薩道時各有自己的眷屬，這一些眷屬當然就會在佛世又重新相遇；其實都是在 佛陀示現於人間之前幾千年，就先來到人間受生等待 世尊到來的。於是就因此一一提前下來人間受生，各人應該生在什麼人家就去受生，然後因爲人壽短促，所以幾千年中一世又一世等待釋迦如來示現。因此，文殊、觀世音、維摩詰、大勢至……等大菩薩們，當然都會與 佛陀在同一個時間在人間受生，才能配合弘揚佛法。

那麼佛世那些大阿羅漢們各有眷屬，最有名的就是《楞嚴經》中，諸位也看得到的大迦葉跟紫金光比丘尼；他們都出家也證得大阿羅漢果了，但是法會中常在一起，因爲他們五百世當夫妻過來的呀！當然相見了以後互相都有好感，這是由於習氣種子的流注使然；於是，他們常常在一起，修學佛法的法門時也一樣，別的法門他們就是不相應。其他的大阿羅漢們也各都如此，可是各個都沒有私心，這才眞是菩薩摩訶薩。如果爲了圖謀眷屬而刻意去作什麼，聚集自己的法眷屬，那就不是菩薩摩訶薩，最多只能在三賢位的第七住位中原地踏步。所以道場中有各個不同的群聚是正常的，只要無私心就不是結黨，也就不會有事情，自然不會障礙佛菩提道，這是大乘佛法中大家所不知道的一個現象。

那麼再來說，這一些即將來到娑婆世界的八萬四千菩薩，率領者是妙音菩薩；妙音菩薩有這一些法眷屬，不論他去到哪裡，這些菩薩們就跟到那裡。像這樣處處跟隨，有沒有好處？（大眾回答：有。）一定有啊！但是淨華宿王智佛並沒有制止這件事情，是因爲妙音菩薩摩訶薩沒有私心，所以容許這種現象存在。老實說，這個現象也無法杜絕，除非每一個菩薩都沒有過去世；既然大家都有過去世，過去世因爲種種緣而常常在一起，那麼這一世出家了也就一樣常常在一起，這本是正常的事。所以妙音菩薩即將來到娑婆世界晉見釋迦牟尼佛時，他當然知道會有多少人隨行；當他知道的時候，淨華宿王智佛當然更會知道；因爲諸佛都有「宿住隨念智力」，一起念就知道他與法眷屬們的宿世因緣；當然得要爲妙音菩薩的隨行眾告誡，免得他們去到娑婆世界時，看見娑婆世界的佛菩薩四眾如此矮小就生起下劣想。所以這當然不是爲妙音菩薩說的，可是卻要面對妙音菩薩而說；因爲這些隨行眾是以妙音菩薩爲首，當然要爲他說。那麼這些隨行眾們當然就聽懂了，這是第一個部分。

接著說，例如諸佛的淨土。諸佛淨土無量無邊，可是以人間的人類壽命百歲來說，所能夠演說到的諸佛淨土一定很少，不可能具足演述。除非像文殊師利菩薩在龍王宮中，他們壽命很長，可以爲他們講解很久，談到十方虛空的淨土世界時，當然可以一一介紹，除了比較不相關的才不作介紹。但是淨土無量無數，究竟有多少人瞭解？這也是經中沒有具足演說的地方。但因爲人壽百歲，「少出多滅」，所以也只能在《華嚴經》中略說幾個淨土，然後說明某些淨土互相之間的時間差異。例如娑婆世界一劫，等於極樂世界一天，極樂世界的一劫又等於某某世界的一天，只能夠這樣子略說；但是有智慧的人，由這個地方應該去瞭解諸佛淨土的不可思議。

那麼在這裡就必須要同時說明諸佛淨土同樣各有四土，也就是說，各有理上的四土，也有事上的四土。以前我們講過極樂世界「常寂光淨土」，是彌陀如來自住境界，「實報莊嚴土」是上品上生的菩薩們所住境界，「方便有餘土」是中品往生的聲聞人所住境界，彌陀世尊的本意是要讓他們漸漸轉變成爲菩薩。而極樂世界同樣也有「凡聖同居土」，就是下品往生者所住的境界；所以下品往生的人修行，最高只能到達初地，而且時程非常非常之久；他們如果要繼續進修，在凡聖同居土修行很久而證得初地以後，得要轉入實報莊嚴土去。

極樂世界如此，娑婆世界亦復如此。所以娑婆世界　釋迦如來的自住境界，就是「常寂光淨土」，諸地菩薩所住的境界就是「實報莊嚴土」，聲聞人所住的境界就是「方便有餘土」；而三賢位諸菩薩們所住的境界，就是「凡聖同居土」。這四土，其實說白了也就是佛菩薩們所住的自心境界，並不是分割成不同的世界分開來住。

現在有個問題，幾百年來這地球上有實報莊嚴土、凡聖同居土，卻已經沒有方便有餘土了。那麼講到這裡，諸位也許想：「那覺音論師寫的《清淨道論》，固然不能使人斷我見，可是現在您不是寫了《阿含正義》嗎？大家好好閱讀下功夫去作觀行，難道不能斷我見嗎？經典裡面說的斷我見觀行，也沒有講到那麼微細呀！但您都講了，難道還不可能重新恢復方便有餘土嗎？」那麼我要跟諸位講了：很難啦！諸位也許覺得是容易，但我不免要感嘆：「啊！難啊！」為什麼難？為什麼難？因為會外那些人都不願作功夫，根本不曾證得未到地定，心尚未調伏下來，所以他們想要證初果很難，哪能回復方便有餘土呢？

從佛菩提道來說，想要進入第四地，並不是單單無生法忍智慧夠了就能進入；就算四地的無生法忍都已圓滿具足了，他不但不能滿心，連進入第四地都沒辦法，因爲，除了應該趕快補足的大福德以外，最主要的就是他還有「定障」；有定障就沒辦法滿足三地心、進不了第四地。所以四地菩薩在入四地初心時，已經是具足四禪八定、五神通、四無量心的，不是單靠無生法忍來達成的。利根的人，在三地滿心發起了意生身，遲鈍的人最多拖延到五地心也會發起意生身；如果沒有具足禪定，空有福德與無生法忍，依舊入不了四地心。

往下來說，入地是我們會裡許多人想要達到的目標，因爲我們已經證實這是可以實證的；然而爲什麼大眾還作不到？一部分原因也是因爲「定障」。那麼入地前這個定障，主要是必須具足圓滿的初禪，若是退分初禪就沒什麼大功效，隨時可能退轉而回到十迴向位中。而這個初禪的定障，最大的障礙並不在於定力，而是在於「五蓋」，也就是貪欲、瞋恚、掉悔、疑和睡眠等五蓋。有這五蓋時就不免有私心，就無法發起具足的初禪，因此成爲定障，不能超越欲界；因此他想要入地就進不了，每天空發十無盡願，依舊沒奈何；空有入地心的無生法忍智慧，依舊沒奈何。

那麼再往下來說，明心是證眞如，證眞如以後爲什麼還會退轉？因爲沒有定心——他還有定障。要是不信，我們就來看看臺灣佛教界，已經有很多人讀過《阿含正義》了，爲什麼他們讀過了依舊不能斷我見、證初果？這是爲什麼呢？針對斷我見的五蘊十八界內涵去加以現觀，也明確知道全都是虛妄，可是依舊斷不了我見、證不了初果，也是因爲五蓋與「定障」。

在我們會裡面還算好，因爲我們有要求大家都要先作無相拜佛、無相念佛的功夫。你們拿到禪三報名表時往背面一看，親教師的審核有很多欄，其中一個是「定力」；還有另一個是「性障」，就是要看五蓋除得夠不夠好？但我們爲什麼要強調定力？因爲若沒有定力的話，斷我見是不可能的。證初果得要有基本的定力，要能夠「制心一處」，也就是一定要有未到地定的功夫。但是我們這幾年，在定力的審核上面有一點忽略，所以要回來在這方面繼續加強。因爲若沒有定力的輔助，縱使在觀行上面確定蘊處界虛妄，但他的身口意行依舊還是住在識陰的境界裡用心，或者證得初果以後不久，又退回識陰境界裡。

二〇〇三年退轉者領頭的老師，我們後來發覺他從來不拜佛，根本沒有無相念佛的功夫，後來也瞭解他家裡根本就沒有佛堂、佛像。沒佛堂佛像沒關係，把房間打掃一下，房門鎖起來還是可以用功啊！但他根本不作功夫，後來才知道他根本就不會無相念佛，無怪乎後來會退轉，這就成爲很正常的事情了。所以會外那些人，他們如果不先作無相念佛的功夫，或者雖然作了無相念佛功夫，但功夫很差而沒有動中未到地定的定力，就算具足觀行完成了，也沒辦法證得初果。所以娑婆世界的方便有餘土已經消失了。

現在唯有依靠本會來建立這個娑婆世界的方便有餘土，我們會裡面倒是有不少人斷了我見、證了初果，如今還沒有去禪三求開悟明心，這些人算不算是住在方便有餘土？算！可是這些人的本質是聲聞人還是菩薩？（大眾回答：菩薩。）所以應該說亦算亦不算。對呀！他們眞的斷了我見呀！心境正是方便有餘土的境界，這等於大乘通教的初果菩薩；可是他們本身是菩薩，不是聲聞人，所以又不算是住在方便有餘土中。至於凡聖同居土，倒是一直存在著，因爲全球佛教界，看著就是漫山遍野墨汁相似，黑壓壓地具足無明，能夠有慧光出現的，都是來到正覺同修會以後的事，所以凡聖同居土一定是存在的。一直到末法最後那一年滅盡爲止，才能說娑婆世界的凡聖同居土不存在了，因爲聖者月光菩薩已率領著所有菩薩們往生兜率天彌勒內院去了，人間不再有聖者了。

但是理上的說法呢，理上的四土，其實是遍十方法界一切有情身上都在，那就是八識心王的境界。從理上來說，這四土在每一個有情身上都具足，可是有誰瞭解？有誰來告訴大家呢？也沒有。那麼這都是大家所不知道的，如果你們有幸跟隨　文殊師利菩薩修學《法華經》，那就什麼都能知道；當然，那是需要跟著修學很久才行，文殊菩薩也得講解幾千萬年而仍然繼續講解下去。可不像我，可能兩百來講就全部講完了。可是我如果把它講完了，將來一套《法華經講義》二十幾冊，會不會有人買？我看也是個問題。諸位可能會一本一本買，最後整套都買齊，外面的人一聽說是二十幾本，可能就不讀了，也就失去大大增上的機會了。但是這一些事情並不是大眾所知道的。

再說十方世界到底有多少？諸佛從來不曾具足演述，因爲沒有辦法具足演述呀！那是多到不勝枚舉的。而這事實也沒有人說過，或者應該說是沒有詳細解說過。而《華嚴經》裡面講世界海、香水海等等，也只是講個大略，因爲眾生其實也不太能信受，講太多了也沒用。一個香水海中有非常多的世界海；而每一個世界海裡面又有很多層，每一層中又有無量無數的星雲漩系世界。就好像我們這個娑婆世界——這一個銀河系的廣大世界，在我們這個蓮華藏世界海的第十三層裡面，只是其中的一個小點；而這個小點娑婆世界中有兩千億個太陽系，也就是兩千億個小世界；我們這個太陽系小世界，只是在這個銀河系中的邊邊。

可是誰能瞭解全部的佛世界呢？也只有諸佛。這是事實，並不是想像，但是以往也很少有人詳細演說這個道理。諸位聽到我來演述《法華經》時，一定有一個感受：佛所說的十方世界顯示佛教的時間、空間非常廣大！往東方過去百八萬億那由他恆河沙數世界有一位妙音菩薩，在那麼遠的世界，根本不能想像是多少世界之遠。這只是依直線過去而說的，往東方直線過去超過那麼多的世界，如果稍微偏一個很小的角度，到底是偏差了多少世界？而全面的世界到底有多少？然後世界海的上下層到底有多少世界？

這還只是說到空間，若是談到時間呢？過去無量無邊、百千萬億、阿僧祇、那由他、恆河沙數劫，到底是多久的時間？然後授記說某人、某人、某人未來成佛，要供養多少佛以後，又要再供養多少佛才能成佛，都是以萬億來計算的，那到底是多久以後成佛？總而言之，就是三大阿僧祇劫。顯然未來成佛所需的劫數比較樂觀，然而過去呢？無量無邊、百千萬億、阿僧祇劫，你要怎麼計算？所以這個時空在《法華經》裡面，很具足顯示出來，不是凡夫眾生所能理解的。

然後經中有時這裡說一點，有時那裡說一點，講的是什麼呢？是諸地的現觀，以及三賢位的現觀。這在正覺同修會出現之前也沒有人講過呀！幾百年來，或者說一千年來好了，有誰講過？我們說十住位有現觀，十行、十迴向、初地，一直到七地滿心各有不同的現觀，但是佛教界聽都沒聽過啊；不但這些都沒聽過，連「眞如」這個實相般若中的基本法都沒聽過。最好笑的是：專門講禪、專門講開悟的大法師，住持禪宗大道場，弘法遊遍五大洲的大法師，一生都沒聽過眞如，這還能講什麼禪宗的禪？可是末法時代這就是一個現前存在的事實，一直到正覺同修會出來弘法以後才講了眞如的眞義，以及證眞如的明確定義。

可是我出來弘法以後所講的眞如，有沒有從別人的書上、經論上去讀過眞如？沒有。我沒讀過，可就是會講眞如。那麼眞如的境界，以及這一些現觀的境界不可思議，可是經中往往這裡講到一部分，那裡講到一部分，很少是一系列講下來的。而這一些現觀是每一個階段所應該實證的境界，否則就不能夠說他完成了那個階段的實證。可是當代佛教界也都是不知道的，好在我們已經把它說了。

因此說，有好多人學佛二十幾年、三十幾年以後，依舊覺得渺渺茫茫，跟著大師們，也跟著古人浩歎說：「**三藏十二部經，浩如煙海，無從讀起啊！**」因爲他們讀了以後總是一些片片段段的知見，看來看去只是這裡一片葉子、那裡一片葉子，連細枝都看不到，更別說是粗枝、樹幹、根、本等等，全都看不到，因爲他們就像一句俗話說的：眼光如豆。直到我們書中明確陳列了出來：佛菩提道兩個主要次第的內涵。讀過以後恍然大悟說：「**原來佛法是應該這樣修的。**」但是在這以前也沒有人講過呀！如果要追溯，得要往前追溯到唐朝玄奘菩薩在《成唯識論》裡說過。因爲禪宗只管你明心、見性、過牢關，然後就不管你了；那也不能怪禪宗祖師們，因爲他們的任務只是要引你入門而已，悟後的進修可得靠自己。有句話說：「師父引進門，修行在個人。」當然你不能怪他們，因爲他們是禪師啊！所以說，這一些道理也是很多人所不知道的。還有「論」的部分，我們就不談它，因爲我們也寫夠多了。

再來談談戒吧！因爲剛傳完了菩薩戒。聲聞戒爲什麼那樣不通人情？而菩薩戒爲何有那麼多的開緣？其中的道理又有誰知道？聲聞戒是一絲一毫都不苟且的，但爲什麼聲聞戒要這樣子？戒是用來戒止修行的人，修行的人既然稱爲人，爲什麼聲聞戒卻那麼不通人情？諸位有想過嗎？一定有人想過，至少我們的親教師們知道。因爲受持聲聞戒的目的是要求入無餘涅槃，既然想要入無餘涅槃，當然是要捨盡三界一切法；既然三界一切法都要捨，怎麼還可能有一絲一毫的心在世間法上著墨，所以聲聞戒當然不通人情。因此受了聲聞戒，當然不能怪說：「**聲聞戒爲何這樣，把我們出家眾綁得好死。**」因爲聲聞戒的目的是要幫助你入涅槃，出離三界生死「不受後有」啊！當然是要很嚴格而不通人情。

那麼菩薩戒對大眾說了十重、四十八輕等戒法；關於六重、二十八輕就不談，還有十重、五十二輕等也暫且不談；可是眞正傳戒的時候，歸納爲「三聚淨戒」，說你要學一切善法，你要利益一切有情，然後依止於攝律儀戒來約束自己，所以簡單地說只剩下十樣重戒。緣何如此？因爲要你不斷地攝受眾生，所以才有很多的開緣。那四十八個輕戒、五十二個輕戒犯了，隨後就懺悔；懺悔過去了，若是重新再犯時，就再懺悔、再過去。甚至於十個重戒也作了許多開緣，只要不是根本、方便、成已三個都具足，就允許你公開對眾懺悔，明白宣示後不復作，也就過去了。

但爲什麼菩薩戒中要有這麼多的開緣？因爲如果不這樣，你就沒有辦法成佛啦！如果不這樣，持戒者每一世都得下地獄，什麼時候能修完菩薩道？那你什麼時候可以具足攝受眾生？就沒有辦法具足攝受眾生。所以告訴你說，這叫作「心地戒」，主要是看對於自己與眾生的今世跟後世有利無利；如果今世無利、後世有利，有時還是允許開緣的，這就是菩薩戒的精神所在。可是有誰知道這個道理呢？那他們不知道也是正常的，因爲他們從來不作布薩（此書出版前，西蓮淨苑有僧眾託人來聲明：有依佛戒半月半月布薩。令人讚歎。）而且大家在傳戒時，也只是傳一個表相，把法器鏗鏗鏘鏘一番，把傳戒儀軌照本宣科完了，就說有傳戒了；至於有沒有戒體可就不管，於是連那些否定如來藏、毀謗菩薩藏的一闡提人，也在傳菩薩戒、受菩薩戒；像這樣子傳了、受了，有沒有用處？全然沒用。他自己都是一闡提人，還傳菩薩戒；受戒的出家弟子們都是否定菩薩藏的一闡提人，也來受菩薩戒，簡直是兒戲。

那麼說到這裡，就要談到菩薩戒中有一些是永遠不作開緣的，那就是「毀謗三寶、謗菩薩藏」，這是永遠都不作開緣的。至於爲什麼要這樣？毀謗三寶的事情，往往是一不小心就犯了；而謗菩薩藏的大惡事，往往也是一不小心就犯的；可是爲什麼這兩種違犯都不作開緣？因爲這是眾生能否成佛的根本，所以世尊對此都不作開緣。假使有人是無心之過，就給他作開緣，因爲他只是被惡知識作了邪教導而隨順人家，他們謗菩薩藏時並沒有根本罪，他們的本意也不是要故意破壞佛菩提道，全都因爲是被惡知識所誤導而隨順於邪見，所以開口毀謗菩薩藏，縱使有成已之罪，世尊也爲他們開緣，只要對眾公開懺悔就可以滅罪。

可是如果有根本罪、也有方便罪，當他的成已罪成立了，就不爲他開緣了。至於其他毀謗菩薩藏的人，只要根本罪不犯，雖然有方便罪也有成已罪，也爲他們開緣。因爲菩薩戒必須如此，才能讓大家輕易受持到成佛時，乃至成佛之後依舊是如此受持的。

也許有人想：「豈有此理？成佛以後怎麼還可能有開緣？」例如經律中記載一件事，佛陀遊行諸國剛剛回到精舍時，佛陀專用的那個浴缸很久沒用了；因爲沒有人敢用，那是 佛陀專用的。幾個月沒用了，當然已經髒了，這時 佛陀吩咐說：「阿難啊！你去把我那個浴缸打掃一下。」阿難說：「諾！」趕快就去了。但是去了不久又趕快回來，那麼快就打掃好了？沒有！只是看了一眼就回來稟告 世尊說：「我不能打掃您的浴缸。」世尊說：「爲什麼？」他說：「因爲積水裡面有很多蟲，我打掃時可就殺害眾生了。」世尊說：「我是叫你打掃，不叫你殺害牠們。」明知打掃了以後那一些孑孓等小蟲全都要死光，世尊依舊命令阿難說：「我是叫你打掃，不是叫你殺害牠們。」阿難一聽就懂了，馬上去打掃。這是不是開緣？是！因爲在人間，特別是在五濁惡世的人間，本來就是如此的。

所以菩薩戒中有很多的開緣，聲聞戒則是不許開緣，因爲聲聞戒的受持目的，是要你盡此一世就能出離三界生死；對於內我所、外我所，只要有一絲一毫芥蒂，乃至有一絲一毫的細絲，都不許有，要一切滅盡，永遠不受後有，所以持聲聞戒時當然就是要很嚴謹，自然就不作開緣。那麼如果是在北傳佛法中受持聲聞戒，既是菩薩也同時受持聲聞戒，意義就不同了。這是爲了僧團中共住時的和合所必須，可是應以菩薩戒爲主，而把聲聞戒叫作「別解脫戒」；因爲眞正的解脫是佛地，聲聞阿羅漢們的解脫，只是依方便而別別施設的解脫戒修證的，這聲聞戒當然要定位爲「別解脫戒」；所以大乘法中的出家人受了聲聞戒時，仍應以菩薩戒爲主戒；因此身爲菩薩，雖然也受了聲聞戒，就有開緣了。

所以一個下午出坡，沐浴過後，典座呼喚說：「進藥石了！」在寺院中晚餐時當然不能說是吃晚飯，要說是進藥石了——說要服藥了。因爲在道場中過堂時得要施食，可是中午施食已經施過了，晚上就不再爲鬼神界施食，當然不能大喊說：「吃飯了！」否則鬼神們聽了會說：「哼！他們自顧自吃飯，不肯布施食物給我們。」所以就說是「吃藥」了——藥石就是藥，大家聽了就說：「去吃藥了。」不知道的人還誤以爲說：「怎麼出家人每天晚上都要吃藥？大家健康都那麼差嗎？」其實是吃了可以讓色身健康維持體力的藥，這些藥都是用飯菜做成的。若是依聲聞戒，大乘法中的出家菩薩們可都不許吃晚餐的；所以菩薩戒為「正解脫戒」，聲聞戒成為副解脫戒——「別解脫戒」，應當這樣受持，當然就可以吃晚餐，否則哪來體力為眾生作那麼多事？因此要知道，這兩個戒為何相差這麼多？其中的道理也沒有人知道，而現代佛教界傳了菩薩戒以後也都是不作布薩的，更沒有人講解其中為何有開緣、無開緣的道理。在經中會告訴你這些緣由嗎？也不會告訴你啊；那你如果是菩薩，你跟著菩薩修學，菩薩自然會告訴你。

那麼在經中也很少談到佛地的境界。佛地的境界告訴你說：諸佛有四種智慧，成所作智是五識相應的智慧，成所作智現前以後，八識心王可以各自運作，一一心所法也都可以各自去運作，各自去利樂有情。但是經中有詳細談到這個內涵嗎？也沒有！為什麼不談？因為眾生聽不懂，聽了也不相信，就只能在經中一兩句話帶過。所以這只能說給諸位聽，因為諸位能相信。也是因為諸位從斷我見、證初果，明心證眞如，乃至有人眼見佛性，我們也為諸位明心者開設增上班的課程，進修無生法忍；而諸位這樣次第修上來了，發覺經中說的都是眞實的，因此後面尚未實證的部分就能夠相信。

若是在會外，前面這一些，他們只能想像而無法實證，後面的諸地境界乃至佛地境界，你叫他們如何相信？所以這個部分經中也不細說，諸經中講得最多的大概就只有《楞嚴經》一部。可是《楞嚴經》又被那些六識論的凡夫大師們極力否定，毀謗說是僞經，只有我們實地走過來的人，才知道是極深妙的經典，而這些事情亦復少人知啊！然後三界之間互相的關聯：無色界與色界的關聯，色界與欲界的關聯，欲界天與人間的關聯，人間與三惡道的關聯，其中的細微處又有誰知道？也沒有人知道。經中說到的這個部分也很少。那麼《法華經》裡面就把這一些經中所沒有說到的一切，全部貫串起來，所以這才叫作「圓教」。因爲把 釋迦如來一代時教全部在這部《法華經》中圓滿收攝起來，回歸「此經」如來藏妙眞如心了。

所以佛法才會分爲「始教」與「終教」；始教就是來人間示現成佛的最初時，利樂眾生時剛開始第一步要作什麼？是要讓眾生可以實證解脫三界生死痛苦的涅槃境界，這是初轉法輪所要作到的。但是接著把特地來人間受生所要作的事情，就是大乘的佛菩提傳授給眾生，藉著第二、第三轉法輪傳授完了，最後一定要有一個圓滿的法教全部函蓋起來，當然要宣講《無量義經》與《法華經》；那麼這部《法華經》既然函蓋面那麼廣，是因爲它要圓滿收攝三乘菩提，也要把其他經中所沒有說過的過去諸佛、未來諸佛、十方世界佛國的事情全部演述出來，這樣才能夠圓滿函蓋整個法教，所以它就叫作圓教的法。

可是說到圓教的法，有一句話很有名，叫作「一圓一切圓」。有沒有讀過？好像很少人讀過。也就是說，當這個法圓滿了，其他的諸法也就隨著圓滿了。這個法是哪個法？是「**妙法蓮華經**」，又名**如來藏**，又名「**金剛經**」，叫作「**此經**」；在《楞嚴經》中說是「**如來藏**」，從如來藏中出生各種法性神用，就稱為「**如來藏妙真如性**」。可是《妙法蓮華經》，諸位學佛以來，聽過誰像咱們這樣講解真實義的？都沒有啊！因為他們連讀都讀不懂，一個個都讀不出文字背後的真義，當然沒有辦法這樣子宣講。因此他們最多就是去演講個一天或者兩天，每一天講兩個鐘頭、三個鐘頭，最多六個鐘頭就全部講完了，當然只是依照古人所作的科判去略講罷了，大部分也是錯會一場。但我們已經講到一百七十六講了，今天就是一百七十七講了。

這樣說來，似乎有一點自讚自誇，好像是不應該這樣講的；可是為什麼我刻意要這樣講？因為要顯示佛教的正法走到這個地步，已是岌岌可危了！

只是表相興盛，而且正在密教化，就好像天竺晚期的佛教一樣。好在我們力挽狂瀾開始把它扭轉過來，而這一件事情眞要叫作豐功偉業。諸位！我們現在作的事情是佛教在中國的第二次復興工作，這眞是任重道遠啊！這不是一件小事，雖然很辛苦，但三千年後、四千年後，諸位會看到你們個人道業的進展，屆時你們自然會看到的。可是這一些道理也沒有人講過，我得要告訴諸位，諸位才能夠從深心中對於佛教的未來、對於佛法的實證有更具足的信心，也能夠看到佛教正法弘揚的遠景！這個遠景是可以實現的，只要我們眞的去作。

那麼這一段經文從　淨華宿王智佛，勸喻妙音菩薩的話中引申出來；也就是說　佛要爲妙音菩薩吩咐的這一些事情，其實不是對妙音菩薩說，而是爲那一些隨行的諸菩薩們說的。妙音菩薩當然不會像凡夫那樣說：「欸！佛陀！這些道理我都懂，您跟他們講就好了。」因爲他是他們的首領，當然得爲他講，他的所有眷屬們也就聽到了。言外之意是說：「假使我講了以後，他們還不遵守，你就有名義、有理由可以勸止他們。」所以當然要爲妙音菩薩說。雖然他明明知道了，也得要對他講，這意思就在這裡。好，接下來，在淨華宿王智佛講完之後，妙音菩薩怎麼回應呢？

經文：【妙音菩薩白其佛言：「世尊！我今詣娑婆世界，皆是如來之力、如來神通遊戲、如來功德智慧莊嚴。」於是妙音菩薩不起于座，身不動搖，而入三昧；以三昧力，於耆闍崛山，去法座不遠，化作八萬四千眾寶蓮華，閻浮檀金爲莖，白銀爲葉，金剛爲鬚，甄叔迦寶以爲其臺。爾時文殊師利法王子見是蓮華，而白佛言：「世尊！是何因緣，先現此瑞？有若干千萬蓮華，閻浮檀金爲莖，白銀爲葉，金剛爲鬚，甄叔迦寶以爲其臺。」

爾時釋迦牟尼佛告文殊師利：「是妙音菩薩摩訶薩，欲從淨華宿王智佛國，與八萬四千菩薩圍繞，而來至此娑婆世界，供養親近禮拜於我，亦欲供養聽《法華經》。」文殊師利白佛言：「世尊！是菩薩種何善本？修何功德？而能有是大神通力？行何三昧？願爲我等說是三昧名字，我等亦欲勤修行之，行此三昧，乃能見是菩薩色相大小，威儀進止。唯願世尊以神通力，彼菩薩來，令我得見。」】

語譯：【妙音菩薩就稟白淨華宿王智佛說：「世尊！我如今前往娑婆世

界，都是如來之力，是如來神通遊戲，也是如來的功德智慧莊嚴。」講完了，妙音菩薩就在他的座上安坐著，色身不動搖，進入三昧中；以三昧的功德力，在靈鷲山離開法座不遠的地方，變化出來八萬四千個七寶所成的蓮花，這些蓮花以閻浮檀金作爲它的莖，以白銀作爲它的花瓣，又以金剛作爲花臺外圍的鬚，然後用紅寶石作爲蓮花的寶臺。這時文殊師利法王子看見靈鷲山旁邊，忽然出現了這麼多七寶所成的蓮花，就向佛陀稟白說：「世尊！是由於什麼樣的因緣而先出現了這樣的祥瑞？因爲有這麼多千萬數的蓮花，以閻浮檀金作爲花莖，以白銀作爲花瓣，以金剛作爲它的護鬚，以紅寶石作爲花中央的寶臺。」

這時釋迦牟尼佛告訴文殊師利菩薩說：「這是因爲妙音菩薩摩訶薩，想要從淨華宿王智佛的國土，與八萬四千菩薩圍繞著，要來這個娑婆世界，供養親近禮拜於我釋迦牟尼佛，也想要供養而聽聞《法華經》。」文殊師利菩薩稟白世尊說：「世尊！這位菩薩過去世曾經種下什麼樣的善行作爲根本？曾經修過什麼樣的功德，而能夠有這樣的大神通力？他又是修於什麼樣的三昧？願世尊爲我們大眾說明這個三昧的名稱，我們也想要精勤來修行這個三昧；我們如果能夠行於這個三昧之中，才能夠看見這位菩薩色相的大小，以及他的行來去止等等威儀，惟願世尊以神通力，當這位菩薩來的時候，讓我們可以看得見。」】

講義：諸位聽到現在已經很習慣《法華經》裡面的開示。因為以前俗人對佛教界有一句話說：「世間好話佛說盡，天下名山僧佔多。」這是因為他們不懂真正的佛法，才會有這兩句話出現。那我們來看看妙音菩薩聽完淨華宿王智佛的付囑以後，他這樣的回答是不是過分。妙音菩薩的證量非常之高，可是他竟然說：「世尊！我如今前往娑婆世界，都是如來的力量，都是如來的神通遊戲，都是如來的功德智慧莊嚴。」這是不是拍馬屁？欸！看起來是拍馬屁，但他自己沒辦法來娑婆世界嗎？得要靠 如來嗎？一般人一定懷疑說：「唉呀！這些菩薩真會跟佛陀拍馬屁。」可是我跟諸位說正格的，若是沒有如來之力，他還真來不了娑婆世界，是哪個如來？（大眾回答：如來藏。）

諸位好有智慧啊！可是這個智慧，是因為剛才我先作提點。（大眾笑⋯⋯）對呀！假使妙音菩薩不依靠他的自心如來的力量，他還能前來娑婆世界嗎？

假使他不是經由他的自心如來所作的神通遊戲，他能變化這八萬四千個蓮花寶座嗎？他能攜帶這八萬四千位菩薩隨行來娑婆世界嗎？當然不能！如果他不是靠著自己的自心如來的功德智慧來作莊嚴，他根本來不了啊！連化現那八萬四千個寶座都辦不到。所以他眞的沒有妄語，一點馬屁都沒有拍。但是，他就這樣子同時對 如來——也就是對 淨華宿王智如來，顯現了恭敬與孝順，這也是菩薩之所應爲。

假使哪一天我請你說：「**欸！你去永和幫我買一杯豆漿回來，辛苦你喔！路上小心喔！**」你應該怎麼說？你應該說：「**老師！我如今去永和買豆漿都是如來之力，都是如來神通遊戲，都是如來功德智慧莊嚴。**」我絕對不會見怪。但是你不可以說：「**這都是老師之力、老師的神通遊戲。**」那不通。（大眾爆笑…）所以《法華經》的難懂，就是這個緣故；因爲有很多事理相關的內涵並不是一般人能讀懂的，例如有時說如來是指如來藏，有時說如來是指某一尊佛，即使破參了還不一定能讀懂，所以這眞是圓教經典。你只要在「**妙法蓮華經**」——也就是在如來藏「**此經**」上面，詳細去圓滿了知了，那麼其他諸法你也就可以逐漸圓滿了知了，所以才說「一圓一切圓」。

那麼這樣就瞭解，妙音菩薩要來娑婆世界「供養親近禮拜讚歎」釋迦如來，都是藉著「此經」妙法蓮花之力；而他的言外之意是說：「此經」就是 淨華宿王智佛，他是以 淨華宿王智佛的名義代表自心如來「妙法蓮華經」。爲什麼十方世界有那麼多無量無數的諸佛，偏偏 世尊要把祂的白毫相光普遍照耀到「東方百八萬億那由他恒河沙等諸佛」世界外的這一個佛世界來？因爲這一尊佛的佛號代表了這個意思。而妙音菩薩正好跟 淨華宿王智佛有一個很緊密的聯結，這等後面再來說。

所以，因爲「淨華宿王智」的緣故，也就是他的自心如來——本有的清淨妙法蓮花這個宿王智慧的緣故，所以妙音菩薩「不起于座」，就在法座上，色身也不動搖，直接進入了三昧。這個三昧是不是禪定？不許點頭！可以搖頭，因爲這不是禪定；禪定等證量是早在三地滿心前就完成了，可是三地滿心之後乃至到五地滿心前，都還要藉這些禪定去作辦事靜慮等等觀行而成就各種功德，那也叫作三昧。禪定本身也叫作三昧，可是神通靜慮、辦事靜慮都是經由禪定而衍生出來的，那是從禪定裡面去瞭解的一種智慧，這個智慧就叫作「三昧」，所以三昧的意涵很廣。

那麼他就進入一個三昧，這個三昧是什麼呢？後面再來說。他進入這個三昧之後，就藉這個三昧的功德力，在耆闍崛山——也就是鷲頭山，或翻譯作靈鷲山，「去法座不遠」，就是離 釋迦如來法座不遠的地方，化現出八萬四千個七寶所成的蓮花。「耆闍崛山」是音譯，意譯叫作鷲頭山，因為它的形狀就像鷲的頭部一般。鷲，知道嗎？是鷹的一種，那山頭就像鷹的頭部一樣。如果你們有機會去朝禮靈鷲山，即將到的時候就會看到；因為它是岩層而有一點斜斜的，岩層尖端的下面已經空了，上下兩片岩層疊在一起，下面這一片比較突出；上面這一片比較短一些，看起來就像老鷹的頭；下面這一片比較長，看起來就像鷹的嘴，那你從遠處看起來，它就像一隻老鷹的頭一樣，所以叫作鷲頭山。那有人覺得鷲頭山不好聽，所以翻譯作靈鷲山。

可是如果你們有機會自己去朝禮聖地，到了靈鷲山下時，那裡有些印度當地的人會小聲告訴你說：「你不要聲張，我拿寶貝給你看。」他就跑到靈鷲山頂有一個用磚塊圍砌起來的矮圍牆——那是當年 世尊說法的講臺，他去圍牆後面找到一個洞，伸手去裡面摸了石頭或是磚塊一類的東西說：「欸！這個給你。」他給了你，你要回給他什麼？孔方兄啊！就是美元。他會小聲告訴你說：「這個不是隨便人能拿的，因爲大家都去拿，圍牆掏空了就會傾頹了。」所以你得要給他不少的美元。眞的嗎？當然不是眞的啦！因爲那都是他們從山下搬來的一些小石頭或舊的小磚塊先塞進去，等你來了再從裡面偷偷拿出來給你，可不要上當喔！在那邊的喇嘛也不少，特別是正覺大塔，全都是密宗的喇嘛們四處佔據著；以後去時可別再五十塊、二十塊，甚至於一百塊美金丟下去供養他們，別去造那個護助破法者的共業。

這是題外之話，那麼他在娑婆世界的靈鷲山，距離 世尊說法的法座不遠之處作變化，變出了八萬四千個眾寶所成的蓮花。這一些蓮花以閻浮檀金爲莖，閻浮檀金帶一點深色，顏色有一點比較深，帶一點紫色。這一種帶有紫色的黃金，是很貴的黃金，不是普通的黃金。是以閻浮檀金作爲蓮花下方的莖。蓮花長上來時一定有莖支持著，用這樣的閻浮檀金做莖，這在告訴我們什麼？是說，在法界中「莖」的顏色代表智慧，特別是般若智慧；可是這個閻浮檀金帶有紫色，以這個材質爲莖，矗立在什麼上面？在淤泥上面，就是五濁惡世的土地上。這在告訴我們說，再勝妙的寶座，也是依於大地而存在；不管你那一朵蓮花多麼莊嚴漂亮、多麼脫俗，同樣都要立於大地。

立於大地時，適不適合用純潔純白的白銀呢？不適合！就是要閻浮檀金，看起來才能很調和，一點都不突兀。這又代表什麼意義呢？代表實相的智慧。這代表佛菩提的智慧，因爲二乘菩提不足以用閻浮檀金來代表，這意思就是說：這一個智慧既是諸佛的境界，但是也通於五濁惡世欲界人間的境界。說白一點，這個智慧是通欲界一切境界的。

也許有人想：「你講這話有語病喔！咱們正覺一直在破斥密宗外道，那密宗外道也是人間一切境界中的一種呀！難道佛菩提智也通密宗外道這個雙身法嗎？」我告訴你，就是通啊！但不是指他們的那個境界。例如那一些外道們樂空雙運時，需不需要如來之力以及如來神通遊戲、如來功德智慧莊嚴？（大眾回答：要！）對嘛！但他們那個境界只是欲界中的染污法，與佛法三乘菩提的修證全然無關。所以我說這個佛菩提的智慧是通三界一切境界的，即使是餓鬼道、畜生道、地獄道都通。所以你如果哪一天三地滿心了，用意生身去到無間地獄裡面瞧一瞧那一些苦難的眾生，他們也同樣都有「如來」啊！所以正好就是這樣的智慧，而通五濁人間、三惡道，所以閻浮檀金來作爲眾寶蓮花的莖，而矗立於污染的娑婆土地中，最爲適當。

那麼接著說以「白銀爲葉」；盧舍那佛所坐的寶蓮花，「白銀爲葉」總共有幾葉？一千葉。現在有人種特殊的菊花，有好多花瓣，有沒有一千葉的？（大眾回答：沒有。）有個三百葉就不得了了，大家就非常驚豔了，但是它有一千葉。那麼菩薩化現這個眾寶所成的蓮花，爲什麼也要以白銀爲葉？這花瓣是很多的，當然不是只有一葉、兩葉。

有時說：「一葉一世界，一花一如來。」有個大山頭，她們怎麼說？她們說：「路上看見的花，不要採喔！那花的每一片葉瓣都是一個世界，你不要把人家的世界弄壞。那每一朵花裡面也都有一尊如來，別隨便亂摘。」問她：「世界在哪裡？如來在哪裡？」可就閉口不答了，因爲她們根本誤會了。《梵網經》講的「一葉一世界，一花一如來」，是說：盧舍那佛所住的這個蓮華藏世界海，那一朵特大的蓮花是祂所度化的一個無邊廣大世界海；而這個世界海的四周圍著千瓣蓮花，每一瓣就是「每一葉」的意思；每一瓣就是一葉，而每一葉中各是一個銀河系世界；盧舍那佛的蓮華藏世界海像是一個大蓮花，花瓣總共有一千葉，所以就是一千個三千大千世界；每一個三千大千世界中都各有一位化身 釋迦如來在弘化；是因爲每一個三千大千世界中

—每一葉蓮瓣中—都各有百億須彌山、百億四天下，所以應身佛 釋迦牟尼又化現許多的化身 釋迦如來在各個小世界中利樂有情，所以才說有千百億釋迦牟尼佛。但她們誤會得太嚴重了，這裡就附帶一提。

再回來說：「閻浮檀金爲莖，白銀爲葉，」是說妙音菩薩化現的八萬四千大蓮花座，是以白銀作出很多的花瓣。爲什麼要用白銀？因爲這跟禪定有關。這是離開欲界之法，而且與定心所有關，因此都是白色的；也就是說，這些境界都是超越於欲界，不在欲界境界之中。但是，說這花有很多葉——很多花瓣，表示有很多的三昧；這些三昧中的每一個三昧，都可以使菩薩產生功德作用來利樂有情。這並不是人間或欲界之法，而且是可以幫助有情出離三界之法，它是充滿了光明的法；所以每一銀瓣表示一個三昧，因此就以很多花瓣用白銀所成就。也就是說，有很多的三昧是菩薩之所證，所以叫作「白銀爲葉」；那些大蓮花都各有很多銀瓣，就表示三界諸法都含攝在其中，可以經由各種三昧而去運作，因此叫作「白銀爲葉」，也就是三昧力的意思。

「金剛爲鬚」，有沒有看過有一些荷花開了以後，花臺的旁邊周遭有鬚？荷花眞的有鬚！妙音菩薩化現的這些寶蓮花都有鬚，鬚是在花臺的外圍保護著花；因爲花臺是堅硬的，花瓣則是很柔軟的，所以要用鬚來保護著；我們有時候看人家作工藝品，店家怕客人買回去時不小心弄壞了，所以旁邊也會做一些類似欄杆一樣的保護物；有些做得比較漂亮，好像有一些曲線，那就好像花的鬚一樣，就是保護的意思。但「金剛爲鬚」，爲什麼要用「金剛」？因爲它堅固不可壞；必須是堅固不可壞的，才能保護那一朵七寶所成的蓮花。

那麼以「金剛爲鬚」，就表示這佛菩提的智慧以及各種三昧，是藉著不可壞法來作保護；那麼不可壞法是什麼？不可壞法就是如來藏的各種功能差別；由祂的眞如法性之中，顯現出來的各種功能差別都是不可壞法。例如你證得如來藏以後，假使你得罪了外道天神，那外道天神的神通若是很厲害，他能夠把你的五陰毀壞，但他不能毀壞你如來藏的妙功德性，所以如來藏的妙功德性就是金剛。就以如來藏的妙功德性作爲外護，來保護佛菩提的智慧，保護他所證的各種三昧。

然後，這朵花到目前爲止，還沒有說到花的中央，一定會是空的，只有花臺，因爲這些七寶之花都是菩薩們要坐的寶座，因此要以「甄叔迦寶以爲其臺」。這一些七寶蓮花裡面，中間都有一個平臺，隨行的菩薩們才能坐在其上。總不能蓮花裡面空著而要菩薩坐在上面，那是不是要不斷運用神通虛懸在花上面的空中？太辛苦了吧？因此中間以「甄叔迦寶作臺」，成爲很美的花臺。甄叔迦寶就是紅寶石，紅寶石不便宜；而紅寶石看起來是很漂亮的，所以我們ＬＫＫ一輩的年輕時代，大多不富有，結婚時的訂婚戒指大部分都是紅寶石，很少看見藍寶石；至於鑽石簡直是沒得見，因爲我們小時候是一窮二白的年代，成長以後也沒什麼錢，大多是用紅寶石鑲嵌的戒指訂婚。那紅寶石如果是花臺那麼大，你想想，那是什麼價值？整個一塊紅寶石雕製成的寶蓮花臺，讓身量很大的菩薩們可以坐在上面，眞難想像。

諸位想一想，妙音菩薩的身量有多大？四萬兩千由旬。那麼中央那個「甄叔迦寶」所成的花臺要有多大？那麼他就用這很大的紅寶石作爲中間的花臺。諸位想想看：「閻浮檀金爲莖，白銀爲葉，金剛爲鬚，」中間是很大的紅寶石雕成的蓮臺，這夠不夠莊嚴？這顏色搭配眞正好，有一點曼陀羅花、摩訶曼陀羅花的韻味。究竟是爲什麼要用紅寶石？因爲一定要顯現出這一朵寶蓮花的莊嚴。這紅寶石代表什麼？代表一整個莊嚴之法。這些莊嚴之法，你沒有辦法計算它，就這樣整個融合在一起。

這就好像佛菩提，諸位來正覺學到今天，聽經聽到今天，上課也上到今天，稍微可以瞭解佛菩提的莊嚴所在了吧？這佛菩提，如果你沒來正覺修學，還眞的不知道是這麼莊嚴；可是我現在所能莊嚴出來給諸位看到、聽到的，能有十分之一就已經太勝妙了。如果眞要去修到佛地的話，眞是不可思議啊！所以有一些人說得好：「不讀《華嚴》，不知佛法的富麗堂皇。」還眞是如此。當你證悟之後好好去把《華嚴經》整個瞭解以後，才會知道佛法是多麼深妙而且廣大；當然大菩薩們所坐的寶蓮花，一定要用「甄叔迦寶」來作爲中間的花臺。

那麼這樣的寶蓮花，想想看自己什麼時候可以變現？這時你當然會想到：「唉呀！距離好遙遠啊！」可是別灰心，妙音菩薩也曾經像我們現在這樣，是一步一步走上來的；所以若是有幸遇到可以實證佛法的機會，就不應該錯過。疑心重，就遮止了自己實證的路；我這個人有一個好處，就是少疑多信，所以讀了經典總是信；還沒有離開胎昧之前重新受生再來時，就只是抱恨自己太笨了，讀不懂，但從來沒有一念要去否定經典。菩薩就是應該這樣具足信，但是對自己也要有信：信自己未來一定可以實證佛法。那麼你這一世修學佛菩提就有實證的機會。好！今天講到這裡。

《妙法蓮華經》上週講到一百八十六頁第二段第四行第一句，今天接著說：「爾時文殊師利法王子見是蓮華，而白佛言：『世尊！是何因緣，先現此瑞？有若干千萬蓮華，閻浮檀金爲莖，白銀爲葉，金剛爲鬚，甄叔迦寶以爲其臺。』」前面說的是，因爲妙音菩薩在東方的 淨華宿王智如來那邊進入三昧中，以他自己的第八識「如來」之力，在娑婆世界這裡化現出八萬四千個七寶所成的寶蓮花臺，這個寶臺既莊嚴又高大；顯示了通三界之法，也顯示了出世間法與世出世間法。那麼在這邊顯現之後，凡是有天眼通的人都能看見，這時當然大眾會覺得很驚奇，所以 文殊菩薩要代替大眾向 如來請問。

這並不是說 文殊菩薩不知道這八萬四千寶蓮華臺的來歷，他是無所不知的，但是畢竟法會大眾中有許多人仍然不知，並且還有更多的人是未曾看見而不知道，所以 文殊菩薩當然要爲大眾請問，由法主來解答。諸位今天聽過《妙法蓮華經》，將來 彌勒菩薩成佛以後，最後圓滿一代時教要演說《法華經》，演說到這個部分，突然有八萬四千寶蓮華臺現前，你們可別張口驚呼：「哪裡來的這八萬四千個寶蓮華臺？」因爲這不該是你能問的，這是 文殊菩薩才可以問的。所以凡事都該稍安勿躁，一定有大菩薩們爲我們請問疑惑，我們好整以暇、安心享受法樂就行了。

那麼 文殊菩薩看見了，特地向 佛陀稟白說：「世尊！究竟是因爲什麼樣的因緣，而先顯現了這個祥瑞？如今有若干千、若干萬的蓮華，以閻浮檀金作爲莖，以白銀作爲花瓣，以金剛作爲花臺的外護而成爲鬚狀，而以紅寶石作爲蓮華內的寶臺。」那麼這是爲大眾而問，那一些蓮花數目有多少？難道 文殊菩薩還會不知道嗎？他當然知道總數是八萬四千，然後外加一個妙音菩薩要坐的更大的寶蓮花臺。他一定知道，因爲他在龍王宮中演說《法華經》已經很久很久了，怎麼可能會不知道，所以這顯然是爲大眾而問。

他這麼問完了，世尊可不能夠說：「我也不曉得，你等候揭曉吧！」所以這時 世尊就告訴 文殊師利：「這是妙音菩薩所變化的，這位大菩薩想要從淨華宿王智佛的國度，由八萬四千位菩薩圍繞著他，與他來到這個娑婆世界，目的是爲了要供養我釋迦牟尼佛，爲了親近禮拜於我釋迦牟尼佛，他們同時也是爲了要供養《法華經》、聽受《法華經》。」

開示完了，文殊師利菩薩爲了要解答大眾的疑惑，就說：「世尊！這位菩薩是種下什麼樣的善法作爲根本？他曾經修過什麼樣的功德，而能夠有這樣的大神通力？大衆們究竟應該要修行什麼樣的三昧？願世尊爲我們大衆解說這個三昧的名稱，我們大衆也都想要精勤地修行這個三昧，然後可以運行這個三昧，就可以看見這位菩薩的色相，也了知他身相的大小和他的行來去止等等威儀，很希望世尊以神通力，當那位菩薩來到這裡時，讓我們大家都可以看得見。」

文殊師利這麼問，就是進一步爲大衆解除心中的疑惑。因爲像那麼大的七寶蓮花而且是那麼多，妙音菩薩才剛進入三昧就變化出來；有神通的人看見了不免竊竊私語，他們也很疑惑，究竟是什麼樣的大菩薩，修了什麼樣的功德，用什麼三昧，才能變化出這樣莊嚴偉大的七寶蓮花？那麼大衆之中一定有許多看見的人竊竊私語，其他沒看見的人一定更加的疑惑。所以 文殊菩薩無所不知，當然要爲大衆來請問裡面的原因。所以從 文殊菩薩的請問之中，我們可以看見他問了哪些內容；也就是說，想要有這樣的大神通力，一定有三個內涵：第一就是「種何善本」，第二「修何功德」，第三「行何三昧」。

假使福德不足以修練這個三昧，教了也沒用，學了也白搭，因爲不可能證得。就好像說，有個人才剛剛進入小學，然後聽父母親說：「數學裡面，層次比較高的就是微積分。」然後他心想：「哼！我就是要學微積分，那個加減乘除太簡單了，我才不要學！」那他老爸在大學教微積分，會不會因此就教他那個小兒子微積分？不會教的，因爲根本聽不懂嘛！他自己也沒那個基礎啊！

首先他得要已經長成、腦筋發育夠了，這譬如什麼？福德。他得要先有這個福德，沒有福德作支撐，學什麼都是白學。假使他長大了，他父親就會教他嗎？也不會，還得要這個兒子心性對於數學是有興趣的；他的心性好比是功德，假使這兒子長大了，可是一聽到數學就討厭死了，搞不好連代數都教不會、學不會，微積分當然更別提了。所以他得要有那個心性，也就是說，他遇到了數學、幾何、代數等等，他都覺得：「喔！這好有趣欸！這眞的很好玩。」然後他有興趣了，覺得學習數學、幾何、代數是有受用的。這表示說他在這上面有功德。

同樣的道理，當一個人在佛法中修學時，他在心性上面已經有所轉變了，有自受用的功德，也有他受用的功德，這就是具足「善本」福德。當他有了「善本」福德，也有了心性改變上的功德了，也還不能得到這個三昧，所以他還要修學、熏習，繼續修學這個三昧。就好像那孩子長大了，就譬如福德夠了；然後他對於數學覺得很有興趣，就譬如他有了功德，接著他就要預備開始學微積分，而不是那兩個具足了就能夠學會微積分。他自己是不可能會的，還是要修學。就像這個道理，菩薩種了善本，善本夠了，修功德，功德也夠了，還是不可能有這個三昧，還得要修某一種三昧，那個三昧叫作「現一切色身三昧」，才能在遙遠的世界顯現出這八萬四千勝妙的大蓮華。所以 文殊菩薩問了這三個：「種何善本？修何功德？行何三昧？」要有三昧，具足了這三個條件，然後他才有能力在那麼遙遠的他方佛世界中，去變化出八萬四千個寶蓮花出來。

那麼 文殊菩薩不懂這個道理嗎？當然不可能不懂，因爲他是成佛之後倒駕慈航回來示現、來幫助 釋迦牟尼佛弘法的，當然懂。可是話說回來，我剛剛這麼講，也許有人心中又有了疑惑：「人家文殊本來成佛了，憑什麼要來幫你釋迦牟尼佛？有時還得配合演出被你釋迦牟尼佛責備的戲，豈有此

理？不是佛佛平等嗎？」一定有某一些人產生這個疑惑。但是諸位想一想，釋迦如來是古佛乘願再來示現，釋迦牟尼佛成佛以來多久了——無量無邊百千萬億那由他劫。這到底是多久了？所以，其實現在的十方佛世界中有許多佛都是 釋迦牟尼佛教導出來的，曾經是 釋迦牟尼佛的弟子。而且諸佛成佛以後並不是入涅槃永遠消滅，也不是印順法師講的偶然成佛，而是成佛以後繼續在十方世界不斷地受生，示現八相成道、利樂眾生永無窮盡！

還記得想要進入初地時，要在佛前發什麼願？（大眾回答：十無盡願。）正是十個無盡願——虛空有盡，我願無窮。就算虛空盡了，這十個願也還是無窮盡的。難道成佛以後就可以捨棄這十無盡願嗎？當然不行！所以 釋迦牟尼佛那麼早以前成佛之後，仍然繼續在度眾生，又度了好多人已經成佛了：有的人是一大無量數劫前成佛，有的在一百無量數劫前成佛，有的一萬億無量數劫之前成佛等。那麼這期間度了很多的人成佛，有的佛就是願意來護持祂呀！這有何不可？所以這也不奇怪。

現在言歸正傳，文殊師利當然知道要**「種何善本？修何功德？行何三昧？」**才能夠這樣變現，但是大眾絕大多數是不知道的。即使提出來問的是華德菩薩，他也還是不知道的，所以 文殊菩薩要爲大眾來請問。不是爲他自己，因爲他早就成佛了，有何不知呢？所以他就故意說：「願爲我等說是三昧名字，我等亦欲勤修行之。」當他站在大眾的立場向 世尊這樣請求以後，當然大眾就要依照他的話去作了。

假使有一位大菩薩幫你向 佛請問了這個道理，將來你種了善本、修了功德、行了此三昧，你也能夠這樣子作，像妙音菩薩這樣。那麼他這樣向 佛請問了以後，你是不是要依照他所問的去作？有沒有人說：「我才不！我爲什麼要聽你的？」有沒有？不會有那麼笨的人！那麼笨的人絕不可能留下來聽《法華經》啊！所以當他這麼說的時候，大家當然一致認同。那他就說：「我等亦欲勤修行之。」大家想：「連文殊菩薩都說要修行這個三昧了，我爲什麼不修？」這算不算聰明人？不算。你不能夠說「算」，因爲他對 文殊菩薩的瞭解顯然不夠。瞭解 文殊菩薩的人一定知道說：「菩薩大慈悲，這是爲我們而問的。」所以 文殊菩薩雖然說：「我等亦欲勤修行之。」其實是我們大家要努力精勤修行，而不是 文殊菩薩要修行。

文殊菩薩接著說：「只要用這個三昧來運作，行於此三昧之中，就能夠看見這位菩薩的色相究竟多麼莊嚴、究竟是多麼廣大、大到什麼程度。」能夠看見了，當然就可以看見他行來去止等等威儀。也許有人想說：「要見妙音菩薩有那麼難嗎？」譬如說：「假使有一隻螞蟻很想要見你，你知道了，然後你站到牠的前面，你看牠能不能看得見你？」一定看不見。因爲你站到牠前面的時候，不論怎麼樣靠近，牠都看不見；牠只會看見一面溫暖的大石壁，那個大石壁只是你腳拇趾的大拇趾前端。牠只看見這麼一面好大的石壁，而這石壁還是溫暖的，還會有一點搖動的感覺；這到底是什麼？牠並不知道。因爲牠的眼光就是那麼短呀！你如果想：不然，我就退後一點，免得擋住牠的視線；牠一樣看不見，因爲牠看不到那麼遠。

這樣比喻，諸位稍微可以瞭解一點。我說的是稍微，因爲我們人類的高度不超過一丈，那麼妙音菩薩有多高？四萬兩千由旬。一由旬大約四十華里，你的眼光無法看那樣遠，又怎麼看得見他？你最多看個一百公里好不好？就已經很模糊了，那妙音菩薩的身量是那麼廣大，你如何能看得見？老實說，他如果站在你面前，你也只看見他的大拇趾，就好像是一面好大的牆壁，往上看時，也還是看不清楚、看不盡、看不到大拇趾的整個全貌；那你要看他的全部身量時又如何能看清楚？所以沒有這個「現一切色身三昧」就看不見了。當然你可以說：「欸！我明心了，我從理上就看見他的色身威儀進止了。」理上是可以這麼說啦！可是你沒有事上的「現一切色身三昧」啊！畢竟無法看見他的全貌。所以他的色相如何？不能了知；他的身相大小如何？亦復不知；至於要談到他的行來去止等等四威儀，當然更不能知啊！所以 文殊菩薩所說一點點都沒有誇大。

這樣說完了，文殊菩薩又為大眾請命：「惟願世尊以神通力，彼菩薩來，令我得見。」文殊菩薩怎麼可能看不見？他如果要以佛身跟妙音菩薩相見，身量都遠高於妙音菩薩。但是他得要為大眾請命，不然來幫 釋迦牟尼佛弘法是幫什麼？就是要幫大家向 釋迦牟尼佛挖寶，所以這麼說，但言外之意是說這位菩薩威德力不可譬喻。大眾不要只看表相，要知道它的實質。

從另一方面來說，就好像水漲船高；這位威德巍巍的妙音菩薩不僅是不遠千里而來，而是過「東方百八萬億那由他恒河沙等諸佛世界」之外的佛土，要來這裡禮拜供養親近 釋迦牟尼佛。他的威德是那麼大，而他要來禮拜供養親近 釋迦牟尼佛；這時如果有體會到這一點，還會像某一些人來到法華會上，看見 佛陀的時候連點個頭都沒有，就直接坐下聽法，會不會這樣？再也不會了。所以有的人來了——恭恭敬敬禮佛三拜，右繞三匝，然後才坐下來聽法；有的人恭恭敬敬禮佛三拜以後坐下聽法，有的人來了禮佛一拜就坐下聽法，有的人是稽首、問訊坐下來聽法，有種種不一的情況。但最差的人就是來到法會現場看到了 佛陀時，連舉個手招呼一下都沒有，就直接坐下來聽法。從這一些不同的狀況，可以看出各人不同的層次，顯然這些人對佛的認知是有差異的。那麼由這裡來看，文殊菩薩竟然說：「**惟願世尊以神通力，彼菩薩來，令我得見。**」也就是說，那菩薩來了，需要 世尊用神通力來示現，才可以讓所有人都看得見，否則只有大神通的人看得見，其他的人可都看不見了。

那麼這個菩薩遠從東方世界那麼遠的地方，特地來禮拜供養親近 釋迦牟尼佛，並且還要來聽這一部《妙法蓮華經》，這在顯示什麼呢？這其實是顯示 釋迦牟尼佛威德儼然；這不是一般人所能想像的，也不是一般人只看表相時所能瞭解的。那樣遠來親近禮拜供養 釋迦牟尼佛，也是為了要聽 釋迦佛說這部《法華經》。那麼這樣看來，究竟「**此經**」該不該聽？「**此經**」

該不該講？「此經」該不該為人演說及繼續流通？當然需要啊！因為諸佛都講，而他方大菩薩也要來聽講，甚至於示現滅度的 多寶如來，也要每一尊佛講每一部《法華經》時都前往聽受。然後諸大菩薩為了要供養禮拜親近「此經」，從那麼遠、無法想像的遙遠的地方，示現大神通力要來聽受「此經」，可見「此經」很重要。

那麼「此經」之所以重要，其原因，諸位當然都知道：因為十方三世諸佛，古往今來一切萬法，一切三寶莫不從「此經」出。既然如此，當然要聽受「此經」。因為不單「此經」是如此，而且諸佛演說《法華經》時都會同樣表示：諸佛的一代時教即將要圓滿了。這是即將要圓滿時所講的經典，當然是最勝妙的。

就好像看球賽，幾十個隊伍一直比賽，比到最後剩下兩隊要爭冠亞軍，當然是最多人要看的最精彩比賽。就好像你們看到世俗人每晚都看連續劇，我把連續劇稱為「連續鋸」；很多人從一開始就每晚固定時間被綁在電視機前，所以我說連續劇還有一個外號叫作「連續鋸」，每晚都要鋸掉你一小時的時間。可是看連續劇的人最會注意的是：「什麼時候是最後一集？我一定不能錯過。」同樣的道理，《法華經》是一切經教的圓滿之說，連久已滅度的多寶如來都要來聽，而且是聽那麼久。祂座下的菩薩請求說可以回國了，結果多寶佛還是留下來繼續聽，可見「此經」的重要。

因爲「此經」不斷地衍生出來整個佛法的內涵，也不斷地在顯示出十方法界的佛教；不是單單娑婆世界有佛教，不是單單娑婆世界裡面的這一個小小太陽系中的小小地球才有佛教；更不是說這個娑婆世界中的人間才有佛教，天上就沒有。當你聽完善知識如實演說《法華經》以後，你的心量變得很大。所以聽完如實演述的《法華經》以後，你的心性應該要改變。再也不要小鼻子、小眼睛都只看眼前，因爲眼前只是這一世的一小部分，而這一世只是這一大劫裡面微不足道的很小很小一部分；而這一大劫只是你三大無數劫中的一個劫，正是三大無數劫中之一。那麼這樣瞭解了，依於「此經」修行時就不需要再斤斤計較了，心量就應該大了吧？

因此，以後如果遇到什麼不如意事，想一想：「菩薩道三大阿僧祇劫，那麼長遠；我這一世不過百年，而眼前這一年、一個月的利益，不過是百年中的一小部分；然而諸佛世界那麼廣大，時間那麼久遠，何必計較眼前？眼前吃了虧就沒關係了。」因爲人家佔了你的便宜，他佔了這個便宜以後，未來世需要加上本金的很多倍當作利息還給你，有什麼關係？這樣想通了，你就知道：一得一失，其實只是一體的兩面。只是說那個「得」的人，他要到未來世大「失」；而現在「失」的你，到未來世去你就大「得」，因爲是回來很多倍。這樣心量大了，便可以跟《法華經》相應了。

那麼 文殊菩薩爲我們大家這麼請示，其中帶有這一些意涵，是很多人讀《法華經》時所不能瞭解的。但是我們應該瞭解，不應該只從文字的表面、語音的表面去瞭解，否則失掉了多少寶貝，自己都還不知道啊！文殊菩薩這是爲沒有神通力的人，以及爲心量狹小而對 釋迦如來尚不具信的人所問的。那麼這樣問過以後，世尊怎麼開示呢：

經文：【爾時釋迦牟尼佛告文殊師利：「此久滅度多寶如來，當爲汝等而現其相。」時多寶佛告彼菩薩：「善男子！來！文殊師利法王子欲見汝身。」于時妙音菩薩於彼國沒，與八萬四千菩薩俱共發來。所經諸國，六種震動，皆悉雨於七寶蓮華，百千天樂不鼓自鳴。是菩薩目如廣大青蓮華葉，正使和合百千萬月，其面貌端正復過於此；身眞金色，無量百千功德莊嚴，威德熾盛，光明照曜，諸相具足，如那羅延堅固之身。入七寶臺，上昇虛空，去地七多羅樹，諸菩薩衆恭敬圍繞，而來詣此娑婆世界耆闍崛山。到已，下七寶臺，以價直百千瓔珞，持至釋迦牟尼佛所，頭面禮足，奉上瓔珞而白佛言：「世尊！淨華宿王智佛問訊：『世尊少病、少惱，起居輕利，安樂行不？四大調和不？世事可忍不？衆生易度不？無多貪欲、瞋恚、愚癡、嫉妒、慳慢不？無不孝父母、不敬沙門、邪見、不善心、不攝五情不？世尊！衆生能降伏諸魔怨不？久滅度多寶如來在七寶塔中，來聽法不？』又問訊：『多寶如來安隱、少惱，堪忍久住不？』世尊！我今欲見多寶佛身，惟願世尊，示我令見。」爾時釋迦牟尼佛語多寶佛：「是妙音菩薩欲得相見。」時多寶佛告妙音言：「善哉！善哉！汝能爲供養釋迦牟尼佛及聽《法華經》，并見文殊師利等，故來至此。」

語譯：【這時釋迦牟尼佛告訴文殊師利菩薩：「這位很久以來已經滅度的多寶如來，將會爲你們大衆而顯現出妙音菩薩的法相。」這時候多寶如來遠遠地告訴那位妙音菩薩說：「善男子！來呀！文殊師利法王子想要看見你啊！」這時妙音菩薩在淨華宿王智佛國消失了，就與八萬四千菩薩同時出發前來；而他們所經過的一切諸佛國度，突然就有六種的震動，也全部都從天上如雨一般降下了七寶蓮華，各個佛國中的百千天樂沒有人去鼓動，自己就開始鳴響了起來。這位妙音菩薩的眼睛猶如很廣大青蓮花的花瓣一樣，就算是把百千萬的明月和合起來，而妙音菩薩的面貌之端正更超過於百千萬滿月的和合；妙音菩薩的色身是眞實的黃金光明之色，具有無量百千的功德作爲莊嚴，而他的威德猶如猛火一般盛大，所以光明照耀而顯示他的三十二種大人相全都具足，而他的身根猶如那羅延堅固大力之身一樣。妙音菩薩來到娑婆世界就進入七寶蓮花臺中，然後上昇於虛空之中，距離地面有七棵多羅樹那麼高，他的身旁有諸菩薩眾恭敬於他、圍繞於他，而前來到了娑婆世界的靈鷲山。到達以後，他們走下了七寶臺，以價值百千的瓔珞，拿到釋迦牟尼佛的所在，以額頭來接觸釋迦牟尼佛的足下。然後禮拜完了，就奉上瓔珞而稟白釋迦牟尼佛說：「世尊！淨華宿王智佛向釋迦牟尼佛問訊：『世尊您是否少病、少惱？是否起居輕利？是否安樂於行？世尊四大是不是調和呢？而世間的各種雜事還可忍受嗎？眾生是否易度呢？而您所度的眾生是不是貪欲、瞋恚、愚癡、嫉妒、慳慢很少呢？這些眾生有沒有不孝父母、不敬沙門、具有邪見、不善心和不能攝受自己的五情呢？世尊！您度化的眾生能夠降伏魔怨嗎？而已經滅度很久的多寶如來在七寶塔中，有來聽您演說《法華經》的妙法嗎？』淨華宿王智佛又問訊說：『多寶如來是不是安隱、少惱，能夠堪忍於三界中而永久住世呢？』世尊！我如今想要親見多寶佛身，很希望世尊您顯示可以令我親見。」這時釋迦牟尼佛就向多寶如來說：「這位妙音菩薩想要與您相見。」這時多寶如來就告訴妙音菩薩說：「很好啊！很好啊！你能夠為了供養釋迦牟尼佛以及聽聞《法華經》，並且同時來見文殊師利等人，所以來到這個地方。」】

講義：在這一段經文中諸位學到什麼了？一定有東西可學啊！釋迦牟尼佛因為 文殊師利菩薩的請求，就這麼開示說：「你想要看見妙音菩薩並不是困難的事，在這裡，有已經滅度很久的多寶如來，將會應你的請求而顯現妙音菩薩無比莊嚴的身相。」但為什麼 釋迦如來不自己作？假使不是 釋迦如來而是一般人，就會開口說：「妙音菩薩！來啊！文殊菩薩想要見你。」但是這就是說，賓主之間有一個互敬的道理存在；多寶如來特地來聽 釋迦如來演說《法華經》，祂並不是自己不能宣講，但祂發了這個願親自來聽，而且聽了這麼久；即使徒弟都已請求可以回國了，祂都還繼續留下來聽；那麼這時候有因緣，可以來顯示 多寶如來的威德；釋迦如來就應該把這個機會讓出來，由 多寶如來來作這件事。

這是表面上的原因，可是背後早就知道這妙音菩薩來了，他以及他所依止的 淨華宿王智佛都同樣會同時提到 多寶如來；而他來了，一定也會同時想要禮拜恭敬 多寶如來。所以這時當然要請 多寶如來親自來作這件事情，而不是把祂晾在一邊。就好像說，有個很重要的賓客來幫忙你，他眞的很尊貴，不下於你；但你是主人，原則上當然是由你來作主；而現在有機會讓這個尊貴的賓客來攝受、來幫助提昇你的弟子們的知見與證量，這時你就應該讓出來啊！因爲你攝受自己的弟子，時間多的是，這最後一個機會當然要禮讓給這位貴賓。所以將來諸位演說《法華經》的時候，需要妙音菩薩來示現時，你得要請 多寶如來來作，不要自己直接就決定。雖然你是主人，總也得尊重貴賓啊！因爲這貴賓的身分地位不下於你！要學這一點。

釋迦如來這樣講過了，多寶如來就好作事了；如果你是 多寶如來，你可別開口說：「欸！釋迦如來！這事由我來作。」你得要等人家講過了，千萬不要搶功。因爲這本來就是你該作的事情，主人本來就會留給你的，所以好整以暇等待 釋迦如來說了，然後你才這麼作。多寶如來這時就告訴「東方百八萬億那由他恆河沙等」諸佛世界外的淨華宿王智佛國土裡的妙音菩薩，告訴他說：「善男子！來呀！這邊的文殊師利法王子想要見你了。」不曉得諸位有沒有讀過武俠小說？武俠小說裡有一門功夫叫作千里傳音，有沒有？現代的人說：「千里傳音距離太近了，我把電話拿起來直接撥到美國去，不只一千里啊！」可是古時沒有電話，他那一門功夫是可以在這裡講出來，一千里之外的朋友還聽得見，這眞是不簡單。可是你看看 多寶如來告訴妙音菩薩時，那個距離無法想像；因爲單單是我們這個娑婆世界，我們從最邊緣，通過這世界的中心點到達另一端的邊緣，以光的速度要跑十萬年。

可是這個娑婆世界跟另一個佛世界之間的距離，那又是百千倍以上的距離，可能是百倍、千倍、萬倍。那麼多的佛世界之外，到底是多遠？可是用你的「妙法蓮華經」的力量、依於你將來成佛時的佛地功德，可以直接告訴他；不必用無線電，也不用擴音器，因爲心念不受時空限制。如果你用無線電，那麼你講完了，妙音菩薩聽到時，這裡已經死過好幾十代人了。譬如說火星，據說科學家要傳個指令給火星上的探測器，當指令發出去以後，它要四分鐘才會收得到；火星距離我們這麼近，都還要四分鐘。無線電跟光速一樣快，如果你以無線電打到妙音菩薩那邊去，那需要多久才會到？

所以世間之法畢竟是世間之法，但若是依於「**妙法蓮華經**」這個第八識心來運作，祂卻是不受時間與空間限制的。所以 多寶如來這麼一說，妙音菩薩立刻聽見了；這時妙音菩薩就在那個國土消失了，跟他身邊隨從的八萬四千位菩薩一起出發，就往娑婆世界前來；而他所經過的各個佛世界，到底是有多少？他所經過的，不談面，光說這一條路的直線就好了，有「**百八萬億那由他恆河沙等**」的佛世界；他們所經過的每一個佛世界都有六種震動，就是東踊西沒，西踊東沒，南踊北沒，北踊南沒，中踊邊沒、邊踊中沒等六種震動，這是大地上的震動。然後同時從天空猶如下雨一般降下七寶蓮花，接著百種千種不同的天界才有的音樂，不必有天人去鼓動它，自己就開始鳴響起來。

這目的是作什麼呢？套一句現代話，這叫作宣傳。因為他所經過的地方故意造成這個現象，菩薩們看見這個瑞相，每一個佛世界當中的菩薩們，當然都要請問所依止的諸佛，一定要問說：「世尊！如今突然間爲什麼大地六種震動，天上降下了如雨般的七寶蓮花；而百種千種的樂器又沒有人去演奏，爲什麼就會演奏出音樂來？」那時諸佛如來當然要爲大家解說：「某某世界的某某佛國有某某菩薩，因爲娑婆世界釋迦如來在演說《法華經》，聽經的多寶如來，呼喚妙音菩薩前去禮敬、親近、供養演說《法華經》的釋迦牟尼佛。他現在經過了，所以有這些瑞相。」

於是凡所經過的這麼多佛世界，諸佛就藉此成就另一場佛事。菩薩就應當是這樣，凡有所作，無不利益有情。諸位想想看，這妙音菩薩功德大不大？你們應不應該證？（有人說：應該。）要大聲承擔起來說嘛！（此時導師大聲說：）「應該！」（大眾跟著大聲說：「應該！」）對嘛！就是要這樣講才對！因爲不但你們應該，我也應該啊！不是只有你們。而且這是求之不得，所以我就下個註腳說：「悲哀啊！修行這麼久了還沒辦法得到這個功德。」當然悲哀啊！可是迴心又想：「進了正覺同修會，已經有入處了，可喜可賀！」那麼這樣子想通了以後，當然應該叫作心嚮往之。

所以大眾都應該繼續努力，不必自卑，因爲妙音菩薩現在如是，但是過往無量劫前不也是跟我們現在一樣嗎？差別只是早修晚修的不同，最後都會像他一樣，而且還會成佛。所以我們瞭解這個情況，作爲將來自己所應該達到的某一個階段目標；那麼眼前所應該達到的階段目標就是先斷我見，然後就是證如來藏，再下來就是眼見佛性，要次第前進。那麼已經明心了，接著所要達到的目標就是入地，就是這麼簡單。那一些我們目前達不到的妙音菩薩境界，可以懸爲未來很多劫後的目標，把它掛得高高的沒關係；知道有個目標在那裡，但不是我們現在能達到，那我們就腳踏實地一個階梯又一個階梯繼續往前走，這就是我們應該要有的知見。

接著說，這位妙音菩薩的眼睛猶如很廣大的青蓮花瓣；爲什麼說很廣大？因爲他的身量有四萬兩千由旬，他的眼睛到底該有多大？諸位可以想想看了。不必依照他眞正的眼睛那麼大，你只要想想若是一由旬就好；如果眼睛有四十華里那麼寬，你看得出來那是眼睛嗎？何況他的身量所應有的眼睛大小一定遠不止這個數目，所以叫作「廣大」。而他眼睛的顏色猶如「青蓮華葉」，舉個例說，假使你們看見某一個電影明星，演出一部片子來，片中剛好有特寫鏡頭，你看到他的眼球布滿了紅色，你會覺得他的眼睛好看嗎？不好看。如果那個特寫鏡頭拉出來，他眼睛那個瞳孔以外，都是帶有淡淡的藍色，你應該有第一個判斷說：「他睡眠足夠，身體很好，而且他還年輕。」假使他一百歲了，縱然睡眠夠了，照樣是布滿了紅絲啊！所以妙音菩薩的眼睛不會如廣大紅蓮花葉，一定是如青蓮花葉；看起來很有朝氣，那你對他的感覺就不一樣了，這是第一個印象。

接著說到他的面貌，就算是把百千萬個滿月的明月和合起來，都還不及他那樣的莊嚴。因爲妙音菩薩的面貌極爲端正，遠遠超過百千萬個滿月明月的和合。這裡說的是「百千萬月」，可不是百千萬日。百千萬月和合起來，依舊是讓你覺得清涼自在；如果百千萬「日」，你可受不了，因爲熱燄逼人，一切都會被焚燒了，那是要用來對付破壞佛法的外道才用的。妙音菩薩來這裡，當然是要幫助 釋迦如來攝受大眾；所以面貌，正好有一句現成的話說：面如滿月。有一句說：佛面猶如淨滿月，或者說淨明月。有沒有？那是雕刻佛像的人必須要知道的。有時則說「菩薩雞子臉」，雞子就是雞蛋；菩薩的臉不能雕刻成圓形，要有一點點橢圓，因爲滿月之相是諸佛的通相。所以如果你成佛了來示現為菩薩時，得要示現菩薩的臉樣。那麼為何他的面貌猶如清淨的滿月一樣？這也是一個示現。釋迦如來特地挑選他來示現，所以往東方放光那麼遠去照耀他，讓他知道要呼喚他前來。也是要他從東方前來，這也是特地為大眾示現的。

接著說他的色身，猶如「眞金之色」；也就是說，藉由他的「青蓮莊嚴目」，以及猶如淨滿月的莊嚴相貌，來顯示他的功德圓滿和智慧圓滿。接著還要顯現色身之相，他的色身之相是猶如眞正黃金的顏色。眞正的黃金跟鍍金還是有差別的；鍍金會使你看起來覺得有一點假，可是眞正的黃金，用瑪瑙去把它推過而發亮以後，那感覺跟鍍金是不同的，那才能叫作「眞金之色」。然後他的色身有「無量百千功德莊嚴」；我們前面說過「百福莊嚴臂」，可是菩薩三大阿僧祇劫修行的過程中，就像成就佛地的「百福莊嚴臂」時，每一件善事都要修百福；差異是菩薩以一世又一世的色身修行清淨法的時候，也有十種十行，所以色身一樣也有百福，不單是手臂。這樣子一世又一世修百福之行，所以到達了即將成佛之時，妙音菩薩「身眞金色」，自然就有「無量百千功德莊嚴」；因為他色身的十種十行並不是只有一世一劫修行，所以具有「無量百千功德莊嚴」，這樣的色身當然「威德熾盛」。

因爲在天法界以及諸佛淨土法界之中，一切菩薩、一切有情的威德之所從來，不是因爲現在的身分地位是什麼，而是從他的福德來顯示出超異於常人的威德。那麼妙音菩薩既然修學到這個地步，當然威德非常熾盛！那威德熾盛顯示出來的一個現象，就是眾生遇見他的時候會有的感受。當威德很熾盛時，所有眾生遇見了他，一方面都會想要親近他，可是親近他以後卻又不敢放肆，因爲威嚴特重。假使你們定中遇見 佛陀示現慰諭，或者你夢見 佛陀示現來勸慰你、開示於你，你一定會很歡喜，好想一直親近，可是又不敢放肆。這是一個很複雜的心境，如果你曾經遇見過一次，就會永誌不忘了。

世間人有時說：「唉呀！你的恩德我是永誌不忘的。」其實沒幾年就忘了。可是你見 佛以後一定會永遠記得，那個情境不管經過多久，都是歷歷在目，絕不可能遺忘的！如果哪一天你夢見哪一尊佛來了，跟你開示什麼法，而且對你好親熱，所以你還會對他開玩笑，我就說：「你見鬼了！」（大眾笑…）那一定是鬼神，因爲他沒有威德。那你就可以檢查一下：「這所謂的某某佛來爲我說的法，到底對不對？」一定會有紕漏，一定是處處過失。

這就是「威德熾盛」的道理。若是天法界，因為都有報得的五通，誰也瞞不了誰，福德大的人就一定會有很強烈的威德。但因為菩薩是有很深重的慈悲心，所以菩薩不會冷眼看人，更不會橫眼看人，總是「青目睹人」；可是雖然如此，眾弟子們對於菩薩卻不敢造次，因為菩薩本身有那個威德存在。諸佛的威德當然更重了，而妙音菩薩是已經即將成佛了，所以「威德熾盛」也就可想而知。

他的身相還有光明不斷地照耀著，而且他具足了大人相。這個大人相不是一定要到等覺、妙覺位才有，在因地隨著大家所修的福德，就會漸漸地增長、漸漸地顯現。譬如佛世的難陀比丘是 世尊的弟弟，他有三十種大人相，所以他的手也是很長，幾乎就像 佛陀一樣。只是他的大人相不圓滿，但是表面上看來是一樣的。他有三十種大人相，而他又喜歡模仿 佛陀穿的衣服，所以當他從遠處行來，好多阿羅漢們剛一見都誤以為是 世尊來了，紛紛都站起來，等到他走近差不多一半距離的時候，大家仔細看清楚了，才知道原來是難陀比丘！於是大家又紛紛坐下。因為他學著 佛陀穿衣，佛陀穿衣時袖子寬廣，就像海青這樣。

你們有看過誰穿著僧衣像海青這樣的？有沒有？有？怎麼都搖頭？就是有啊！臺灣南部有一位法師就這麼穿的呀！那就是在仿效 佛陀的著衣，那其實是違戒的。因爲兩千五百多年前，有許多阿羅漢們受不了難陀比丘這種有心無意的騷擾；這眞的叫作「騷擾」，因爲明明不是 佛陀，但他遠遠走來時，大家都得放下手裡的事情趕快站起身來；不論正在討論什麼事情、說什麼法，也只好暫停了等候著，這眞的叫作騷擾。所以好多阿羅漢們就去向 佛陀稟告，說難陀比丘違越其分；於是 佛陀就規定：「難陀啊！你以後不許像我這樣子穿衣了。」於是規定比丘們應該如何穿僧服，佛陀穿的這種規格，比丘們不應該穿。那時難陀比丘才改過來，以後就不再誤會了。

所以南部那位大法師，你們看他那個袖子那麼大；他穿的是平常的僧服，並不是上座講經時穿海青，要穿那麼大的袖子幹什麼？（大眾笑…）對啊！眞的有過失呀！那其實是僭越之舉，不應該模仿 佛陀著衣。因爲以自己現在的層次來說，都還在凡夫位中，連三賢位中的六住位，他都還不夠，那可是大損福德之事。博得世間大好名聲，欺騙了世間無智之人，可是臘月三十之後呢？只能說四個字——自作……（有些人接話說「自受」），那兩個字是你們講的。但有智慧的人要小心避免。

所以往昔我出家的時候，凡是人家供養我僧服，不管多好的布料、多好的僧服，我都先供佛；供了佛以後就送到 克勤和尚方丈室裡去，看他要賞賜給誰，都沒有我的事。不過每一次發下來，總會留給我一領，我其實穿不了那麼多，就發給師兄弟，看誰是讓人看不順眼的，就送他。如果有人破了僧服，就先送他。但是作人得要讓人看得順眼，因爲如果連我都看不順眼的人，鐵定別人也都看他不順眼，他一定沒得穿；那我若不送他，他就只好永遠穿破衣了。所以，這一種福德的修集其實是日常之中就應該作的。

但是去學習 佛陀穿衣的方式，只能夠炫耀於一時，猶如一個窮鄉僻壤的土人村長，學著國王、學著皇帝臨朝或出遊所穿的衣物，都是大損福德之事。那我們應該有智慧去判別，對於別人大損福德的事情，我們自己不必去學習，可也不必去評論他。我這是在教導諸位道理，不是要評論他人。如果我要評論，我就指名道姓一一評論；那你們聽了當然心中已經知道是誰，也不必去評論，評論了也是損福德。不論人家作了什麼業，他將來自己去挑著，而我們不必因爲他作了業就加以評論而跟著損福，有智慧的人應作如是觀。

接著說妙音菩薩「如那羅延堅固之身」；那羅延是大千世界之主。千世界，譬如我們這個太陽系就是一個小世界，一千個太陽系就叫作「千世界」，也就是一個小千世界。那麼大千世界之主，在三界中是哪一天的地位呢？是四禪天的天主。他既然是大千世界之主，也是這一個處所—就是這個大千世界—之中最大的天王，以下一切諸天都歸他管。再上去已經是無色界了，無色界沒有色身所以沒有天主。因此有色之身就是四禪天爲最究竟的地步，那麼四禪天的天主之身當然是最堅固身；因爲再上去是無色界了，無人可以壞他——三界一切有情無人可以毀壞他，除非是大力菩薩等，因此他就叫作「堅固之身」。

「那羅延堅固之身」就是說大自在天主的堅固之身，然而這只是一個形容。那麼也許諸位對「那羅延堅固之身」不太有概念，我們就來看補充資料。我特地列印出來，在《集一切福德三昧經》卷上，有談到「那羅延之力」，我唸給諸位聽：「十魔王力等半那羅延力、十半那羅延力等一那羅延力、十那羅延力等一大那羅延力、十大那羅延力等一百劫修行菩薩力、十百劫修行菩薩力等一千劫修行菩薩力、十千劫修行菩薩力等一萬劫修行菩薩力、十萬劫修行菩薩力等一十萬劫修行菩薩力、十十萬劫修行菩薩力等一百萬劫修行菩薩力、十百萬劫修行菩薩力等一千萬劫修行菩薩力」乃至於「十萬千千萬劫修行菩薩力等一無生法忍菩薩力、十得無生法忍菩薩力等一十地菩薩力、十十地菩薩力等一後身菩薩力。是故，目連！菩薩成就如是力故，生便即能行於七步。」

現在諸位想一想，諸佛的威德力是什麼？還敢再說：「如來開悟成佛是悟這個心，我也悟這個心，所以我現在跟如來一樣了。」敢再這麼說嗎？也就是說，福德之所從來，不單單是在世間行善上面而得，也要因爲禪定的功德，以及三昧——也就是實相三昧上的功德而顯示出來。即使是修過很多劫，例如「十萬千千萬劫修行菩薩力」，也才等於一個無生法忍菩薩之力。所以得無生法忍菩薩之力是很偉大的，然而凡夫眾生完全不知不覺。假使你現在已經證得初地無生法忍，我告訴你，你遇見了凡夫眾生，他們還是當你一個十足凡夫；假使看你不順眼，甚至於會羞辱於你，因爲這裡是人間，而且是五濁惡世的凡夫眾生之中。可是你一旦到了四王天，可就大大不同了，因爲大家都有天眼，一看到你就恭敬到不得了。

那你是不是應該嘗試著說：「那我入地了，不如下一世生到四王天去。」好不好？爲什麼不好？諸位眞有智慧。所以我每週講到口乾舌燥，還眞的沒有白花力氣！講了這句話，才又想起來口乾，得要喝一口水了。這表示諸位眞的有學進心裡面去，不羨慕世間人所看重的表相。所以菩薩遊戲人間是有層次差別的，如果是八地菩薩遊戲人間，那很寫意，雖然也很辛苦，但不至於覺得屈辱。可是你如果在三地滿心前遊戲人間，是要給五濁惡世的眾生欺負、踐踏、辱罵，甚至於還得挨告。

諸位看到我們網站上貼出來的執行傳票沒？那可是要執行的。那沒關係，我就接受了，然後繼續好好地利樂眾生；而這些事情本來就是遊戲人間時，所應該接受的啊！所以能罰款就罰款，不能罰款時就進去裡面修定，那也不錯，因爲我修定的機會不多了。所以我還曾經打了妄想說：「也許我進去裡面靜坐，收穫會更大。」可是被老師們勸阻了，因爲諸位就必須一個月四週跟著我休息了。一定會想念我吧？（大眾回答：會！）有人這麼跟我講，那我就捨不下了！本來我還想說：「我就不要繳罰款，進去裡面打坐，可以休息一個月。」可是老師們這麼一講，也還是不忍心，所以只好答應說：「算了！把罰款繳了也就算了！」所以決定繳罰款。

也就是說，諸位要有心理準備，將來你如果是在五濁惡世裡行道，一世又一世在五濁惡世中利樂有情時，要準備像你伸手去救那落水狗時一樣——會被牠咬。你得要被牠咬著，把牠拉上岸而且放了牠，牠才會在心中感謝你。但牠當時是會咬你的，因爲牠不相信你是好意要救牠，你要有這個心理準備。所以你被眾生羞辱、被眾生告、被判刑，乃至被眾生殺了，你要能接受。當然應該盡量避免，但是有時疏忽了，或是避免不掉了，被殺就被殺，被告就被告了。那時你要想著說：「下一世他就得救了。」要這樣想。因爲他捨壽前終究會知道，原來你是在救他，這就是三地未滿心的菩薩遊戲人間。

當你還沒有超過三地滿心以前，或者還沒有超過五地滿心以前，就是這樣遊戲人間的。所以不要把菩薩的遊戲當成小孩子在玩耍一樣，菩薩遊戲人間是這樣辛苦來玩的，就是把一世又一世的五蘊拿來這樣玩。還眞的是玩，正因爲這樣玩，你才可以快速圓滿三地滿心位，然後快速成就佛道，否則你成就佛道得要很慢。雖然說無生法忍菩薩的這個「那羅延力」是這麼厲害，可是那只在天界有用，因爲人間五濁凡夫的肉眼都看不見你的威德；那你不能夠以瞋心來應對五濁眾生，因爲老實說，你得無生法忍的時候，對那一種人你也不會起瞋，只是對他覺得悲哀而已，那麼這樣子修行才會快。

也許有人想：「眞是這樣的嗎？」那不然，我就告訴你們一個佛教史中的典故好了：《楞伽經》裡面有授記龍樹菩薩將來會受持這個法，當他捨報後往生極樂國。還記得嗎？啊？不記得？唉呀！《楞伽經詳解》你們也好好讀嘛！可是大家卻只看到經文的表面說：「唉呀！龍樹菩薩眞是不得了，經中授記他。佛陀講經時也預記他一千年後示現在人間，然後會往生極樂國，眞是不得了。」但是要請諸位來看看眞相：龍樹菩薩的弟子提婆菩薩，他不去極樂國，經中也沒有預記他。提婆菩薩的證量是超過龍樹菩薩的，有一天龍樹菩薩說：「我這個《中論》寫的倒也還好，假使我用六識論來解釋《中論》，你看如何？」提婆說：「師父啊！你如果用六識論解釋你的《中論》，我當場就把你破了。」

因此，師徒兩人就當作遊戲一樣，龍樹就用六識論來解釋他自己的《中論》，提婆就一首偈又一首偈把他破盡。可是提婆在經中有沒有被預記？有沒有？並沒有。在《法華經》中他是被預記了，卻是佛世的名字，不是後世叫作提婆的名字。喔？時間到了。可是後世的正法卻得要他來住持，才能延續下來，那麼諸位想一想，他們師徒誰會先成佛？（大眾答：提婆！）喔！諸位想通這一點了！所以看經典時不能只看表面，要瞭解它背後的意思。但這是不容易瞭解的。好！這個「那羅延力」就先講到這裡。

上週《妙法蓮華經》講妙音菩薩如「那羅延堅固之身」，那麼上週最後是說到「十萬千千千萬劫修行菩薩」的威德堅固力，相等於一個無生法忍菩薩的威德力。接著說十位已得無生法忍菩薩的威德力，相等於一位十地菩薩的威德力；接著說，十位十地菩薩的威德力才夠等於一位最後身菩薩的威德力。所以這威德力的堅固並不是像一般人所想像的那樣。也就是說，往往一個階位就差很多；譬如說十地菩薩，十地菩薩的威德智慧之力量，其實就是所有菩薩修行完成的威德力，因爲他是菩薩的究竟位。

所以有人可能想到說：「爲什麼不提等覺菩薩？」因爲等覺位是專修福德，而無生法忍、種種禪定變化等等，在十地滿心時已經圓滿了。等覺位純修福德，所謂「百劫修相好」；爲了完成「大人相」和「隨形好」，用整整百劫的時間、隨時隨地捨身捨財，修無量福德。但是菩薩的無生法忍智慧等，是在十地滿心就已經完成了，所以不必提到等覺菩薩；要提的是等覺位到了最後成爲妙覺菩薩——也就是一生補處菩薩時，即將成佛了；像這樣的最後身菩薩威德力，等於十位十地菩薩合起來的威德力。由於這個緣故，最後身菩薩在人間示現降生時，才一生下來就能行於七步，一手指天、一手指地說：「**天上天下唯我獨尊。**」也就是說，一切有情之類，祂是最尊貴的，沒有人可以和祂相提並論，因爲祂即將成佛了。

那麼諸位想：像這樣「**猶如那羅延**」一樣的威德力，絕對是無比堅固，而妙音菩薩正是這樣的妙覺菩薩。也許有人想：「**是不是十位妙覺菩薩的威德力可以相等於如來？**」不免有人會這樣想，但是不可能，因爲那境界無法想像啊！有一次菩薩們一直請求 佛陀演述佛地的境界，世尊最後說：「**我就略說一、二吧！**」然後說明諸佛都有十地，那個「地」就是「境界」的意思，是說諸佛都有十種境界；世尊才說明了其中的第一種，大家已經聽得無法想像了，接著再示現第二種境界，大家根本就看不見，當然聽不懂，就別說諸地菩薩了，連妙覺都無法看見。因爲大家都看不見，再講解也沒意義，所以就不講了。

諸佛的境界，饒你一千位、一萬位、一百萬位的妙覺菩薩也無法想像。能夠最清楚表顯出來的一個境界，就是心所法：諸佛如來的八識心王一一心與心所法都可以獨立運作、利樂有情。單這一點就無法想像了。因爲咱們都要八識心王和合運作，否則就別說利樂有情了；醒過來生活時若是少了一識，可都不知道如何過了。不但如此，諸佛如來的第八識無垢識，可以和五個別境心所法相應，也可以和十一個善心所法相應，這叫妙覺菩薩怎麼想也想不通，無法去想像那個境界。所以別說十位妙覺菩薩，一千位、一萬位、百萬位的妙覺菩薩也都無法想像。因此我們就不需要去理解它，只要知道這兩個差異就夠了。至於佛地那十種境界，妙覺菩薩連第一種都聽不懂了，我們來聽它有意義嗎？而且，佛只示現第二種境界，大家就完全看不見，所以世尊就不再講下去，只能罷講。所以你要問我說有哪十種？我也講不出來，因爲我也沒聽過，妙覺菩薩也沒聽過啊。

那麼接著就延續到一句世間人對佛教批評的話來，上回我有說那一句話，可是我記不起來那個文字。後來有人告訴我，他們說：「**世間好話佛說盡，天下名山僧佔多。**」他們對佛的境界不理解，因此才這麼說。是說你們這些佛弟子們對佛的讚歎有些過分啦，所有天下可以讚歎的好話，都被你們全部拿去讚佛了，那世間人能用什麼來讚歎？但那只是因爲他們對佛的境界不理解，才會講出這種愚癡的話來。

他們對佛的境界完全無法理解，偏又往往自認爲已經理解。單單說一個證初果或證阿羅漢果的境界，他們就無法理解了，就別想說要瞭解開悟明心的境界。那開悟明心的人又無法想像見性的境界，見性者又無法想像入地隨順佛性的境界，乃至於九地不知十地，十地不知妙覺；而所有妙覺菩薩全都不知佛地境界。那咱們把所有天下一切好話拿來讚佛，又有何過失呢？所以都無過失。那些世間人就是對 佛陀完全無知，才會罵來罵去說：「佛爭一爐香，所以我要跟你爭一口氣。」那就像世俗吃葷的人說的：「拿狗屎在比香腸。」眞是不倫不類。

由這裡來看 佛的境界不可思議，可是如果從我們人間的境界來看，妙音菩薩的境界也是不可思議；因爲即使你修到三地、五地了，還是無法想像他的境界；何況那一些剛剛進入眞見道位，或者是對於明心智慧都不懂的凡夫俗子，又怎能理解諸佛的境界？當然一樣是不懂妙音菩薩的境界。那麼像這樣的境界，是永遠不會退轉於佛菩提道的。像妙音菩薩的境界，早已完成了「念不退」的境界，所以他在佛菩提道上的堅固法身是不會有任何缺陷的。

就如同世間人，那羅延是大千世界主，世間凡夫位的諸天天主，沒有誰能夠去毀壞他；同樣的道理，像妙音菩薩這個境界的法身慧命無比堅固，所以說他猶如世間「那羅延堅固之身」一樣。一個三千大千世界是由四禪天的天主所統率，在凡夫位中他最珍貴，所以無人可以損傷他，就稱爲「那羅延堅固之身」；那麼修到了妙覺位時的法身慧命以及色身，就好像世間人看待大千世界主的四禪天天主堅固身一樣，所以稱妙音菩薩的境界是猶如「那羅延堅固之身」。

接著說，妙音菩薩由淨華宿王智佛那邊出發來到娑婆世界，現在已經到達了，所經過的一切佛土，都是六種震動，降下了七寶蓮華，並且還有許多的天樂不鼓自鳴；這是他藉這個機會來作一場佛事。然後現在已經到娑婆世界來，接著就進入七寶臺，隨從他的八萬四千菩薩各各都坐上他所化現的七寶臺蓮花中；坐好了之後上昇於虛空中，距離地面七棵多羅樹的高度。多羅樹可以長到五、六層樓高，七棵多羅樹等於幾樓高？七五三十五，如果一棵是六層樓高，就是四十二層樓高，這麼高讓你上去坐好不好？一般人坐上去就想：「危險！」可是不必這樣想，就好像說，設身處地把自己當作是一隻鳥時，站在最高的樹梢上也不會覺得危險，因爲牠自己的能力可以隨意地飛上飛下，所以沒有問題。

那麼上昇於虛空那麼高的地方，八萬四千位隨從他前來的菩薩們，恭敬圍繞著妙音菩薩，然後一起靠近靈鷲山；當他們到達靈鷲山的時候，就從七寶蓮花上面下來。接著妙音菩薩以價值百千兩金的瓔珞，捧到釋迦牟尼佛的所在，接著行頭面接足禮，然後奉上瓔珞，供養釋迦牟尼佛，隨即向佛稟白說：「世尊！淨華宿王智佛問訊世尊您，是不是少病、少惱、起居輕利、安樂行呢？四大是不是調和呢？世間的事情是不是可以忍受啊？您這裡的眾生容易度嗎？」

我們先說這幾句。諸佛凡是有弟子去到他方佛世界，進謁另一個世界的佛，一定要這樣問訊。假使你現在有能力，因爲很遙遠的佛世界某一尊佛要你過去，那麼你現在要過去了，得要跟這個世界的本師佛稟報；本師佛當然會交代你一些事，但是問訊的內容佛不會具足告訴你，你自己當然懂。去到那邊可不能夠說：「弟子我某某某，問訊世尊您如何如何。」自己本師世尊竟然都沒提起，那麼那一尊佛就會說：「你是哪來的野狐？」因爲不論你去到哪一個佛世界，一定要說明你的本師世尊吩咐你，大約要如何問候召喚你去朝禮的那一位他方世界的世尊。這是常例，但是你的本師世尊不必要一一詳細吩咐你，你自己就要懂得怎麼作。

所以一定要說自己國度的世尊託付自己來問訊所面見的這一位世尊，因爲釋迦如來所化度的世界，正好是五濁惡世的人間，來覲謁時就要問訊說：「**我的本師世尊交代我向世尊您問訊，少病、少惱、起居輕利不？安樂行不？**」這是因爲在這個五濁世界成佛，有時也是會生病的，因此問訊說：「**希望您少病，不要常常得病。**」所以哪一天你如果在這一種人間成佛，一個身邊的弟子出外辦事，他若被感染了流行感冒回來，不久你也會跟著流行感冒。在人間就是會有病，如果在欲界天弘法可就不會有病。

談到病，《維摩詰經》不是說「**眾生病，是故我病**」？以前大師們都解釋說：「**因爲他太慈悲了，眾生都有心病、身病，所以他就示現有心病、身病，都因爲太慈悲。**」到底對不對？要看你怎麼解釋。他們的意思是說：妙覺菩薩是不會生病的，是因爲要表現跟眾生一樣，所以故意示現跟眾生一樣會生病。其實不然，慈悲是真的，但生病卻不是因爲慈悲眾生而去跟著眾生有病。妙覺菩薩有那麼笨嗎？妙覺菩薩有那麼愚癡嗎？

是因爲大慈大悲！本來可以在欲界天、色界天安住弘法，不必下來人間的；在那天上絕對不會生病，但是因爲大慈大悲，憐憫人間的人們，所以來人間受生而取得人類這個身體；就因爲人類的身體會生病，所以他也跟著生病，維摩詰大士是這個意思而說「眾生病，是故我病」。並不是說妙覺菩薩來人間時可以不必生病，卻故意要生病；他故意生病，對眾生會有利益嗎？如果他生一場病可以使眾生都不病，猶如有密宗喇嘛妄語說：「我把眾生的病氣都吸收過來，我一個人病就好。」那他這一場病就有意義；可是他病了以後眾生還繼續病著啊，那他的病有何意義？既然可以不病就不要病嘛！（大眾笑…）所以他們全都是妄想而作了大妄語欺騙眾生。

佛菩薩說的意思要瞭解，因此不可以說：「眾生有貪故我貪，我可以不貪，但是因爲眾生有貪，所以我也來示現我很貪，因此每一次來法會時，你們大家都要供養我很多錢才行，我貪是因爲大家貪。」（大眾爆笑…）對啊！

他們解釋的道理就是這樣的同一個邏輯呀！但其實不是，是因為眾生需要他來，所以他來了；可是這樣的眾生色身會生病，因此他就同樣也會有病。眾生會老，他就會老；眾生會死，所以他也會死。並不是說他生在人間可以不病、不老、不死，由於眾生這樣、他就跟著這樣。這個意思要弄清楚。

那麼既然知道要來恭敬供養禮拜的 釋迦牟尼佛所化度的人間是有病的，你就不能夠說：「問訊世尊您永遠無病。」那是不切實際的問訊。人家會說：「你這位大菩薩是不懂娑婆世界的狀況嗎？太無知了吧？」反而讓人恥笑。只能問訊說「少病」，不要像眾生常常生病。這樣問訊，是最基本的問訊內容。

接著說「少惱」，爲什麼會有惱？因爲這裡是五濁惡世，求飲食不是很容易，求世間安身之資糧器材等等也不容易；而且帶領大眾共同修行也會有很多事端，所以會有非常多的煩惱。接著一天到晚有外道在毀謗，也是煩惱；雖然心中並無煩惱，但從事相來看也得應對眾生來惱亂，也算是煩惱。所以說：「希望世尊您度眾時的煩惱少一點。」這是從五濁惡世的事相上來問候。世尊當然沒煩惱，可是事相上會有很多煩惱呀！假使你們證初果又開悟明心以後，可以讀讀《四分律》或者《摩訶僧祇律》，你們讀的時候一定會為世尊叫屈：「佛是人天至尊啊！竟然一天到晚在處理僧團這些比丘們，幾乎是每天都會發生各種問題。」但比丘尼們就沒問題嗎？也是一大堆啊！

世尊並不是一開始就制定聲聞戒的全部，一開始只有一個很簡單的戒，就是：「諸惡莫作，眾善奉行；自淨其意，是諸佛教。」只有這個精神當作戒律而沒有戒相，可是後來僧團中的事情多了，漸漸地因事制戒。只有菩薩戒是大乘法一開始弘揚時就全部制立，但這也不是世尊自己如是制立，而是諸佛都這樣制立。但聲聞戒是因事漸制的：當某一個比丘出了什麼問題，就處理他的問題，把他找來問，又是什麼人看見的，也要找來講清楚，然後就施設一個聲聞戒。

但你們可能不知道，有的比丘可不是聽到立一個戒就完全遵守的；譬如阿羅漢優陀夷，在他還沒有成為阿羅漢以前，套一句不好聽的話叫作「為非亂作」，他總是想盡辦法要去投機取巧；所以光是為了他，世尊在邪淫戒上制定了非常多的細節，使他不得不安住其心才能證果；世尊眞的好辛苦啊！好在他後來也成為阿羅漢了。你們看看聲聞戒中的那些戒，每一個戒可能是經歷過很多次以後，才定案下來就這樣制立。比丘兩百五十多戒，比丘尼還要加上九十八個規定，總共三百四十八個戒，絕大部分都是 世尊親自處理的，你說煩不煩哪？換了你，一定說：「煩！度這些弟子幹嘛！」但 世尊就是這麼有耐心。世尊在處理這一些事情的過程中，從表面上看起來是不是有煩惱？事相看來是有煩惱，所以菩薩要「問訊世尊少惱」。

事相上還有別的，有時鬧飢荒，僧眾托鉢不易，因爲天不下雨，縱使居士們有錢供養，可是買不到米，錢換不了米又能怎麼辦？所以也要作很多的處理。有一次因爲托鉢很困難，甚至於連富樓那都要背地裡吃牛糞騙肚子，所以 世尊就開始指派：某某人去某一國弘法，某某人去某一國弘法；指派到最後有一個地方沒指派，富樓那尊者自告奮勇說：「我去那裡。」世尊說：「那裡的人心地很不好，可能會罵你。」他說：「沒關係！他們罵，就讓他們罵，不管什麼條件我都願意去。」世尊說：「他們可能會打你。」「也沒有關係。」「可能會殺你喔。」「也沒有關係，都可以。」他就去了，結果度了不少人。後來僧眾那麼多，爲了托鉢困難而必須指派弟子們去各地度眾，當然也叫作「惱」。當然你成佛以後，在五濁惡世時弘法，這一類的惱是很多的，何況還有不肖弟子，例如善星比丘、六群比丘等。所以妙音菩薩來了，要代替　淨華宿王智佛向　世尊作這個「少惱」的問候。

接著要問訊「**起居輕利**」。也就是說：人身會老，不像妙音菩薩他們那種國土沒有「老」之可言；可是我們這個國土的人身很容易老，那麼老了以後背有一點彎，腰有一點瘦；走路也慢了，是因爲筋骨僵硬了，行動也就不輕利，起居就很麻煩了。所以我們這個年紀就很喜歡說：「**如果能夠有現在這個智慧，而身體依舊是四十年前那樣利索，該多好！**」可是現在有這個智慧，身體卻不能像四十年前一樣；如果硬要叫我選擇，我寧可選擇現在；老就老嘛！智慧才重要啊！叫我回去四十年前沒智慧而身體強壯，我才不要呢！我寧可老而有智慧，我不知道你們年輕小夥子怎麼想？

所以娑婆世界的人會老，但我今年算不錯了；去年真的筋骨僵硬，講經後下座禮佛時都開始覺得困難；後來漸漸調理，再把高血壓的藥給停了，長時間每週去調理，現在覺得還蠻不錯的，大約還可以再幹三十年（大眾拍手…）（編案：此是二〇一三年四月十六日所說）；去年講經下來禮佛三拜時，膝蓋不好彎，腰也不好彎，都不曉得什麼原因？思索著：爲什麼這兩年老得這麼快呀？

後來看到高血壓的藥袋子，如今終於有列出副作用了，我一看：哇！其中的副作用，我身上就有三樣。不管怎麼樣，把它停了再說，然後就開始調理。欸！如今步伐比以前輕快很多，回到八、九年前的步伐，很不錯了。可是最後能「輕利」多久？也是屈指可數呢，十年、二十年、三十年，一個手掌五根指頭都沒辦法用盡。所以說，我們娑婆世界的人跟天法界裡的諸佛淨土有情是不一樣的；那麼《法華經》宣講的時候 世尊年紀已經很大了，妙音菩薩當然知道這一點；因爲有一切種智的菩薩都會知道這一點，不必親自來看就能知道。所以他代替 淨華宿王智如來問訊 世尊：「起居輕利不？」

人活到九十幾歲時，起居是怎麼回事呢？早上四、五點鐘就睡不著覺，想要起床時又不能去呼喚兒子、孫子，因爲他們睡得正熟，只好自己摸索著慢慢撐起來，這就是老人的起居。穿好衣服走到客廳坐了下來，待會兒要起來幹點什麼事，得要攀著桌子爬起來，想要直接站起來都不容易；這時得要用手去桌子上撐著，慢慢地爬起來，這叫作老人起居不輕利。晚上睡不著覺，中午去睡個午覺吧，偏又睡不著，只好坐著打盹，也是眞的不輕利。所以妙音菩薩一定要問訊 世尊是否「起居輕利」。

接著要問訊：「安樂行不？」人老了，往往要彎腰駝背拄杖而行。不曉得你們有沒有看過，有的老人家，他那腰就是彎的，直不起來，那他的個子就矮了半截；不是見了高官貴人才矮了半截，而是他的腰已經彎了，變成L字形——倒L字形；像他這樣行走的時候，當然不會是安樂行。可是娑婆世界很老的人，即使腰沒有彎，也得要拄著手杖緩步而行。想想以前當兵的時候，吹起衝鋒號，就從那個小山丘下面衝到山頂去，還帶著蠻重的武器；可是我如今在平地跑步，不必跑多遠，只要跑一百米就夠了，還不到八十米時就老是想：不要跑了、不要跑了！爲什麼呢？喘噓噓地，胸膛都撐不過來，眞的是老。

只有老人才知道什麼叫作青春，年輕人其實不是眞的知道什麼叫青春，但他們會自以爲知道。等到他七老八十了，才會知道：「**原來我現在才懂得什麼叫作青春。**」不幸的是，每一個年輕人都要老了以後才會眞正懂得青春，所以他們對青春是不珍惜的。因此說，「**安樂行**」在眞正上年紀的人之中並不容易。可是在天界就沒這回事，不管欲界天、色界天人，全都沒這回事；因爲他們全都有神足通，沒有所謂修得、非修得的問題；因爲生來就有神足通，一念就到，當然不需要策杖而行，所有天人再怎麼老都一樣。所以只有對取得人身的人間佛菩薩，才需要問訊：「安樂行不？」

接著要問訊：「四大調和不？」人漸漸有年紀以後四大開始不調，最初可以看見的是什麼時候？就是四十幾歲以後喉嚨開始有痰了，所以有時唸經文，我就想：「張老師也有年紀了。」因為她現在開始有痰了，（大眾笑⋯）以前她從來不會這樣。我前些時家裡因為不得不裝潢了，中秋時清理一些東西，看見以前在石城禪三的照片；還有以前辦元宵燈會的照片，看到張老師這麼年輕呢！她的旁邊還有一位是誰呢？是高老師，當時高老師也是好年輕呢！但是你看他，現在也是白頭髮了；眞的好快！二十年一晃就過去，大家都已到四大不調的時候了。

所以四大不調和，跟生病是不一樣的；生病是感受風寒或者被病菌感染，但四大不調和是因為有年紀就會產生的現象，並不是生病。可是由於體質漸漸變寒或者體質變得越來越燥熱等，有時候根本不是體質的改變，有時只是五臟六腑開始老化，因此就必須要保養了。譬如中藥有個「六味丸」，眞是保養品；六味丸再依寒燥不同的體質，加上相異的另兩味藥，就變成八味丸，這在民間是老人家很常用的保養品。我剛開始弘法時，還不到五十歲，有人送我六味丸，說是吃了對身體會有多好，我就開始吃；吃了過一、兩週以後就不吃了，因為沒感覺。為什麼沒感覺？因為當時身體還好。

就好像汽油添加劑加進去以後，車子引擎會變成多麼好；但若是一部兩百萬元買的新車，你再怎麼加也不會變得更好，因為它的功能本來就圓滿，並沒有損壞；再怎麼加進去，也不會變得更好。如果開上二十年，引擎功能變很差了，這時來添加就有效了。所以我近年吃六味丸就有功效了，這時當然就知道真是開始老了。但這樣講，也叫作倚老賣老。也就是說，這是屬於四大不調，是有年紀以後必然會發生的現象；這跟生病無關，只是老化。但是人類的色身必然會有這個狀況，世尊既然憐憫我們人類，特地來這裡示現而受生，當然會取得跟我們一樣的人身機能，也就伴隨著必然而有的老化，導致四大不調的情況，當然得要這樣的問訊：「四大調和不？」

還要問訊：「世事可忍不？」也就是問：在世間相的事是否順心？既然以人身在人間住持正法，就不可能離開人間的各種世間事；例如你們有很多人其實是乘願再來，都是再來人；而那些密宗外道等喇嘛，他們是不是再來人？也是啊！你怎麼可以搖頭？因爲他們是凡夫輪迴，一定要再來人間啊！不過他們是叫作凡夫輪迴而來——也叫作再來人。那麼他們吃了豬肉、狗肉，未來世當了豬、狗時，就得被叫作再來豬、再來狗。對呀！死後要一世一世當豬，每一世都要當很久，當狗也一樣。

他們與你們的差別，只在於你死後可以生到欲界天、色界天去，但是你不願意去，因爲你希望正法在人間久住，想要繼續生來人間護持正法，所以過去世悟了可以生到欲界天去，卻不想去；由於這個願力，特地生到人間來，那你就是乘願再來的人。雖然未離胎昧，無妨乘願再來。既然你乘願再來取得人身，就一定有世間人的身分；雖然你是菩薩，但你同時也會是人家的兒子或女兒，同時也會是人家的兄弟姊妹，同時也會是人家的親戚，也會是人家的學生乃至後來成爲別人的父母、祖父母以及老師；甚至於弘揚佛法當了人家的老師或師父，這也是必然的。

但是這樣一來，活在人間就會有許多世間事了。當你乘願再來取得人身之後，你可以不理會當兵的事嗎？你照樣要當兵啊！然而你去當兵時，人家不會說你是菩薩所以什麼事情都不讓你作，你只要作菩薩就好。沒這回事！

軍隊裡面沒有一個職位叫作菩薩，（大眾笑…）所以你去當兵時當然照樣要作工，一樣要出操，當大家在操場上被士官操練時，你一樣要被操練。又譬如妳們女眾生在這個人間，長大該結婚了，妳不可以說：「**我是菩薩呢！你們要奉侍我，所有家事都要幫我作。我不作家事，我只作菩薩。**」不能這樣的。

同樣的道理，佛陀示現在人間八相成道而成佛了，但同時也是人的身分啊；既然也有人的身分，就會有許多世間事的煩惱。所以 世尊成佛以後，耶輸陀羅一天到晚設法想要使 世尊回到她身邊，這一些世間事都因爲這個人身而有，但是不能不理。所以後來，假使淨飯王有事情邀請 世尊進宮，身爲人子雖然已是 世尊，也得找個時間進宮度度父王啊！世事是非常多的，特別是成佛以後，一天到晚都有眾生來找 世尊；所以你們看那《阿含經》中的記載，除了人類突然這個人來、突然那個人來以外，到了晚上可就換天人來求法，有時連睡覺都沒得睡。有時連著很多天，今天某某天王來，明天某某天王來，也許四大天王輪著來。

四大天王來見過了，也許忉利天釋提桓因來，最後釋提桓因又率領四大天王再來一次，這樣不就連著六天了？你如果成佛了，可別說：「**你們不要來吵我睡覺。」所以世事眞的很多。天人來拜見的還算是比較少，人間的有情來的可多了。所以在人間成佛眞的很辛苦，以妙音菩薩的智慧當然知道這一點，所以要代替 淨華宿王智如來問訊 世尊說：「世事可忍不？」

接著問訊：「眾生易度不？」成佛最重要的是度眾生，可是眾生好不好度？在天界就好度，在人間可眞的不好度。如果不想度這一種五濁惡世的眾生，那你就要學 彌勒菩薩那樣，就發願：「我要在人壽八萬四千歲的時候來成佛。」那時的眾生都很好度，爲什麼好度呢？因爲前面的佛先幫你度了大部分；釋迦牟尼佛先度了眾生，一代一代傳下去，末法時期過了，大家往生到 彌勒菩薩的內院去，跟隨著他修學；然後他要下來人間成佛時，大家就陸陸續續先來人間等著收穫。所以龍華三會將近三百億人成阿羅漢，這些阿羅漢們當然包括諸位在內，你們都會在龍華三會中的第一會就成爲阿羅漢，都是因爲 釋迦牟尼佛的教化。

那時眞是世事可忍、四大調和、安樂行；在那種時候問訊如來時，就不必問到這麼辛苦，因爲那時的眾生也容易度。諸位想一想：人類如果能夠活上一萬歲，他的人生歷練以及世間法的智慧一定很好；如果他是很容易發脾氣的人，一定活不了一萬歲，可能五百歲、可能一千歲、也可能二千歲時就被殺掉了，都是因爲一時不忍就被殺掉了。能活上一萬歲的人，一定身上所有的稜稜角角全部都磨光了，身心都變圓滑了。所以當他可以活到八萬四千歲的時候，一定很有智慧了，就很容易判定這是不是眞正的善知識，一聞法就會知道這一定是佛。

所以彌勒菩薩世間法上圓滿具足之後出家，今天晚上出家，明天早上就成佛了，不必六年苦行，眾生都會信。那時眾生容易度，現在的眾生很難度。我們演述的佛法這麼多又這麼勝妙，不是很少，而且不是很粗淺，可是也才不過釣到諸位成爲實義菩薩；臺灣佛教徒號稱一千多萬人，我們的會員才幾千人，加上學員還不超過一萬人；再加上大家的眷屬呢，保證不超過三萬人，那麼你想，五濁惡世的人類容不容易度？眞的不容易啊！爲什麼不容易呢？因爲這個年代的人只有百歲，智慧不高，對於眞善知識、假善知識，大家都分不清楚，沒有能力來簡擇。

因此，以前還有一個密宗外道質疑我說：「人家世尊是修六年苦行才成佛，那才叫作開悟。你蕭平實也說你開悟了，你有沒有修過六年苦行？」他

不知道的是　世尊這麼示現以後，接著把六年苦行丟掉，明著說修苦行不能使人成佛，所以要修「不苦不樂行」，要用智慧成佛而不是靠苦行成佛。如果不必智慧，專修苦行就可以成佛，那些牛都該成佛了。所以他們連質疑時，都不懂得該怎麼質疑，於是就亂質疑。這證明我們這樣的五濁惡世人類智慧是很差的，所以我常常說：「不管是多麼荒唐的假佛法，都會有人信。」所以連密宗那種雙身法的騙人財色的假佛法，都會有許多人相信，因為人間就是這樣啊。

所以有一些人一直抱怨說：「唉呀！人間怎麼騙子那麼多！宗教騙子也是一樣多。」有的人還覺得無法想像說：「那麼容易看破的宗教騙術，也會有人上當！」就是有啊！最荒唐、最持久的騙術，就是修雙身法可以成佛，這也有人信啊！而且是有很多人相信！我們把道理都告訴他們了，他們依舊相信修雙身法可以成佛，所以說這就是五濁惡世的愚癡人。因此在這個人間度眾生是很困難的，當然妙音菩薩知道這一點，他也是從因地修行到妙覺位的，什麼樣的世界沒待過？當然早就知道了！所以代替　淨華宿王智如來問訊　世尊說：「眾生易度不？」

如果他方世界來個菩薩問我蕭平實說：「眾生難度！」還眞的難度！這麼勝妙的法，我又講出了這麼多的層次、這麼廣的範圍，結果還是只度了諸位這麼幾人。我們正覺弘法已經二十來年了，往世度了幾萬人，還沒有全部回來，如今還要繼續努力才行；因爲我們如今在臺灣也只不過度了幾千人眞修佛法，但我們往世有幾萬人是眞正修學佛法而不只是信仰的層次，接著就是要繼續努力把他們找回來。所以人間眾生不易度，妙音菩薩當然要這樣問訊。

接著又繼續問訊說：「無多貪欲、瞋恚、愚癡、嫉妒、慳慢不？無不孝父母、不敬沙門、邪見、不善心、不攝五情不？」這裡的眾生很難脫離三界境界，所以在這一段問訊之中先作一個總問訊，接著就要問訊這裡的眾生了。就是說：「這裡的眾生是不是貪欲、瞋恚、愚癡很少呢？」貪欲、瞋恚與愚癡其實就是代表三界；欲界以貪爲主，同時有瞋恚與愚癡；色界以瞋恚爲主，同時也有愚癡；無色界離貪離瞋，但是有愚癡。所以貪欲、瞋恚、愚癡就是三界的境界。那麼欲界兼有三種，色界有兩種，無色界只剩下愚癡，爲什麼呢？因爲能夠遠離貪欲才能到達色界的境界；在人間貪著於財、色、名、食、睡，欲界天的貪著比人間輕微，次第而上就越來越輕微；到了色界天的時候，就沒有財、色、名、食、睡的貪著。

也許有人想說：「眞的嗎？眞的嗎？」確實是眞的。到了色界天，你若是說：「**我要賺大錢。**」請問你要去哪裡賺錢？色界天沒有錢可賺，因爲色界天人既不吃飯，就不必買菜，也不必炒菜，賺錢要買什麼？色界天的衣服自然而有，不必去買，你要賣也沒有人願意跟你買。你都不必去賺錢，衣著自然有，也都各自住於自己的宮殿裡；是因爲你修得禪定的福德，所以你自己就有宮殿；你在色界天中，不論去到哪裡，宮殿就去到哪裡，宮殿既是你的住家，也是你的交通工具。所以在色界天去拜訪朋友之後，不必說：「**我要回家了。**」因爲你的宮殿跟隨著你，就是你的家跟隨著你，那你還需要回哪個家？所以你不必賺錢買房子來供給食、衣、住、行。

有錢人說：「**我要買飛機，交通方便。**」在色界天中全都不用，當你要去哪裡時，在宮殿裡坐著就直接飛過去；所以你不必賺錢，自然不用貪財。意思是說，貪人間錢財的人就無法往生去色界天，因爲心性不相應。在色界天不可能像你在欲界人間說：「**我要討個好老婆，要年輕漂亮，要健康而且**

溫柔又有才氣。」不然就說：「我要嫁個好老公，必須是白馬王子，年輕英俊、健康又溫柔體貼。」在色界天中，你什麼都別想，因爲色界天人全都是中性身，你去哪裡討老婆？又去哪裡嫁好老公？也就不必貪色了。

貪名也用不著，名聲是用來籠罩別人的；但在色界天中，各人的身光、智慧光、定光，大家一眼看到可都知道了，全都好像透明人一樣，瞞不了別人的。色界天人大家都有天眼，一看就知道：誰的層次高、誰的層次低，所以也不必求名。財、色、名，剛剛講過了，至於食，你在色界天中又沒有五臟六腑，舌只用來講話，不能嚐味，要吃什麼食物？縱使有人用大神通把欲界的食物送到色界天給你，你也沒辦法吃，因爲你沒有五臟六腑呀！欲界的食物其實也送不上色界天的，因爲太粗糙而太重了，無法去色界天中存在。那裡既沒有食物，你想要吃什麼？那又何必貪吃。至於會不會餓死呢？永遠不會啦！那裡的人不會餓，只會覺得身體衰弱，越來越衰弱；身體衰弱的時候該怎麼辦？趕快去打坐再增強定力。定力增長後，身體又很健康了，所以叫作「禪悅爲食」，所以對欲界中的吃，也就不必貪了。

「睡覺」，色界天人需不需要睡覺？他們不需要睡覺。人類一定要睡覺來維持生命，而色界天人就是以打坐來維生；因爲他們的生命是靠定力而生存的，他們弘法利生或者過日子生活，不是靠飲食來維持身體，也不必靠睡覺來修復身體，而是依定力來生存的。所以財、色、名、食、睡等五欲，去到色界天中根本都不存在了，當然那裡就沒有貪欲。有貪欲就無法發起初禪，更不要說二、三、四禪，所以有貪欲的人不可能生到色界天去。那麼生到那裡去就表示已經沒有貪欲，剩下瞋恚和愚癡。

愚癡是通三界的，人間有貪欲也有瞋恚、愚癡。「愚癡」最主要是指什麼呢，就是錯認覺知心自我是眞正不壞的自內我，這就是愚癡。這種愚癡，在人間也有，並且是最重的愚癡。到了色界天時，不再認人間這個覺知心爲自我，改認色界天中那個與定境相應的覺知心爲自我，所以色界天人還是有愚癡。色界天人還有一個瞋恚的問題，可是瞋恚最重的是人間；欲界天人一樣有瞋恚，色界天人也有，但已經沒有貪欲了，所以說瞋恚是色界的境界，因爲從重立名。

人間最重的是貪欲，所以叫作欲界；貪欲是每天都在貪的，賺錢，求名聲，求好吃的食物味道……等，是每天都在貪的。至於生氣，就不是每天時時生氣。當你賺錢時，是時時刻刻在爲賺錢而努力，但你生氣時會是時時刻刻都在生氣嗎？沒有嘛！所以在人間最重的是貪，就叫作欲界。離開了貪欲，進入色界時就剩下瞋恚以及愚癡；那麼漸漸往上修行，定力越來越好，於是瞋恚心越來越少；若是連色身都不要了，只剩下受想行識這個「名」時，當然就不可能有瞋恚了。人之所以會起瞋恚心，往往是因爲有色之身，所以對別人起瞋。那麼色界天人還是有色界天身，所以與別的天人之間假使有什麼不如意的時候，也是會起瞋的；所以起瞋是因爲有色身，以色身和身中的覺知心當作眞實我，因此而有人相、眾生相、壽者相，才會對別人起瞋。

如果把瞋降伏了——把色界愛降伏了，證得四空定，這時他的心是以四空定中的心作爲眞實我；他也很清楚自己捨壽以後會往生到無色界天去，那時連天身都不存在了，還有什麼事情、還有誰可以被你生氣的？那時要跟誰生氣？要跟誰不如意？都沒了，所以他的瞋也就不現行了。瞋消失了，剩下的就是「愚癡」啊！把定中的覺知心當作是涅槃的境界，這就是標準的癡。可是這種癡，其實在人間也存在，只是人間的癡還加上色界的癡、加上欲界天的癡，所以貪、瞋、癡就代表三界境界。

那麼妙音菩薩先作一個總問訊說：「世尊！您這個世界的眾生們貪欲、瞋恚、愚癡這些三界煩惱是不是很多呢？」也就是說：「希望您這裡所度的眾生，貪欲、瞋恚、愚癡是比較少的。」可是畢竟是人間，因此人間的境界中免不了遇到嫉妒、慳慢；嫉妒心重的人，慳心、慢心重的人都來不了同修會；所以如果來到正覺同修會，縱使還有嫉妒心，也不會很大了；縱使還有慳、還有慢，也都不大了。如果還有慢，他也去不了禪三道場；假使有什麼特殊因緣給他去了，他也一定無法破參；縱使去二十次，依舊無法破參。

所以有的人有慢心，去一次以後，監香老師告訴他：「你這個就是慢，你像這樣下去，永遠都無法破參。」爲什麼呢？因爲慢是因於我見，慢也是因於「戒禁取見」，慢也是因爲「見取」，被這些東西綁住時他還能夠破參嗎？因爲那個境界跟如來藏的境界完全顛倒，怎麼可能破參？他很聰明，一年、兩年、三年努力把慢修除了，親教師建議可以錄取他了，因此錄取了他去，這一回就過關了。你看這個慢障礙很厲害吧？眞的很厲害！

那麼「慳」是欲界中很常見的現象，慳嚴重的人不會學佛的；他縱使想要修道也是會去修聲聞道，跟佛菩提道不相應。爲什麼呢？因爲聲聞道中弘法者不會要求他廣修六度，所以他能夠學得下去。假使那個道場的法主，有一天想想：「這個聲聞道不究竟，我要改修佛菩提道，我的弟子們也要跟我這樣走。」於是他開始講六度了，今天講布施，說要努力布施修集福德，大家一聽就開始懷疑了，那表情就有一點怪，下一週上課時就剩下一半；他把布施講得越多，學人就越少。但因爲菩薩修行的首要就是必須廣修福德呀！既然修菩薩道，當然要講這個法門；可是他才一講，下一堂課一看，人怎麼疏疏落落地跑掉了一半？因爲大部分是聲聞人，多數人是有慳心的。

但菩薩的心性可就不同，朋友來借錢，事情很緊急；菩薩身上沒錢，怎麼辦？因爲這個菩薩有可能是個月光族，不到一個月終了就沒錢用了。那麼他身上沒錢時怎麼辦？他去找另一位朋友借，再轉借給這位朋友。也許借出去以後，就是肉包子打狗，歇後語叫作「有去無回」，他也願意借，這就是菩薩。然後自己再慢慢存錢去還。可是聲聞人，門兒都沒有；也許基於憐憫心，他口袋裡有多少錢就全部給了朋友；但是若要他去幫你借錢，不可能。他不會有布施的想法跟習慣，沒有那個習性。

所以這一種人如果來到正覺同修會，他半年後就會走人了；因爲半年後正式開講六度時，第一度就是布施；聽到布施時，他不自覺地把口袋按緊了；也許他沒動作，但他心裡的口袋早就開始在縫了，這就是慳。慳心重的人，不可能修菩薩道；願意布施給眾生的人是無慳心的人，才有可能修菩薩道。所以慳與慢是障礙佛菩提道最主要的因素，不幸的是，在人間慳與慢是很普遍存在的。

我記得年輕時，有一次去士林地政事務所辦事情，有一個年輕人，他可能是對什麼人都瞧不起；我遞了個案子進去，他也來遞案子，當時他需要補寫一個字，但原子筆一時寫不出字來，他怎麼辦呢？他把筆移到我的案件上去畫圈，畫到有筆跡了，再回去他的案件上寫字；（大眾笑…）當時我想：「世間怎麼會有這種人？」我直接反應就說：「老兄！你怎麼這樣子作呢？」我說：「你畫圈時應該是找一張便條來塗，不然就把自己的案件翻過來在背面塗一下也行，怎麼塗到人家的案件正面呢？」記得當時他還想要與我吵架，旁人可就看不下去了。

他那個表情就是一副瞧不起人的模樣，覺得自己很能賺錢，誰也瞧不在眼裡。我心裡面是覺得很好笑，因爲我在那個年代正在賺錢，一個月賺十幾萬元；那是三十幾年前快四十年前的事了；那時我也算是高收入，但從來不敢瞧不起人。後來專心學佛了，不想賺錢就提前退休了。但是那時我覺得說：「這個人也眞是可憐。」因爲我對衣著很隨便，絕對不買名牌；所以當時一件襯衫若是要賣一千多塊、九百塊錢的，我絕對不買；我都是去買三槍牌的，記得好像還有一個洋房牌，那時他們有製作襯衫。好像勤益也有作襯衫，我都是買這一種公眾類的牌子，進口衫絕對不買。而且我一件襯衫要穿五、六年，大約都舊了，那世間人就是只看表相，所以瞧不起人。

這一種慢的情形是很普遍存在的，那我現在說：假使我當時告訴他說，我一個月收入有多少錢，他一定會馬上嫉妒起來，但不會尊重我，而我也懶得跟這種人說明。因此說，慢心是五濁惡世中很正常的狀況。可是嫉妒，這個狀況在聲聞道中比較不會存在，在佛菩提道中卻比較會存在；因爲佛菩提道不是求滅盡，而是求實證，所以有的人就會開始有一些嫉妒。譬如有的人想：「**我接引他進來同修會中學法，我都還沒有破參，怎麼他已經破參了？沒道理欸！這個人！哼！**」他不好意思再說什麼，就這麼「哼」了一聲。他想：「**如果我再說下去，有可能成爲謗賢聖，因爲他證悟了，我還沒有悟，**

不能講他壞話。」否則他一定會講一堆壞話，這就是嫉妒啊！實際上這個嫉妒是不應該有的惡心所，因爲各人有各人的前因後果，焉知人家往世不是比他早很多劫就開始修學了？這一世看來似乎是學得晚，但同時還要看往世、往劫啊！所以修學佛法的時候，嫉妒心是障礙自己最嚴重的一個惡法，因爲必然會使自己的道業無法推展。不幸的是「貪欲、瞋恚、愚癡、嫉妒、慳慢」，這五種惡心所，在五濁惡世是很普遍存在的現象。

那麼五濁惡世還會有別的現象，除了問訊上面的事項以後，還要繼續問訊：「無不孝父母、不敬沙門、邪見、不善心、不攝五情不？」這是說：「希望世尊您所度這一些眾生，沒有不孝父母、不敬沙門、邪見、不善心以及放逸。」不孝父母也很常見，有的人心中一定會想：「怎麼可能？修學佛法的人，心地都很好，怎麼會不孝順父母？」但我跟諸位報告，我們早期所度的人，已經悟後好幾年了，有的是對父母不孝，有的是對翁姑不孝。她的先生如果想要多一點錢供養翁姑——就是供養給她的公公婆婆，譬如這個月多賺一點錢，想供養多一點，她就大發脾氣。可是這樣的行爲，是一個佛弟子應該有的嗎？當然不應該有。所以這個人離開同修會很久了，已經十幾年了，因爲最後一定是跟這個法的最重要精神不能相應。

像這樣的人，她一定有很強烈的私心，以自我爲中心，所以對公公婆婆不孝順。有的人對自己的父母也不怎麼孝順，卻說他學佛學得多好，我也是不信。且不說別人，我有一個兄弟就是這樣，對父親不孝順，那他學佛能學好嗎？當然學不好。唉！所以最後是抱恨而終。已經沒有生存的……不叫作勇氣啦，就是沒有生存的欲望。他一定會氣死，爲什麼會氣死呢？「這個最小的弟弟是很笨的，從小不懂得跟人家計較，在學校時功課也讀不好，一天到晚都拿東西送給朋友。這個弟弟是從小被我這樣敲腦袋敲大的，是最笨的一個。可是這個最笨的弟弟，沒想到長大以後在人間混得成功，竟然賺錢比我多；都沒有在家裡分到一絲一毫財產，還能賺得比我多！」這眞的是……只能說眞是、眞是、眞是氣死人！眞的很生氣嘛！

還有許多事情，就不談它。最後年紀大了，學佛前，他好喜歡釣魚，我就勸他不要再去釣；後來死的時候……唉！不說他了。然後說，我叫他學佛，不要再去釣魚了。他也好，開始學，「沒想到這個很笨的弟弟，才幾年就說開悟了！我連經典都還讀不懂，這個好笨的弟弟竟然說他開悟了；我比他聰明好幾倍，我的國文也不會輸給他啊！可是看這個笨弟弟，一本書又一本書寫出來，我又無法推翻他，你說氣不氣人？」眞的氣啊！所以最後我認定他是失去生存的意志，慢慢凋零的。細節也就不談了，說起來可就傷感情啦！

連他捨報後，我去看他的時候，臨別時我想要偷偷指導他開悟，希望他在中陰境界可以開悟，但我想要指導他的因緣都不存在。因爲我想要告辭了，他兒子的道場有很多人來幫他助唸，我在那裡沒用處，臨別時我靠過去在他耳朵旁邊想要跟他開示，連這樣都沒機會；因爲他女兒出家了，不知她在想什麼，見狀就趕快湊過來，可能以爲我要罵這個死去的哥哥，那我就只好講門面話說：「你放心去極樂世界吧！這邊不好過，你去那邊比較好，什麼都不用牽掛，趕快去吧！」就只好這樣講幾句告別的話，我就走了，連爲他作最後開示的機會都沒有。

如果他女兒不湊過來，讓我慢慢跟他講解，至少他在中陰境界還是可以斷我見的；開悟明心可就不敢說了，至少斷我見是可以的。結果呢，連這個機會都沒有，那你說他的福德好不好？至於他的福德不好，原因是什麼？最主要的是不孝父母。他對我那個沒錢的老爸就是這樣子呀！我老爸直到死前都很氣他。可是這種情形，佛弟子都會有；那你說世間人呢？那可多了！然而這畢竟是五濁惡世的正常現象，所以妙音菩薩要這樣問訊　世尊，說這裡的眾生：「無不孝父母不？」

接著問訊「不敬沙門」的事，這也是正常的呀！你看，例如社會上的人，看見比丘尼走過去了，背後就說：「啊！那裡還有一個尼姑啦！」（閩南語）為什麼要叫作尼姑？為什麼不尊稱為比丘尼？表示他們對沙門——對修行人不恭敬。對修行人不恭敬，當然有其原因，但不能夠一竹竿打翻一船人呀！今天只能講到這裡，時間到了。

禪三圓滿了，現在大概是體力差了，我如今還覺得累。這回禪三兩個梯次，破參的人數有增加，這也是隨順我們正法弘傳的需要而因應之，但不可能每一位都過關。就好像錄取禪三時，不可能每一位都錄取，一定會有遺珠。聽說有些人有一點在抱怨說：「我沒有錄取禪三，一定是我的親教師對我評語不好。」其實不必抱怨，因為禪三的審核不是只有親教師一位，在親教師的審核之外，還有六個組在審核。例如行政組、教學組、編譯組、福田組、推廣組、香積組，共有六個組都在審核，最後再由我作一個綜合的審核。所以不是親教師推薦了，你就一定會被錄取；因爲還有六個組一樣在審核，最後還有我這裡的審核。

但也不是說親教師說你這個人應該要刷掉，就一定會被刷掉，因爲最後決定時，我還要再看各組的審核以及親教師的審核狀況，作一個綜合的判斷。當然每一個人的照片，我也要端詳一下；如果讓我產生了不好的直覺，那就肯定不會錄取，因爲大約過去世曾經壞法或者有什麼不好的事情發生過，導致我那時的直覺是不好的。所以錄取與否，都不要怪誰。去怪親教師，是一個錯誤的觀念；因爲親教師的評語一定是持平的，不偏頗的。假使有的人從進入第一節課開始，一直到禪三前結束爲止，從來都不小參，親教師也無從瞭解他，那麼親教師要怎麼樣給他作評語呢？只好在五個欄目中，全部都寫不知；不論是定力、慧力、福德、性障、知見，全部都寫上「不知」。親教師都全部寫上不知的結果，一定是建議落選的。

這是必然的，因爲你都不來跟親教師親近、請法，你的情況親教師都不知道呀！那又怎麼樣幫你推薦呢？只好老實說「不知道」。既然都不知道他的情況，當然就不能推薦錄取。如果有哪位親教師，在定力、福德、慧力、知見等等各欄全都寫不知，卻勾在錄取的位置，我一定要找他來問：「你爲什麼這樣勾呢？」對不對？因爲你都不知道，憑什麼推舉他？所以都不去跟親教師小參，卻希望親教師一定會錄取他，眞的別想啦！那麼有時候在錄取和不錄取之間，最後決定時，我會去看親教師到底是要錄取他，還是不錄取他，或者是備取；審核到最後時，總是會在最後剩下二、三十位同修，介於錄取跟不錄取之間，那時我就看他的親教師怎麼寫了。

所以都不用去抱怨親教師，因此抱怨是沒用的；這是因爲總共有六組在審核，親教師是其一，再加上親教師審核之後，還要由我來作最後的綜合決定。那我也沒有辦法昧著良心說，每一組的審核都很好，我卻故意把他刷掉，那也不可能啊！所以有的時候親教師寫備取，我還是把他錄取了；有的時候甚至於親教師寫的是落選，因爲他從來都沒小參，親教師完全不知道他的狀況，當然要建議落選；但他卻是一個默默奉獻或勤作義工的人，所以我看看各組的審核情況之後，還是得要把他錄取，所以說情況有很多種，不是一定不變的。所以沒被錄取時，都不要怪誰，因爲這個審核總共有八個關卡，不是單獨一個誰能決定的。

即使是我最後決定，也不能夠閉著眼睛不看各組的審核、不看親教師的審核，就直接錄取或者直接刷掉，不可能這樣的。因爲如果是這樣的話，我禪三也別辦了，因爲你們去了一定會是錯誤的認知，我當時傳的一定會是錯誤的法——大家都沒有轉依眞如。轉依眞如的人，一定要看情況來綜合判斷：各組的審核情形如何？親教師的審核情形如何？這些審核的狀況，我還是得向諸位作一個說明，以後希望不要再聽到有人在抱怨說：「**我們親教師都不喜歡我，所以都把我寫得很壞，我才會不錄取。**」焉知親教師不是把他寫得很好，把他推薦錄取？問題是各組的審核不好，他也沒辦法上山去打三呀！所以千萬都不要去怪誰。

回到《妙法蓮華經》來，上週一八七頁講到第八行：「**無不孝父母、不敬沙門、邪見、不善心、不攝五情不？**」那我們上週針對「不敬沙門」才說了一點點，時間就到了。「**不敬沙門**」，要先談談什麼是「**沙門**」；如果不瞭解「**沙門**」，就來講「**不敬沙門**」，就會有一點不切實際。譬如有一種外道，他們自稱能夠把五家之法一以貫之，因此自稱是一貫道；但結果是連一家之法都沒有貫通，有什麼資格宣稱是一貫道？而他們那一些點傳師們常常在指責佛教說：「唉呀！地獄門前僧道多，你看佛門僧人犯戒的是一大堆，各個都不好好持戒。」講一大堆廢話！

我說他們講的都是廢話，爲什麼我要這樣說呢？因爲人家是持戒而有時候不小心犯了，他們一貫道卻是從來不持戒，當然他們沒有戒可犯。根據菩薩戒的戒經《菩薩瓔珞本業經》說：「**有犯名菩薩，無犯名外道。**」有持戒而不小心違犯的就是菩薩，因爲在三大阿僧祇劫的行道過程中，哪有可能不犯戒的？當你在路上走路，難道你每踩一步都要仔細看有沒有踩到螞蟻嗎？那你不小心踩上了可就是犯殺戒了，這是很正常的事；佛門之中的出家人，畢竟大多數是凡夫；凡夫菩薩而去要求他們完全不犯戒，那是不可能的事，叫作緣木求魚啊！

所以說，沒有菩薩戒可犯的一貫道是外道。眞正的菩薩一定會受戒，即使往世已經有戒體，此世一定也會尋找因緣再去受一次戒，菩薩一定會這樣子作的。所以不受菩薩戒的人就是外道，這個道理大家要先弄清楚。因爲他們從來不受戒，當然他們也就無戒可犯；連受戒都不肯的人，就不應該來批評佛門出家人犯戒的事情。人家至少受持了聲聞戒、菩薩戒，只是不小心犯了；他們卻是連受戒都不敢，卻來批評人家，他們根本就沒資格評論佛門僧寶。這個道理大家也要先瞭解，接下來才能夠談到什麼叫作「沙門」。

所謂沙門，先要依據《阿含經》中世尊的說法來講。往往有外道來向佛陀論義挑戰說，他們是眞實出家，說他們早已證得沙門果。也就是宣稱他們早就證得出家果了。世尊就說：「你們的境界是什麼樣的境界，」就依著各個外道不同的境界，幫他們點出來，然後說：「你們的境界其實是三界中流轉生死的境界，你們並沒有『沙門法』，也沒有『沙門果』。」那麼世尊說的沙門果，在《阿含經》中說的沙門果當然是聲聞解脫道的果位，就是四向四果，這叫作沙門果。

換句話說，至少要能證得初果向或者初果，才可以說他有最基本的沙門果。這意思就是說，對於出三界的法已經有所實證，才能叫作沙門。因爲初果—至少要初果向—才能說是沙門果，既然沙門果說的至少是初果或初果向，這個「沙門」當然是指實證初果向或者初果的人。因此，外道們既然無法斷身見，不能證得初果向乃至初果，那他們就不是沙門，沙門的定義就在這裡。換句話說，只要證得初果了，從此以後就是沙門，不論你是住在家裡或是出家住於寺院中，因爲所證的果位都是沙門果——出家果，那麼證果以後就是「沙門」。

那麼這裡講說「無不敬沙門不？」這意思是說，妙音菩薩把　淨華宿王智佛的問訊內容，代向　世尊問訊說：「您這個娑婆世界中的眾生易度不？……有沒有『不敬沙門』的人呢？」這樣子向　世尊問訊。也就是說諸佛世界的大菩薩們，其實都知道五濁惡世的眾生最剛強，無明也最多；就像我們這種世界的有情，無明是很深重，並且心地很剛強。所以即使你是眞實沙門，他們對你也是不會生起恭敬心的。那麼這種不恭敬的情形是很正常的，意思就是說，世尊在世時有許多外道出家修行人，那些外道來挑戰　世尊，其實也不在少數。如果你把四大部阿含中的二千多部經典讀完，你會發覺其實眞的不少，這一些外道是敢上門來向　佛陀挑戰的，其中大部分人挑戰後立刻成爲佛弟子。

另外有一部分外道則是虛聲恫嚇、自我標榜，可是不敢來向　佛陀挑戰，這是另外一類。這一類人大多不可度，只有少部分人得度而成爲佛弟子。如果願意到　佛陀的精舍來，或者到　佛陀的道場來當面挑戰，表示這種人雖然有慢，但是他們心地比較直爽；所以來向　佛陀挑戰的人，大部分都成爲　佛陀的弟子；因爲挑戰不成功時，就會發覺　佛陀的智慧不可想像！並且現見一個事實：證得出三界的沙門果，是如實的，也是可證的，因此就當場向　佛請求開示。當　佛爲他開示完了，他因此得斷我見；斷了我見就當場請求　世尊讓他在僧團中出家，他想要當　世尊的弟子，這就是《阿含經》說的「**法眼淨**」。

出家後，在山洞裡、或者空曠處、或者樹下坐，然後去深入思惟。有的人思惟到下午就來向　佛陀報告，說自己證得阿羅漢果。有的人思惟到晚上，有的人思惟到明天，來向　佛陀報告證得阿羅漢果。這就是說他們心地比較直爽，願意當面挑戰；挑戰之後發覺沙門果是可證的，而自己以前是誤會了沙門果；所以他聽聞佛法而確認自己的錯誤已被　世尊點了出來，因此他們就知道說：「**原來自己落在識蘊之中。**」於是當場斷我見，這是初得沙門果。接著當然要請求出家，佛陀見他斷了我見，當然允許他出家，而且早知道這個人本來就是自己應該要度的阿羅漢弟子，就當場允許他出家。這一類人，大部分都不會超過一天就證得阿羅漢果了，這就是眞正的沙門果。

另外一類人，那一類外道只敢放話，不敢來見 佛陀論證出三界的法義；只敢放話說：「假使瞿曇來到我這裡，我用瞿曇說的法來與他論法，我要講到讓他啞口無言。」說出這樣的大話。「瞿曇」就是 世尊出家前的俗名。這種話當然立刻會開始流傳，佛弟子們去托缽時，居士們就會講出來：「某某外道這麼說，請您回去稟告世尊。」回去道場中就立刻向 世尊稟告，世尊第二天早上就會提前下山來，直接去找那個外道，就直接說：「聽說你昨天這麼說，要用我所說的話講到讓我啞口無言，你有沒有這麼說？」那個時代的外道們都還算老實，就回答說：「我有這麼說。」因爲公開放話時，一定會有很多證人，也閃不掉。

佛陀就說：「那麼！我就用你們弘傳的法，來講到讓你啞口無言。」這外道說：「哪有可能？你怎麼會知道我的法？」他自以爲他的法是祕密，不曉得 佛陀是一切智者。所以 佛陀就用他所說的法來破他，然後講出他那個法有多少的過失，於是那外道也只好服氣認輸；但往往只是口中默然，心中終究不肯歸依，也有這樣的外道。有的外道最後願意歸依於 佛，就成爲佛弟子，成爲優婆塞，這種例子也是很多的。

那麼最有趣的一個例子，是 佛陀開口就說：「你們祖先無量世以來都是我釋迦族的奴種。」哇！不得了！竟然罵到對方的無量世祖先說：「都是我們釋迦族的奴種，都是奴隸種姓；」於是那些弟子們氣到不得了，紛紛大聲反駁，可是 世尊說：「你們的智慧有比你們師父高嗎？如果你們的智慧比你們師父高，我就跟你們議論，如果你們的智慧不如你們的師父，那你們就安靜下來，聽我跟你們的師父說。」於是那五百弟子也只好安忍下來，因爲沒有人敢承認智慧比師父高；然後大家安靜了，世尊就把那個原因說給那外道聽，然後問他說：「難道你的父母、祖父母沒有把這事情告訴你嗎？」那外道聽完也就不敢說話了，果然是釋迦族的奴才種姓，因爲他們無數代以來都奉侍釋迦族。然後才就法論法，把外道的法破了。所以 世尊最後往往會作一個結論說：「由於這個緣故，我說外道之中沒有沙門法，沒有沙門果。」

我在弘法早期，常常聽到有比丘尼罵我說：「人家世尊從來不罵人，從來沒有說人家是外道，你們蕭平實爲什麼一天到晚講人家是外道？」我說：「可見她們沒有讀過經典。」因爲四阿含諸經中，世尊有好多地方都說那些人是「外道」，怎麼說沒有講過？所以 世尊曾說：「外道法中沒有沙門法，也不能使人證得沙門果，所以外道之中無人是沙門。」那麼這樣子就表示說：所謂的沙門，並不是身體出家了就叫作沙門。依《阿含經》裡的許多部經典的定義，既然說外道之中沒有沙門果，也無沙門法，就表示說，沙門的最正確定義是說：至少已經證得初果或者初果向。但是也有廣義的定義說：已經在修學正確解脫道的出家人，也算是沙門。因爲他出家之後已經在修學沙門法了。既然修學沙門法了，顯然他也可以算是沙門。

那麼這樣來看，假使有人修學沙門法，卻不是正確的沙門法，而是用六識論的邪見在修學，但那個六識論的法是不可能使人證得出三界法的錯誤法義，顯然不是眞正的沙門法；如果他們修學那樣的法，就不屬於沙門法，他們就不是眞正的沙門。依照《阿含經》中 世尊對沙門與沙門果的定義來看，顯然是如此。因爲沙門果的實證，所依憑的是沙門法，如果無論怎麼修都無法實證沙門果，那種修行的方法就不是沙門法。所修學的如果不是沙門法，那麼他修行再久也無法實證沙門果，就表示他不是佛教正法中的沙門。

所以佛門中的出家人，並不是所有人都是沙門；因爲有的道場號稱「顯密雙修」，那根本就沒有佛法的絲毫內涵可說了，那是修外道法！即使是自認爲在修學佛法，所修的佛法也不會是眞正的佛法，因爲眞正的佛法與外道雙身法絕對不相容；但他們竟然可以顯密雙修，顯然他們所謂的顯教佛法並不是眞正的佛法，一定沒有沙門法的實質。既不是修沙門法，顯然他們就不是沙門，那麼他們就不是佛教中的眞正出家人。如果他們看起來像是佛教的出家人，但是修的是密宗的雙身法，我保證他們不會有沙門法，那他們就不是佛教中的沙門。還有就是堅持六識論的人，又否定了三乘菩提的根本所依，像這樣的六識論道場，也就是主張「人間佛教」的那一些道場，他們所修的都不是沙門法；既然不是沙門法，顯然他們就不是沙門。一定是修沙門法的人才是眞正的沙門，才是佛教中的眞正出家人。

現在把話題拉回來：「無不敬沙門不？」妙音菩薩來到娑婆世界向 世尊的問訊之中有這一句「不敬沙門」。這表示他早就知道娑婆世界是五濁惡世，在百歲人壽之中是具足五濁的；然而 世尊示現在這個五濁惡世的人間，必定是有許多人已經證得沙門果，也有許多人正在修學沙門法，即將進入初果向或者初果，乃至阿羅漢果位；可是這些修行人在五濁惡世的人間，會被許多眾生不恭敬與輕視，甚至於橫加污衊，這表示佛世就已經有這種情形了。

那麼如果你在這個年代——已經末法時代了，雖然你在正覺同修會中早就證得初果了，有不少人甚至還開悟明心了，因此同時也是大乘法中的賢聖；但是遇到那一些堅持六識論而否定第八識的比丘尼們，或是她們的信徒等在家人，她們仍然會繼續指責說：「你是邪魔外道，你們都是自性見，你們堅持有如來藏，就是跟外道自性見一樣。」可是，雖然你頭上留著頭髮，甚至於女眾如果去上班，基本禮儀還要擦一點薄薄的口紅，可是妳已斷我見，其實有**沙門果**在身，本質上就是僧——出家人，但她們對妳是絲毫都沒有恭敬的。假使妳又進一步證得如來藏了，現觀祂的眞實如如的法性，成爲眞正證眞如的菩薩，她們也一樣會瞧不起妳。

可是換另一種方式來說，假使妳既沒有證初果也沒有證眞如，可是妳有五通，當她們瞧不起妳的時候，妳稍微示現一下，她們口中雖然不承認妳，心裡可就瞧得起妳了。那一些人就是這樣，所以說那一些人是沒有沙門果的，當然不是眞正的沙門。她們也不懂什麼是眞正的沙門法，她們都是不敬已證沙門果的人；因爲她們所謂的沙門就是色身出了家，剃了頭住在寺院裡面，即使晚上修雙身法也沒關係，一樣自認爲是沙門，因爲色身出家了。

那你如果證果了，甚至於還有禪定的實證，但是你的身體沒有出家，她們就認爲你不是沙門。所以那一些六識論道場的比丘尼們都說：「居士們寫的書，我們師父規定說，出家人不讀居士寫的書。」怪不得《維摩詰經》她們都不讀，《勝鬘經》她們也不讀，因爲那都是居士講的經典，因此她們就無法遠離六識論的邪見；證眞如的事，她們窮其一生都沒分。所以「不敬沙門」的事情在娑婆世界是很常見的，絕對不稀奇。除非人壽到了一萬歲、三萬歲、八萬歲時，否則「不敬沙門」的事情在娑婆世界的五濁惡世年代，都是很正常的。

因此妙音菩薩來到娑婆世界，代替 淨華宿王智佛問訊 世尊時說：「無不敬沙門不？」問訊說：「這裡的眾生是不是大家都很好，都沒有人不敬沙門呢？」那麼諸位想一想，佛世妙音菩薩來問訊 世尊時，都還這麼問訊，那時都還是正法時代才剛開始幾十年而已；而我們這個末法時代，已經是世尊示現入滅兩千五百年了，那我們正覺被那一些六識論的比丘尼們指責爲自性見外道，被附佛外道指責爲邪魔，其實也都是正常的。因爲她們自己落入識陰六識的自性中，正是自性見外道，卻反而指責我們不落入自性中的證眞如者是自性見，其實也是末法時代的常態。因爲她們的觀念是「百萬將軍一個兵」——大家全都開悟了，只有你們正覺沒有開悟或是悟錯了。這就是她們的觀念。所以她們不許的是：你們正覺開悟了，而我們大家都沒悟。但我們堅持一個原則：一位將軍百萬兵。這才叫作大將軍啊！哪有可能一百萬個大將軍才只能共同領導一個士兵？天下沒這回事呀！

所以，「不敬沙門」中的這個沙門意涵，大家得要弄清楚。也就是說，實證了出三界果的人，才能叫作眞實義的沙門。那麼正在修學出三界法，還沒有實證，而他所修學的出三界法是正確的，不是錯誤的，更不是外道法，雖然還沒有實證，他也是個沙門，只是目前不證沙門果，但是將來當證，這也可以說爲沙門。對於沙門，我們大家都要恭敬；但是對於非沙門、假冒沙門，我們當然不必給他們好臉色看。因爲要先把他們的錯誤名分剝奪，讓大家都知道他們其實全都不是沙門；當他們被你把錯誤的、假稱的眞實沙門的聖者大帽子摘掉，再也遮掩不住了，那時他們才會想要回歸於正法，他們才能得救。如果你一天到晚都讚歎說，他們那個也算是正法，那他們就永遠不會想要離開外道法，永遠不會回歸於正法，那他們就沒得救了。

講過「無不孝父母、不敬沙門」，後面還有「邪見、不善心」，所以接下來說「邪見」。邪見眞要講起來可就太多了，大略講一講，最主要的邪見就是把生滅的三界法當作是常住不壞法。這種邪見在外道中是普遍存在的，例如一神教中說上帝是永生的，所以如果大家生到他的國度就可以永生不死，這就是一種邪見。假使把他們的經典拿來讀一讀，你就可以判斷他們的境界在哪裡，而他們所謂的天國是什麼樣的境界。例如他們崇敬禮拜供奉上帝的時候，用什麼來供奉？是用香花素果嗎？還是用血肉？諸位從《新約》、《舊約》去讀一讀就知道了；所以供奉上帝的時候，是要殺害畜生而以血肉來供養的。

那麼現在大家回頭來看一看欲界天人，他們吃不吃血肉？欲界天人，如果你拿了血肉要供養他，他看了就嘔吐。但是《舊約》中記載著，上帝接受這種供養，那他是什麼樣的神？（有人說話，聽不清楚）這是你們說的喔！因爲他不是欲界天的有情，才會吃血肉。既不是欲界天的有情，顯然低於欲界天的層次，又何來永生之可言呢？縱使他是欲界天的天主好了，依舊是生死中人；即使超過欲界天而到達色界天，乃至到達無色界天，仍然不離生死啊！所以說，把那一種人間鬼神的境界不斷自我推崇，說那是永生不壞的天國，這就是一種邪見。

然後再來看看《新約》中的記載，上帝有沒有五陰？具足五陰。雖然他們後來也有作教義上的改革，說什麼聖靈、聖父、聖子，三位一體。可是他們所謂的聖靈是可證的嗎？是不可證的。而且他們所謂的聖靈，是所有人共同擁有一個聖靈，就叫作上帝，就稱爲大我，那麼這樣看來顯然不符合法界的實相。而且是把人間鬼神的境界推崇爲永生不壞的天國，這就是標準的邪見。那麼外道有這些邪見其實都正常，甚至等而下之的邪見，其實是更多更多的。

譬如西藏以前有一種民間信仰，不斷地讚頌以後，就從懸崖跳下去，認爲墜死了就能往生天堂；也有說那樣子跳下懸崖墜死了，就可以獲得解脫。這完全是邪見，但是也有人信啊！在五濁惡世的人間，什麼樣的貨品都有人買，甚至於用糞便做的藥也有人買。對呀！這是眞的！你看達賴喇嘛來臺灣不是發給信徒們，說是他所煉製的所謂「甘露丸」嗎？對不對？那其實是加入他的糞便去製造的啊！卻有好多人供養三千塊錢、五千塊錢得了一包，當場就吃下肚了。那個電視新聞報導出來時，看見也有佛教的法師當場就吃了呢！要吃糞便，還不如吃他自己的，（大眾笑…）因爲他至少吃素，糞便還比達賴的乾淨些！可是達賴這樣的邪見也會有人信！所以你看學密的那一些出家法師就是這樣子，那種糞便煉成的甘露丸，也有人願意出錢買來吃。當然，還有更差的邪見，也有人信。

總而言之，在這個五濁惡世，不論什麼樣的邪說，在你們覺得那根本不必用腦筋想，單用膝蓋想就知道那是邪見，但是竟然也有法師居士們崇敬得不得了；不論你怎麼樣爲他們詳細解說，他們就是要信到底、修到底。所以從今以後你們不必再感嘆說：「**天下怎麼有人那麼笨？那一種外道法也會相信就是佛法？**」我說：你們不要再講這樣的話，因爲五濁惡世裡，什麼樣的邪說，不論是如何的不合情理，也會有人信哪！這就是五濁惡世的正常現象。去年不是有一個媽媽去修雙身法，竟然也要把女兒加入自己與上師合修的場景中，對不對？當時女兒不肯，她還威脅女兒說要跳樓自殺，最後那個女兒怕她自殺，只好遵從。你說，像這種邪到不可思議的邪，但是五濁惡世中就是會有這種人，也是會有愚人信到底呀！所以妙音菩薩都知道這種情況，也知道 釋迦牟尼佛太慈悲，願意來五濁惡世示現而度眾生，當然一定會面對這些邪見的眾生，所以才要問候說：「這裡的眾生無邪見不？」因爲如果眾生沒有邪見，可就好度了；偏偏五濁惡世的眾生邪見無比深厚，很難度的，所以針對邪見這個部分提出來問訊。

接著問訊說，眾生「無不善心不？」娑婆世界雖然說是堪忍世界，但是如果生到了欲界天，不善心就變少了；因爲若是在欲界天中，表示他是修善業而往生的，所以不善心減輕了，但還是會有搶阿修羅女爲妻而引生戰爭的事。然而去到色界天的話，更加沒有不善心，因爲色界天的環境都是離欲的。至於極樂世界那一類的佛世界，或者 琉璃光如來的世界、其他的佛世界，乃至有的世界是比較清淨的，都沒有這種不善心。但這個娑婆，翻譯出來就叫作「堪忍」。因爲是堪忍世界，大家都是勉強忍著，就繼續生活、繼續生存，所以叫作堪忍世界——娑婆世界。

即使是這一種娑婆世界五濁惡世，只要生在欲界天中，就比較不會生起不善心。所以阿修羅王來跟釋提桓因戰鬥，導致忉利天人受傷非常多，但釋提桓因戰勝以後，並不把阿修羅們殺死，而是用五欲之繩把他們綁了，然後爲他們說了佛法，還是放他們回去；這已證明，即使是堪忍世界的欲界天中，不善心已經減少很多了。如果說他是永生的天國，看見人間有許多人崇拜偶像；那《舊約》中說的崇拜偶像是說：有一些人弄了金牛或者金羊在祭拜，那叫作拜偶像；於是上帝就忍不下來，降下天火把他們燒死，弄起大水把他們淹死，那他是不是不善心？是不善心嘛！所以上帝常常教導他的信徒，說要剪除異教徒；《舊約》裡面正是這麼說的，《新約》雖然有一些修正，也還是八九不離十；只因爲現在變成民主社會了，這樣講不太好聽，所以作了修正，但上帝看來就是有強烈的不善心。

上帝有時甚至會把異教徒交給他的信徒去殺掉，那你看上帝顯然還有不善心；這樣的不善心，能夠說是欲界天中的天神嗎？我看是連四王天的天神都當不上的。再加上他是吃血食，不是吃水果，更不是吃甘露，又因爲他是有不善心的，這都已經證明他的境界只是人間鬼神的境界，從來都不曾觸及欲界天的境界。但是若說「不善心」，你如果要從佛法來講的話，定義就有不同了；譬如一個修五戒十善的凡夫菩薩，相待於一般人來講，也就是相待於一般行善的善人來說，就成爲善心與不善心的對比了。

又譬如說，世間人不肯持五戒、修十善，他們都說：「唉！不必修行啦！心好就好了，你們爲什麼一定要持五戒、修十善呢？不需要受戒啦！」現在問題來了，他們說心好就行，那要如何定義「心好」？當他們一天到晚說：「我們每天心地都很好，我們都在作善事呀！」可是他們作的善事是先劃定一個小圈圈，對小圈圈以外的有情就不想作善事了；也就是說，他只對人類作善事，至於畜生？「畜生生來就是要被我吃的。」把人家的命剝奪了，吃掉人家的肉而說他叫作善心。那麼佛弟子持了五戒以後說不殺，甚至說吃眾生肉就是間接殺生，就改爲素食；那麼這樣相對於那個世間善人來說，這就叫作善心，那個世間善人就是還有不善心；因爲他只對人類有善，卻對畜生不善。

那麼再從實證的層次來說，其實還是有善與不善的很大差異；譬如依解脫道來講，一個修學解脫道的聲聞法中人，也許有素食，也許沒有素食，這且不談它；當他有一天遇見了一位初果人，這初果人告訴他說：「你的說法不對，因爲當你一念不生時，仍然不離識陰、想陰、受陰、行陰的境界，這樣是無法得解脫的。」可是他又不聽，堅持說：「我只要每天打坐、離念，那時就是涅槃。」當一位初果人好心告訴他以後，他反而回過頭來指責說：「那個人自稱初果，還說我這個離念境界不是涅槃境界，他的心腸好壞，想要把我初果聖人的頂戴剝奪了。」那他就變成毀謗賢聖了，他這時就是有不善心。

還有一個人自稱證得三果了，又自稱是開悟的出家菩薩，可是有一天有個菩薩來告訴他說：「你這樣都錯了，因爲證初果的人不會主張離念靈知就是眞如、就是涅槃，那是落在識陰裡面啊！你要趕快丟棄邪見，因爲你說的離念靈知不但是凡夫的境界，不可能讓你證得所謂的三果，更不可能是證悟佛菩提道的賢聖所該有的說法。」但他不信：「我明明就是證得三果了，那我將來入無餘涅槃時也就是一念不生啊！你怎麼可以毀謗我？你會下地獄喔。」反過來恐嚇人家，這就是不善心。

當他正在度眾生時，宣稱他度了好多的眾生；有一天弟子拿到一本正覺的書：「這書裡面說，佛法的證悟是要證眞如的，證眞如是要現觀如來藏的眞實性與如如性，才能叫作證眞如。而這個證眞如，跟師父您所說的一念不生涅槃境界，是完全不同的。」他不信受書中的說法，反而回過頭來毀謗，那他就是有了「不善心」。事實上，凡是實證聲聞果的人，即使他的果位不高而只有初果，就已經不會毀謗證得如來藏的菩薩了。因爲他會發覺：菩薩早就不住在我見中，這個證如來藏的菩薩還能現觀眞如，這種境界不是在我見的範圍裡面，不在五蘊的範圍裡面，所以顯然是同時有證得初果的。可是菩薩所說的眞如境界，他完全無法想像，因此他就不敢毀謗菩薩了。

假使有人宣稱他證初果、證三果以後，竟然還在毀謗菩薩所證的眞如，那你就知道那個人一定是凡夫。所以現在可以藉著這個「不善心」來定義說：凡是否定如來藏的人，一定是凡夫，他一定有「不善心」；因爲連初果人都不可能否定了，何況是證二果、三果、四果的人？聲聞解脫道中的聖者們都很清楚，斷我見了以後，去觀察五蘊十八界全都是可滅之法，然而入無餘涅槃時滅盡五蘊十八界之後，佛說並非斷滅空，仍然有本際常住不壞，所以 佛說涅槃是「常住不變」的。所以他們都知道那涅槃裡面的本際，一定就是菩薩所證的眞如；「而菩薩已知，我仍不知，那我有什麼資格去評論或者否定菩薩呢？」所以一切已證初果的人，都不會否定實證如來藏的菩薩。

凡是會否定的人，當然全都是凡夫；他們才會有這個「不善心」來否定實證的菩薩，一切人證初果的時候就沒有這個「不善心」了。所以瞭解了這一點，有時把人家的書拿起來一翻，中間一翻，隨便看一段，剛好看到那一行說「沒有如來藏可證」，或者說「如來藏是自性見」，那一本書就不用再讀了，因爲讀下去只會浪費你寶貴的生命，你可以判定他是個凡夫了。初果人都絕對不會這樣講，更何況是證得三果、四果的聖者，一定不敢毀謗實證的菩薩。那他竟然敢這樣否定三乘菩提的根本，這表示他對三乘菩提完全無知；無知而又不甘於寂寞，所以故意講出這些不好的話來，免得人家說：「師父你沒有實證，那你就是凡夫。」他的目的只是要彰顯說：「師父我雖然沒有證得如來藏，但我仍然是個聖人。」目的在此。可是從實證的菩薩來看，凡是否定眞如、否定第八識的人，一定不離識陰境界，都是凡夫，連初果都沒有證，因爲他有邪見與「不善心」。

接著說：眾生「無不攝五情不？」這是問訊 釋迦世尊說：「您所度化的眾生，是否沒有不收攝五情而放逸的呢？」爲什麼要說「不攝五情」？我們先來談談「七情六欲」。世間人常常說：「唉呀！那個人最喜歡的就是七情六欲，每天都在追逐七情六欲。」其實都是說錯話了。就好像「不求甚解」這句成語一樣，現在也都是被人嚴重誤會誤用了。不求甚解，先要瞭解什麼是「甚解」？甚解是解釋太過分就變成錯誤了。不求甚解就是說：不去追求勝妙而解釋得太過分、變成錯誤。所以陶淵明說：「好讀書，不求甚解。」如果不求甚解是罵人家不懂的話，那麼陶淵明豈不是承認他自己也不懂？喔？豈有此理。

那世間人現在也一樣，常常有人罵：「唉呀！那個人一天到晚都在追求七情六欲，心中很不清淨。」可是佛法中說，七情六欲是不存在的。佛法中說，假使有人指責說某人有七情六欲，那到底是指什麼？應該是說他跟世間人不一樣，其實是意在言外，是說某人不落入世間法裡面，不被六情五欲所引誘。諸位想想看：人間有沒有第七情、有沒有第六欲？人間所追求的境界不外色、聲、香、味、觸這五個東西；那些大企業家一天到晚追逐更多的錢財，無非就是在色、聲、香、味、觸——五欲的享受上著眼。如果你告訴他說：「你專心在法情上面來用心好不好？」他們會說：「我才不要。」所以世間人追求的是五欲。那在色、聲、香、味、觸、法上面來用心追求的，就是六情。當你告訴他說：「你來修學佛法好不好？」「不要。」「不然淺一點，學哲學好不好？」「也不要。」你告訴他說：「再不然，不學哲學，咱們來研究身心靈的健康好不好？」「也不要。」爲什麼呢？因爲他要的是六識心等六情在五欲上的滿足啊。

那麼從另一個層面來說，五欲：財、色、名、食、睡，也就是這五種，你叫他說：「我們來追逐另一種欲，是什麼欲呢？修學佛法證果之欲。」他一定不接受，因爲這對他來講並不是欲；你想要證初果、證四果，或是想要開悟明心、想要見性、想要入地等等，這些全都不是五欲啊！所以世間只有這五欲而沒有第六欲。那麼世間的一切境界，總而言之就是眼、耳、鼻、舌、身、意六個識所面對的境界，因此就由這六個識產生六個種類的心境，叫作「六情」；所以世間——特別是指人間，欲界之中只有五欲，只有六情，沒有第六欲與第七情——沒有七情六欲。

請問諸位：除了六識面對的色、聲、香、味、觸、法以外，有沒有第七種情境？有沒有第七種？你所面對的境界，除了色、聲、香、味、觸、法以外，還有第七種嗎？所以第七情是不存在的東西，而第六欲也是不存在的東西。那麼如果你哪一天說：「我那個好朋友，一天到晚都在七情六欲裡面打滾。」說他都住在第七情、第六欲裡面混，那麼到底是讚歎還是貶抑？應該是讚歎欸！因為這表示他是出三界的人啊！第七情，只有無餘涅槃勉強說得通，對不對？第六欲就是想要出三界，所以說：「我那個好朋友一天到晚都在七情六欲裡面。」人家問你說：「為什麼他都住在七情六欲裡面？」「因為他是阿羅漢。」

但是大部分的時間，七情六欲是指什麼呢？是指世間不存在的東西。如果有人一天到晚在追求七情六欲，你就說這個人不切實際，因為他所追求的都是三界中不存在的東西。阿羅漢連第六欲、第七情都不住，因為阿羅漢的心情是無所住的。世間人如果心追求世間法中的第七情和第六欲，那就會被菩薩們叫作不切實際。所以七情六欲本來是這個意思，可是現在七情六欲卻被拿來罵人。不求甚解本來也是好話，所以陶淵明說他一生喜愛讀書卻不求甚解，結果現在學校竟然也有好多老師罵學生：「你一天到晚不求甚解。」那他是不是在罵他的儒家祖師呢？

所以在世間法中主要的就是六情與五欲，可是這句問訊中竟然說「五情」——「不攝五情不？」為什麼不說不攝六情？凡夫們執著的是色聲香味觸等五種境界中的心情，通常不在法塵境界中貪著；也因爲你修學佛法時一定得要在法塵中修學，第六情當然就不必排除在外。如果你不在法塵中努力，還能修學佛法嗎？對嘛！所以世出世間一切諸法，你都盡量去涉獵、盡量理解、盡量去觀行；這第六情是沒問題的，因爲你修學佛法乃至成佛以後，也還是住在法塵裡面啊！

可是在修學佛菩提的過程之中，對於色、聲、香、味、觸等五法就不要去貪著；如果貪著或者努力追求，一定會退轉的，不可能繼續安住於三乘菩提中努力修行，因此一定要「攝五情」。譬如阿含經典說，阿羅漢們午前托缽，他們都是看著前方地上六、七尺處，不看什麼東西或別人，絕不東張西望。除非有什麼重要的事情發生了，他不得不去瞭解，否則絕對不東張西望；因爲他是出三界的作意，始終住在有餘涅槃的作意之中。所以《阿含經》中說：修學解脫道的人，應當要「藏六如龜，防意如城」；要把眼、耳、鼻、舌、身、意都往內收攝，就好像烏龜遇到危險的時候，把頭連同尾巴四肢全一起收進去藏起來，以免被咬——藏六如龜，那就不會被咬死。

那麼想要死後出三界的人，不能再落入三界法中，所以他們必須要把眼、耳、鼻、舌、身這五根收攝好，也就是眼耳鼻舌身等五識要向內收攝，別四處觀望與攀緣；只把心放在意識、意根上面，就只是去托缽，就只是聞法修行，所以一定要「攝五情」。那你如果連第六情——意識對法塵也都把它收攝進來了，你就會一天到晚住在定中，無法修學佛法了。所以不要收攝六情，只要收攝五情就好。那麼菩薩雖然不是修解脫道，卻是同時要實證解脫道的；所以宣稱自己修證入地了，而他說出來的、寫出來的，竟然我見具在，佛法中其實沒有這樣的聖人。

可是往年總是有一些附佛法外道，自稱是四地、五地的聖者，又印證徒弟是初地，結果所說出來的法竟然是我見具在，還繼續在奉事著外道的那個無生老母。然後我們把他破斥了以後，他爲了擺脫一貫道的身分，於是去拜一個師父、歸依三寶；問題是他已經證得第四地、第五地了，還去拜一個聲聞僧作師父，這究竟有沒有道理？眞的沒道理！而且那個師父還眞正是一個凡夫僧，那你說這樣的人會是四地、五地的菩薩嗎？而他的我見也都還分明具在啊！所以再怎麼樣攀緣說他是蕭平實的好朋友，還說他去過我家，其實全都沒有，因爲我對他根本不相識，連一面之緣都沒有！其實我家在哪裡，他知道嗎？也不知道啊。所以像這樣的攀緣其實都沒有意義。

不過聽聞之後，我心裡倒是可以有一點告慰：也就是說，好像蕭平實現在確實有一點分量，所以攀上了我以後就可以自稱是四地、五地的摩訶薩了，這樣看來正法的未來是前景看好的。可是話說回來，一天到晚希望人家供養他，上一次課就得幾萬元人民幣，每一個人都要買門票才能進場；他的課程前後三天，每個人要收幾萬元人民幣，宣稱包你開悟。然後又要企業家買房子送給他，但我出來弘法至今，沒有接受過誰買房子給我或供養我錢財，我反而拿錢出來幫忙買道場，這眞是一個對比。所以像那一種人都是落在五情之中，不斷地追求五情而說他是入地了，眞是不可信。

然而，我今天一開始就說，不管是什麼樣的邪法、什麼樣的邪見、什麼樣的貨色，全都會有人買、有人信。還眞的有人信，七顚八倒的說法，錯誤百出，依舊有人信。老實說，還有更荒唐的，密宗的即身成佛，不是一樣也有人信嗎？所以他那個東西有人信，也就不足爲奇了。這就是說，菩薩實證佛菩提果，同時也是要證聲聞果的，從來都沒有不證聲聞果的開悟菩薩。那你們看看啊！那一些所謂的幾地菩薩，是連初果都還沒有證得的；然而佛菩提道中說，凡是入地的菩薩都是留惑潤生，也就是已經實證了聲聞解脫果，已經可以入無餘涅槃了，然後入地以後爲了繼續修學佛道利樂眾生，故意再生起一分思惑，繼續受生於人間。這至少是必須證得初禪作檢驗的，所以菩薩一樣是要收攝五情的。可是五濁惡世的眾生貪著於五情，把心放逸在五情之中是正常事；所以五濁惡世的眾生不好度，只有非常慈悲的聖者，才願意在這種年代的娑婆世界來受生成佛接濟眾生。那麼妙音菩薩當然知道這個道理，所以代替　淨華宿王智佛問訊　世尊說：「娑婆世界的眾生有沒有不攝五情的呢？」這都是如實的問訊。

接著就從比較好一點的層次來問訊說：「世尊！眾生能降伏諸魔怨不？」也就是說：「您在這裡度化眾生，淨華宿王智佛要我問候世尊您說：『您所度的這一些眾生，能夠降伏諸魔怨嗎？』」這個問候也是很實際。因爲佛世也不是每個佛弟子都能降伏魔怨，所以才會有六群比丘、善星比丘一類人。「降伏諸魔怨」確實不容易，然而在佛菩提道中想要實證的話，一定要降伏，至少要把五陰魔給降伏；若不能在修道的層次降伏五陰魔，至少也要在見地的層次來降伏五陰魔，這樣才有辦法實證佛菩提。那麼「降伏諸魔怨」，因爲前面我們已經說過四魔的內涵了，這裡就不再重複宣說。

問訊到此，妙音菩薩接著向 世尊稟告說：「久滅度多寶如來在七寶塔中，來聽法不？」因爲問訊了 釋迦如來，而同時也有 多寶如來在場，當然要同時問訊，不能夠當作不存在。即使在世俗法中也不能如此，何況圓融於世出世間法的妙覺位的妙音菩薩，所以也要同時問訊久已滅度的 多寶如來。妙音菩薩又說：「又問訊『多寶如來安隱、少惱，堪忍久住不？』」也許有人想，多寶如來就在這裡啊！爲什麼不當面問訊，爲什麼要向 世尊來問訊 多寶如來？這就是一個佛法中修學的人所應該知道的行儀；因爲這裡的法主是 釋迦如來，多寶如來在七寶塔中來聽《法華經》，並不是法主，所以應該先要向法主稟告說：「淨華宿王智佛要我來問訊世尊您，同時也要讓我問訊多寶如來。」然後才可以再開口說：「世尊！我今欲見多寶佛身，惟願世尊，示我令見。」

這一定要先稟告，不能問訊 釋迦如來完了，自己就走去 多寶如來那邊，問訊 多寶如來，否則就失禮了。因爲在這個地方 多寶如來也是客人，釋迦如來才是主人。所以先要向主人稟告說，我想要面見 多寶如來，是要作什麼，然後請 世尊引見。譬如說，你如果去到朋友家裡，知道你認識的另一位朋友也在那裡，那你得要先向主人說明，然後再請他引見；你不可以說：「欸！聽說某甲也在你這裡啊。」就直接去內院找某甲，這就不對了，因爲要先向主人聲明並獲得許可才行，這是一個禮節。也就是說，賓主有別。我們要去見人家的客人前，得要先跟主人報備一下，請主人引見，才不失禮。

妙音菩薩這樣子請求之後，這時 釋迦牟尼佛就告訴 多寶佛：「這位妙音菩薩想要跟您相見啊！」於是這時 多寶佛就告訴妙音菩薩說：「很好啊！很好啊！你能夠爲了供養釋迦牟尼佛以及聽聞《法華經》，並且同時與文殊師利等等菩薩相見，所以你來到這個地方。」你們看 多寶如來面面俱到，先讚歎說：「你妙音菩薩作得好！作得好啊！你能夠爲了供養釋迦牟尼佛以及聽《法華經》而來，」接著又說他是想要見到 文殊師利等等菩薩，不是只有想見 釋迦如來跟 多寶如來，也不是只有見 文殊師利一位，也不是單只要聽《法華經》。

來聽《法華經》時要先跟兩位 如來相見，不能夠來到了直接就聽。也不是只有見 文殊師利一位，因爲是要見「文殊師利等」，這表示菩薩無有高下之心，也顯示 釋迦如來的菩薩大弟子們很多，因此同時要見這些不同層別的菩薩們。那麼在這個地方，他來見 文殊師利的時候，也會見到誰呢？這裡說的是「文殊師利等」，顯然不是只有一位。所以他來見 文殊菩薩的時候，同時也會見到 觀世音菩薩，以及見到 大勢至菩薩；也會見到 彌勒菩薩、藥王菩薩、華德菩薩等人，這是因爲在佛世時，這幾位大菩薩都受生在娑婆世界中，一起來幫忙 釋迦如來度化有情，所以他們都有應身。

觀世音菩薩當時也是有人身住在人間的，可能大家都會生起疑想：「眞的嗎？眞的嗎？」欸！這確實是眞的，不是假的。但是到了二十世紀初，佛教裡的法師們隨著西洋人、日本人亂講一氣，最顯著的事例就是釋印順，他跟著外國人的邪見而亂講，也跟著否定大乘法，才會導致佛教在二十世紀時的實質衰頹，空有教相上的興盛表相；於是佛教界的認知上，就被釋印順他們轉變爲 文殊菩薩不是實際上存在過的歷史人物，於是跟著推定 觀音、勢至全都不是歷史上、更不是佛教史上存在的人物。而他們的否定也眞的很成功，所以有很多人信受他們的邪說。但實際上這幾位大菩薩，包括 維摩詰菩薩在內，全都是當年眞實存在佛教中的歷史人物。後面接著要講的下一品是〈普門品〉，等〈普門品〉講完了，咱們再來作一個明確的說明。

現在說他來到娑婆世界，不是只求見兩位如來；不輕下位菩薩，是一切菩薩應當有的態度，因爲下位菩薩的實際理地也跟自己平等，未來也一樣會成佛，只是事修上面或是本願上面有所差別，只有遲成佛或者快成佛的差別而已，最後沒有不成佛者，所以不應當輕視下位菩薩。即使菩薩們對外道見不斷地破斥，但是對於外道人士仍然願意接引，也願意幫一切投入佛門中的前外道們，同樣證得佛菩提，更何況是佛門的下位已證菩薩。而 文殊師利當然是他必須要見的，因爲示現爲妙覺菩薩身分相當，並且 文殊之名早就聞於十方諸佛世界，他來了又怎能不見呢？可是其他的下位菩薩一樣也要相見啊！更何況 彌勒菩薩是一生補處當來下生成佛，當然不能不見。

那麼他來見菩薩們，這是有層次差別的；所以見 觀音、勢至是有緣故的，見 彌勒也有緣故，見 藥王菩薩也有緣故，而宣演《法華經》時這幾位菩薩一定都會在場。那麼來到娑婆世界見了 釋迦如來，同時見了 多寶如來；可是他向 釋迦如來稟告說要見 多寶如來的時候，有一個前提，他說的是**「久滅度多寶如來」**；**「久滅度多寶如來」**還能相見，表示什麼？表示**「久**

滅度」的 多寶如來在很久以前的那個滅度，其實只是一種示現，不是像二乘聖人入涅槃一樣灰飛煙滅了，所以十方世界中只要有某佛講《法華經》時，祂就前來聽經，表示認同與支持。

那祂爲什麼要這麼辛苦呢？十方諸佛世界只要有佛講《法華經》，祂就會來，只是爲了要證明講《法華經》的這位如來，將來示現入滅度時也是一種示現，不是灰飛煙滅。《法華經》中已經這麼示現，可是印順法師的書中是怎麼說的？他說：「釋迦如來已經滅度了，不存在了；那麼佛弟子們由於對佛的永恆懷念，所以創造了大乘經典。」「永恆的懷念而創造了大乘經典」，言外之意是：釋迦如來現在已經變成斷滅空了。他要告訴大家的是這個意思，所以現代的人們都應該要相信印順如來；因此假使有誰評論他，就是他所不容許的，一定會隨即寫文章出來辯駁；正覺評論他，則是例外而不被他辯駁。

在他意下是認爲 釋迦如來早已灰飛煙滅了，可是我們不覺得 釋迦如來曾經離我們而去，因爲我們從很多弘法過程的事相中，去體驗到 釋迦如來的慈悲以及寬容。很少人體會到 釋迦如來的寬容，當你體會到了，你才會知道說：我們叫祂 釋迦老子——也就是叫祂 釋迦老爸，其實是很親切的。祖師們不是常常開示說「釋迦老子如何、如何」？有沒有？換成現代話就叫作：「釋迦老爸常常這麼說，釋迦老爸說什麼。」就是這個意思。祂對咱們是很寬容的，可是很少有人感受到；大部分人都說：「釋迦世尊對我們眞的很慈悲啦！」可是慈悲再加上寬容，意涵是大不相同的。

那麼實際上 釋迦如來並不是印順講的灰飛煙滅了，因爲一切 如來於入地之時發了十無盡願，十無盡願的每一個願都說：「虛空有盡，我願無窮。」既然有這十個無盡願，成佛之後可以眞的入無餘涅槃嗎？當然不行啊！雖然如來的境界，祂所證的涅槃遠遠超越阿羅漢的無餘涅槃，但是永遠不入無餘涅槃。那麼 多寶如來前來聽受《法華經》的行動，就是這麼示現給大家知道：「只要有佛講《法華經》，我一定會來聽聞支持。我是很早以前就滅度了，但我依舊存在，不是斷滅空。」就這樣示現。

妙音菩薩當然知道這一點，所以他向 釋迦如來稟告時就說：「久滅度多寶如來在七寶塔中，來聽法不？」他不是只說「多寶如來」，而是說「久滅度多寶如來」，這話在這裡就有一點畫龍點睛的味道。所以修學佛法並不是學著斷滅空，不是只學羅漢法，應該是修學包括羅漢法在內的佛法，當然不應該把諸佛示現的入涅槃，當作是定性聲聞羅漢的入涅槃，那麼這樣就顯示諸佛常住的眞實義了。在寺院裡面，如果你有事情，處理的是有關於寺院的事情，就會有同修告訴你說：「欸！你這件事情是不是要先問一下常住？」對不對？都這麼說的：「你要不要先問一下常住？」

爲什麼要用「常住」這兩個字代表住持寺院的僧寶？當然，事相上是說他們並不是雲遊僧，然而爲什麼不用別的名詞而要說爲「常住」二字？這在表示說：這家寺院是大乘道場，不是小乘道場。而大乘道場中所修學、所實證的法，一定是常住不壞法，所以就對寺中的僧寶簡稱爲「常住」。而諸佛，不論過去多久以前的諸佛，乃至於無量無邊不可思議阿僧祇劫前成佛的諸佛莫不如是，全都是常住。既然有十無盡願受持不捨，「即使虛空有一天壞了，我願仍然無窮」，又怎麼可能會進入無餘涅槃中呢？當然是要十方世界到處受生，不斷示現八相成道；而　多寶如來就是特地來證明這一點：「我已經在很早以前滅度了，但是並非斷滅空，十方世界中只要有佛演講《法華經》的時候，我就一定會來聽，我要證明諸佛是常住的。」好，下一段：

經文：【爾時華德菩薩白佛言：「世尊！是妙音菩薩，種何善根，修何功德，有是神力？」佛告華德菩薩：「過去有佛，名雲雷音王多陀阿伽度、阿羅訶、三藐三佛陀，國名現一切世間，劫名喜見；妙音菩薩於萬二千歲，以十萬種伎樂供養雲雷音王佛，并奉上八萬四千七寶鉢。以是因緣果報，今生淨華宿王智佛國，有是神力。華德！於汝意云何？爾時雲雷音王佛所，妙音伎樂供養，奉上寶器者，豈異人乎？今此妙音菩薩摩訶薩是。華德！是妙音菩薩，已曾供養親近無量諸佛，久植德本，又值恒河沙等百千萬億那由他佛。」】

講義：這一段經文，在經本中的倒數第二行第二句：「妙音菩薩伎樂供養」，別譯經典中是有「菩薩」兩個字，此譯本中是「妙音伎樂供養」。

語譯：【這時華德菩薩向釋迦佛陀稟白說：「世尊！這位妙音菩薩往昔是種下什麼樣的善根，修集了什麼樣的功德，而有這樣的威神之力？」佛陀告訴華德菩薩說：「在過去劫中有一尊佛，名爲雲雷音王多陀阿伽度，同時也是阿羅漢，亦是無上正等正覺；那時的國名叫作現一切世間，那一劫的劫名叫作喜見，妙音菩薩在一萬二千歲之中，在那麼長遠的時間，以十萬種伎樂來供養雲雷音王佛，並且又奉上八萬四千個七寶製成的鉢盂。由於這樣的因緣果報，如今出生在淨華宿王智佛國，有這樣的威神之力。華德啊！你的意下如何呢？那時在雲雷音王佛那個地方，以妙音伎樂來供養，並且奉上寶鉢的人，難道是別人嗎？如今這位妙音菩薩大菩薩就是啊！華德！這位妙音菩薩，過去已曾經供養親近過無量諸佛了，很久以來就種植了非常多的道德根本，而且他接著又親自奉事了恆河沙等百千萬億那由他的佛了。」】

講義：凡是有他方大菩薩來，大家都還不知道他的來歷，也還不知道是誰要來，這時提出來問 佛時，如來就得要先預告說：「這是因爲某位菩薩要來。」然後這位菩薩來了，問訊之後，一定又會有人問：「這位菩薩的來歷如何？」佛陀也要能夠講得出來說：這位菩薩過去世是爲什麼而作了什麼，然後有現在這樣的結果。成佛時得要這樣，如果有人宣稱他成佛了，卻是一問三不知，那我們就爲他冊封爲「三不知佛」，因爲他什麼都不知道而敢宣稱成佛了，當然要被我們這樣判定。人家或者有一樣、兩樣不知道，他卻是三樣都不知道，能被叫作什麼佛呢？所以成佛的事，絕對不是隨便可以自稱的，一定要有那個本質。

諸佛都有十力，是可以無所不知的；除非是勉強授記說某位凡夫何時可以成佛，那當然不能知，因爲他都還沒有成佛的趨勢，無法用來判斷，否則是一切都要能知的。那華德菩薩上來這麼問，並不是挑戰，也不是質疑，而是建立一個機會，讓 釋迦如來爲大家證明眞的是佛，眞的有宿住隨念智力。好！這段經文我們下週再來解說，因爲今天的時間到了。

上一週《妙法蓮華經》一八七頁最後一段，我們已經語譯完了，那麼今天要開始加以講解。這段經文是說，華德菩薩向 世尊稟白：「**世尊！這位妙音菩薩往昔是曾經種下了什麼樣的善根，修過什麼樣的功德，而有這樣的威神之力？**」他這樣問，當然是有原因的；因爲他從東方那麼遙遠的世界來到這裡，這個距離即使以科學發達的二十一世紀的今天，仍然無法想像，所以華德菩薩要向 佛這麼請問。也因爲妙音菩薩的功德不可思議，顯然不是一般的菩薩們之所能知，所以華德菩薩特地這麼請問。

而這個問題本來就該華德菩薩來問，其實也就是問：這個妙法蓮花如來藏究竟有什麼樣的功德？這是華德菩薩才能問的事啊！如果有一個聲聞阿羅漢來問這個問題，菩薩們心裡會笑他不自量力：「**他沒有先打量一下自己**

的智慧與功德到哪裡，就敢提這個問題，顯然不相稱。」就好像一個國小六年級的學生，來請問說：「教授！這微積分要怎麼樣來修學？」是一樣的道理！所以妙音菩薩如何從那麼遠的地方，越過無法想像的佛世界，而在這個地方變現了八萬四千個七寶蓮華寶座，這麼多的蓮華寶座又是這麼莊嚴、如是廣大，當然這並不是意識境界所能變現的，當然是妙法蓮花才有這樣的功德而能變現出來，所以要請問這個道理，當然得要懂得大乘法而且已有無生法忍的華德菩薩來問。因爲他是瞭解妙法蓮花功德的菩薩，所以稱爲華德菩薩。

可是這也代表說，並不是還在因地的妙法蓮花就能夠這樣作得到，而是應該修學到了等覺位過去，已經到了妙覺位，然後才有這樣的能力；所以華德菩薩要問說：「**妙音菩薩往昔究竟種了什麼樣的善根，又是修了什麼樣的功德，所以今天有了這樣的威神之力？**」讓大家知道妙音菩薩的大功德，那麼妙音菩薩遠來護持《妙法蓮華經》的目的才能達成，大眾才會更加尊重《妙法蓮華經》。世尊當然知道這是華德菩薩所應該問的問題，既然已經成佛了，**有宿住隨念智力**，當然立刻就能解答這個問題。世尊因此告訴華德菩薩說：

「過去有一尊佛，名爲雲雷音王如來、阿羅漢、正等正覺；國土名爲現一切世間，那一劫的名稱爲喜見之劫；而妙音菩薩在那個時候，以一萬兩千歲那麼長的時間，用十萬種妙音伎樂來供養雲雷音王佛，並且又奉上了八萬四千個七寶所製成的寶缽。」先來談這一段。

過去有佛，當然不是妙音菩薩現在所依止的佛，因爲佛法沒有現修現證立即成佛的；凡是講即身成佛、即生成佛的人，不論古今，全都是外道，沒有一人例外。佛法的實證本來就是三大阿僧祇劫的事，竟然有人妄想跳過這些過程與實證的內容，想要憑白一世成佛，那都是妄想、夢想的愚癡人；所修的內容當然一定是外道法，絕不可能是眞正的佛弟子。在還沒有人成佛之前，第一尊佛成就佛道的摸索時間，那可就需要無量無邊百千萬億不可思議阿僧祇劫；有第一尊佛成佛了，把成佛之道的全部內容整理出來給大家遵循，就不必再摸索及繞遠路了。但即使如此，所應斷除及應修證的內涵，卻依舊是無量無邊廣大無垠又極深奧和勝妙，所以即使有人成佛了，爲大眾具足演述成佛之道，大家追隨尊崇而修學實證，也得要三個很長遠的大阿僧祇劫才能完成。

妙音菩薩如今都已是妙覺菩薩了，當然他是已經修學很久的菩薩，當然是在很久以前就曾因為某一個特殊的護法行為，從那時開始快速成就道業，當時他所護持的那一尊佛一定不是現在他所依止的 淨華宿王智如來，而是過去很多劫以前的佛，那一尊佛名為 雲雷音王多陀阿伽度。關於「多陀阿伽度」可能要稍微解釋一下：「多陀阿伽度」是另一種翻譯，你們如果有唸過 藥師如來的咒——〈藥師咒〉，裡面就有一句「怛他揭多」有沒有？其實那個是依古時的河洛話翻譯的，眞正的梵音應該唸作「搭他—嘎搭」（編案：他字音稍微拉長），那麼「搭他—嘎搭」的意思就是「如來」，有時譯作「怛他揭多」。「搭他—嘎搭」是因為什麼緣故而譯作「多陀阿伽度」？為何中間多了一個「阿」字？是因為「搭他—嘎搭」的「搭他」後面有一點長音成為「阿」的音，所以「搭他—嘎搭」就被譯作「多陀阿伽度」，「多陀阿」就是「搭他」，「伽度」就是「嘎搭」，不同時期的語音不同才有不同的語譯，其實應該唸作「搭他—嘎搭」。

那麼「搭他—嘎搭」就是「如來」的意思，所以這位世尊叫作 雲雷音王如來。所有的如來也都同時是阿羅漢，因為阿羅漢所證的果位是在成佛前兩大阿僧祇劫入地前就已經修證完成的，所以諸佛也同時被稱爲「阿羅訶」，「阿羅訶」就是阿羅漢；當然同時也是正等正覺，也就是「三藐三佛陀」，就是無上正等的眞正覺悟者。當時的淨土國度名爲「現一切世間」，既稱爲「現一切世間」，當然就跟《法華經》講到〈藥王菩薩本事品〉以後，常常講到的「現一切色身三昧」有關了。

這意思是說：這個現一切色身三昧，其實就是過去很多劫以前，有這麼一尊 雲雷音王如來，祂成就的淨土稱爲「現一切世間」；是因爲祂傳了一個「現一切色身三昧」，所以國名就稱爲「現一切世間」。那麼當時的那個劫的名稱就稱爲「喜見」。諸位想想看，如果你離開了胎昧，而你所有的同修好友們也都離開了胎昧，當某甲先轉生到下一世去了，他也沒有胎昧，有一天你跟他又相遇了，是不是「喜見」？難道你不喜歡再看見他嗎？不然怎麼都沒有點頭？是了，當然是喜見。就好像說，哪一天 克勤大師回來，我又遇見他，或者 舍利弗回來時我又遇見他了，一定上前一把就能抱住他。

這是因爲每一個人假使都沒有胎昧時，不管誰走了，你都不會有悲傷，是因爲你很清楚他會受生到哪裡去，他也清楚知道自己會到哪裡去受生；然後下一世哪天又有個機會再度相見了，一樣要叫作「喜見」。那麼這是從久學菩薩悟後事修到三地滿心，或者最遲到五地滿心以後的事情。如果從理上來說，譬如你家媳婦生了個孫子、孫女，你當然也是喜見啊！因爲這一定是過去世曾經有緣的人，才會生到你家來呀！那麼他出生了以後，當然不免要有類似慶祝的事情，親友之間，總是要去報喜的；報喜了之後大家來了，總是想：「欸！這是有緣人，又來相聚了。」即使是世間人，也不會厭惡這個孩子到來，何況是已經修行多劫都互相認識的人呢！所以也都會認爲說：「這是個有緣人，才會投胎到我家來。」親朋好友來拜訪時，當然也同樣是這個想法，所以往往要過來瞧一瞧，摸摸這個嬰兒小臉頰。甚至還有許多親朋好友，喜歡在他臉上親一下呢，那麼這些都叫作「喜見」。

除了「未生怨」被叫作阿闍世（王）以外，不管誰都被叫作「喜見」。由於這個緣故，對一切新生的有情都抱著歡迎的心態。那麼這是在事相上說，不但人間如此，忉利天中如果看見天眾越來越多，大家都會很歡喜。只要忉利天的天眾一出生，當然大家都歡喜；因爲天眾越來越多時，勢力就越來越廣大，不怕阿修羅來戰爭，所以也都叫作「喜見」；因爲這是顯示修羅眾日減，天眾日增，所以也都叫作喜見。你們曾經有誰看見家裡媳婦生了孩子，你們擺一個臭臉給她看的？一般不會有，所以都叫作「喜見」。

但這只是在世間道理上來說，因為事實上一切有情都是相生不已，所以生了孩子一定都叫作喜見，除非是個異常的怪人。那麼過去很多劫以前 雲雷音王如來時，因為很多菩薩們都是沒有胎昧的，所以他們那個劫就稱為「喜見之劫」。當時妙音菩薩在一萬兩千歲的時間裡，用十萬種勝妙的音樂來供養 雲雷音王佛，在供佛的儀軌之中免不了也會有讚佛的內容，是以讚歎類的言語來讚歎；如果你把它編成音樂來讚歎，既是伎樂供養，同時也是讚佛，就有雙重的功德。

因為妙音菩薩當時是在一萬兩千歲之中，用勝妙音樂去供養 雲雷音王如來；在這麼長的時間之中，總不可能永遠都用同一首偈頌、永遠用同一曲音樂來供養吧？因為你如果這樣連續不斷都是同一首音樂，到最後就會變成噪音了。你們要是不信，可以自己實驗，看是哪位音樂家的音色最美；現在音色最美的音樂家是什麼人？聽說有一個西洋女生，前些時候不是來臺灣演唱過了？什麼美音之王，有沒有？你就選她最好聽的曲子，也不必單選一首，就選三首好了；這還是有變化的三首，那你連續一週播放不停試試看，最後你一定會認爲那都是噪音，你聽到就會很厭煩。停止播放時反而會鬆一口氣說：「終於可以輕鬆一下了。」

所以不可能用同一首伎樂來供養佛達到一萬兩千歲，當然會不斷地創作不同的音樂和歌詞，來供養 雲雷音王佛，所以一萬兩千歲不斷創作而作供養時，總共有了「十萬種」。由於這個緣故，他成就了妙音的功德。再加上他奉上八萬四千個七寶缽，所以又增長了大福德，這樣作爲剛開始快速進展道業的一個近因；所以繼續修行到 淨華宿王智佛的今天，他成就妙覺位的功德，美名爲「妙音」菩薩。

當然，這「妙音」之名另有意涵，我們等後面再來說明。但是諸位可以想想，譬如你今天在同修會裡面，還沒被選派到什麼樣的執事，你想：「剛好我自己嗓子好，音準很正確，演唱時也很有善巧方便，唱起歌來很有韻味，所以我去加入梵唄組。」那麼凡是有法會——當然我們說的法會不是指唱唱誦誦的法會，我們說的是佛法修學的聚會。那麼剛開始以及結束時，總是會有一些儀軌，就可以有一些唱誦；那你來擔任這個角色，其實也很好，這也是種下未來「妙音」菩薩境界的功德之一。

那麼因爲在一萬兩千歲之中「以十萬種伎樂供養」，這個功德很大；但要注意的是，他這一萬兩千歲的供養，顯然要花很多的心思不斷創作，所以常常變化不同的伎樂來供養 雲雷音王佛。由於用這種妙音供養的緣故，再加上供養了八萬四千個七寶鉢，所以成就了今天妙音菩薩的廣大福德，道業快速增長而有了今天的功德，以及可以隨意變化示現的外在功德，就能夠同時變化出八萬四千個極勝妙、極高廣的七寶蓮花寶座。

但這意思是代表甚麼？這是代表「請佛住世」。因爲當你以妙音來供養如來的時候，一定希望 如來飲食無缺、身心輕利，那麼這時同時也要爲眾生請求 佛陀常住世間；由於這樣的遠因，種下了未來世他成就妙覺位功德的時候，有「妙音菩薩」這樣稱號的功德。所以 世尊作了一個小結論說：「由於這樣的因緣果報，如今出生於淨華宿王智佛國之中，他有了這樣的威神之力。」接著 世尊就作了一個反問式的說明：「華德！於汝意云何？爾時雲雷音王佛所，妙音伎樂供養，奉上寶器者，豈異人乎？今此妙音菩薩摩訶薩是。」也就是說，當時一萬兩千歲之中，以十萬種伎樂來供養 雲雷音王如來，並且又奉上了八萬四千個七寶製成的寶鉢的菩薩，他用妙音來供養一萬兩千年，並不是別人，就是今天眼前的妙音菩薩。

接著世尊又作了一個很重要的開示，雖然大家可能不會覺得這是重要的開示，世尊說：「**華德！是妙音菩薩，已曾供養親近無量諸佛，久植德本，又值恒河沙等百千萬億那由他佛。**」這意思是說，每一個人成佛的過程中，都必須要供養親近無量諸佛，才能使福德具足圓滿；不可能只跟隨著一尊佛而到未來世就可以直接成佛的，除非你準備聽公雞啼。公雞啼時，不是每天早上跟你唱著「咕—咕—咕——，咕—咕—咕——」嗎？那聲音的閩南語翻成國語就叫作「久—久—久——，久—久—久——」，你每一天都要聽著，每聽一遍就增加很多的久，如是每天聽，看要聽多少個久？一直聽到你供養了很多、很多佛而使福德大幅度增長以後，才不會再聽到。

前面〈授學無學人記品〉中世尊也告訴我們說，阿難將會最快成佛，那是有特殊因緣的，因爲阿難是與世尊同時發菩提心的人，不是與其他諸大弟子同輩的人。接下來五百大弟子或者十大弟子們，他們最快成佛的人，未來還需要再供養親近諸佛最少的人，也就是最先成佛的人。而最慢成佛的須菩提，他則是要再供養更多、更多的佛，他還需要再供養的佛數目是最多的；可是大家都不會注意到這一點，都只會注意到還要多久的時間才能成佛。同樣是三大阿僧祇劫的成佛過程，為什麼會有這樣的差別？因為這三大阿僧祇劫，有不少人是可以把**短劫化成長劫**而緩慢成佛的，也有人可以把**長劫化成短劫**而快速成佛的。所以同樣三大阿僧祇劫的時程，須菩提最後成佛，摩訶迦旃延最快成佛；這是因為往昔不是專門在自己的道業上面去特別注重，而只是盡心盡力地供養諸佛，至於自己的道業有沒有快速得證，他並不怎麼在意，因此 世尊說妙音菩薩已經供養過很多佛了。

雖然摩訶迦旃延表面上看來，道業是比人家差，他只是努力供佛：親近諸佛、禮拜瞻仰、恭敬奉事，但是因為他親近奉事了很多佛，福德比別人大，所以到了 釋迦牟尼佛這個時候，他反而成為十大弟子中—除了阿難以外—將來會第一位成佛的人，這不是沒來由的呀！也就是說，如果你成佛想要能夠更快，就必須要盡早奉事親近、供養禮拜諸佛，越快越好！所以賢劫有一千尊佛來示現，究竟好不好？真的好啊！讓大家福德快速增長，功德智慧就能跟著快速增長，這真是求之不得的事，只有愚癡人才會說：「**唉呀！這個**

劫中有這麼多佛，我要奉事到什麼時候？」那眞是愚癡人啦！

因爲有時候整整三十一劫、整整六十劫中都沒有一佛出現；娑婆世界曾經這樣，以往曾經整整三十一劫，以及整整六十劫之中，都不曾出現一尊佛。而如今這一劫中，我們還有九百九十六尊佛可以瞻仰、親近、供養、奉侍、隨學，眞的太棒了！特別是你們在正覺可以實證，接著未來世還可以親近九百多尊佛，再也找不到這麼好的事了，所以心中應該歡喜，不自覺就說：「嗯！眞的不錯！」對不對？是呀！

反過來，譬如說，你如果往生去極樂世界，在那邊當然可以一直住到成佛，但是你要等到什麼時候成佛呢？又譬如說 世尊有講過，阿彌陀佛無量劫之後也會示現入滅度，接著是 觀世音菩薩接替成佛；可是 觀世音菩薩成佛，住世無量劫以後也會示現滅度，然後由 大勢至菩薩跟著成佛；就這樣子，如果大家都不離開極樂世界，繼續排下去，那你現在往生過去，要排在第幾順位？每一尊菩薩成佛以後都會住世無量劫，你在這裡的同修們可能已經又度很多弟子成佛了，而你還在那邊等著成佛。所以我才說，我們要取長補短，才會講《禪淨圓融》的題目，對不對？就是這個意思。

也就是說，其實 世尊這一段短短的開示中，說妙音菩薩「已曾供養親近無量諸佛，久植德本」，然後還要「值恒河沙等百千萬億那由他佛」，才能到達今天這個地步。所以大家成佛的過程中，都需要親近禮拜、供養、奉事、受學的諸佛數目，大約是相同的。那麼你要設法怎麼樣去親近越多的佛，這才是最重要的事；因爲每一尊佛都可以讓你廣種福田、增長大福德。成佛之道最難修證的並不是智慧，因爲智慧之門，只要親近一尊佛就可以從十信位一直聽聞到妙覺位的法，全都可以聽得到。可是你依舊不能成佛，原因是福德不夠而無法全部相應；因此最難修的是福德，所以應該要怎麼樣去親近禮拜、供養、恭敬一一諸佛、受教奉行，這才是最重要的。

因此我才會勸大家說，你假使發願往生去了極樂世界，不要逗留太久，在那邊聽聞一會兒可以入地了，就要趕快回來娑婆世界，不要錯過 彌勒尊佛。彌勒尊佛這邊示現入滅了以後，你想要再去，當然還可以再去呀！但是還要記得下一尊佛出世之前就得再回來，要記得這一點。可是也不要誤會說去那邊回來，然後在這裡一出生就剛好又遇到佛出世，沒有這回事，因爲不同世界的時劫長短因緣不同。譬如 釋迦如來即將示現在人間之前，菩薩們都得要先來人間受生；在　釋迦如來還沒有下生到人間之前的那個時間，可能是一千年、兩千年、三千年、五千年不等，大家就先後陸續來人間受生等候著。以人間的時間看來好像很長久，可是從兜率天的境界來看，人間幾千年只不過是這麼短短一會兒，很快就過去了。

所以大家應該要有這個認知，然後可能你受生到這裡來時，發覺人間怎麼都沒有佛法，那時你也不會想要學什麼佛法，因爲都還有胎昧，但是因緣已經在安排了，那你就在人間待著；一旦其他的大菩薩們也都到齊，佛就會來示現了，這時又可以親近下來這裡示現的某一尊佛。那麼這樣子就告訴我們說，妙音菩薩之所以有今天這樣的妙覺位證境，不是沒有來由的。因爲他過去在　雲雷音王如來之前，已曾經供養親近過無量諸佛；而在　雲雷音王如來住世時，於一萬兩千歲之中，「以十萬種伎樂供養」於佛；然後他又奉上七寶所成的八萬四千個寶缽，這樣來讚佛、請佛住世。接著又作個結論說，他在　雲雷音王如來之後，又值遇了「恒河沙等百千萬億那由他佛」；都同樣對一一佛親近、禮拜、供養、奉事、受學，直到現在，終於在　淨華宿王智佛座下成就妙覺位的果德。

所以從這個經文來看，往往忽略而覺得這段經文的內容沒什麼，一直都沒有誰看得透其中的道理，因此千萬不要像某一些學佛人說的：**「我是釋迦如來的弟子，爲什麼我要去極樂世界？」**他們都沒有想過說：釋迦如來爲什麼要勸他們去極樂世界？因爲成佛之道並不是只跟隨 釋迦如來一尊就能成佛的，很多人都沒有想到這一點。因此，一定是要不斷地十方世界遊歷，只要有佛成佛，就要去追隨，不要空過。不管多麼遠，就像妙音菩薩一樣一念就到。往生的時候都是一念就到的，只要你的緣在那裡，一念就到。光要走多久？用光速去走的話，你從這個世界投胎到另一個世界去，可能你要好幾萬光年才能成功投胎過去。

就別說恆河沙數世界外的某一個世界，單單從這個娑婆世界去到下一個世界，你眞的無法想像那有多遠；只是從我們這個娑婆世界的這一邊，經過中央去到另一邊的邊緣，用光的速度就得要跑十萬年；那你如果到另一個世界去投胎，到底要跑多久才能到？因爲那個距離不是只有這一個世界兩端的距離，而是這世界兩端距離的幾十倍或幾百倍。如果是以光速，要從 淨華宿王智佛國來到娑婆世界，用光的速度、電的速度，你在出發幾百萬年後依舊還到不了，可是心卻一念可到，妙音菩薩指的正好是這個心。

這樣子說明讓大家瞭解了，所以不管你往生去極樂世界、去琉璃世界，或是去哪個世界都好，往生以後一定要隨時請問那個世界的世尊說：「我所從來的娑婆世界，彌勒尊佛什麼時候會示現？」一定要問清楚，當時間快要到了，就要提前回來娑婆世界，多親近一尊佛就快一點成佛。也許有人想：「我早成佛、晚成佛，有什麼差別？」對自己而言，依眞如來看，當然是沒有差別，反正一樣是行菩薩道。可是行菩薩道中的這三大阿僧祇劫的境界，待遇是不一樣的；在三賢位裡面行菩薩道，你努力救護眾生，卻是要被想要救護的眾生糟蹋的。即使你入地了，還沒有發起三昧樂意生身之前，不具有辦事靜慮之前，你無私無我地奉獻給眾生，眾生一樣繼續糟蹋你，那你是不是要設法先超越這個階段？

若是已經超越了，以後的其他階段——四地以後的階段要怎麼樣度眾生，慢慢來也都無所謂。因爲那時的遊戲人間，不必被眾生辱罵、糟蹋、刺殺，這樣來遊戲人間是不是好一點？若是像咱家這樣遊戲人間，其實不好玩，因爲我這個遊戲人間，就是把法送給眾生，然後往往要被眾生打死、殺死、辱罵、侮辱，甚至於現在還被加上官司告訴，所以我現在有前科了，我是被法院判決爲毀謗達賴喇嘛的前科犯了。這就是說，在不同的階段，你在人間行道，同樣是行菩薩道，待遇可就大大不同，那麼你要怎麼樣快速去超越這個階段，這才是一個最切身的課題。

可是也不要因爲我這麼一講就被嚇倒，因爲這個過程大家都要經過，我先走、先被辱罵、先被殺、被打、被告，諸位將來也會遭遇，問題是你怎麼樣可以盡快把它超越？盡快超越的好處，就是將來離開胎昧了，從那時開始的每一世，你繼續去尋找：某人在五年前過世了，如今在什麼地方，你一看就知道：「喔！在那裡。」於是你就去找他「喜見」；然後再看某人現在應該要回到正法中來了，又去找一找，找出來了，又去找他，一樣是「喜見」，又把他拉回來正法中；這是你將來有「三昧樂意生身」，以及已經有「辦事靜慮」之後在人間的行道，這時遊戲人間可就不一樣了，這樣子對眾生才是有利的。

儘早超越這個階段，不是只有對自己有利，也是對眾生都有利。因爲你可以了知每一位有緣人過去世和你的因緣，然後你怎麼樣去觀察，看是什麼時候去找他最恰當，這樣子幫助他就是最快的時節因緣。你可以去觀察出來，那麼過去世曾經追隨你的人，就得到大利益了，已經不單是你自己的利益。那你能夠越早超越三賢位以及三地滿心前的階段，就是對大家最有利益的事。然而要超越這個階段、最快的方法是什麼？就是「供養、奉事、親近、受學」於更多的如來。假使一劫之中有一萬尊佛出現，那就最好了，千萬別嫌累，因爲機會難得啊！

在這一段經文中 世尊告訴我們這個道理：妙音菩薩在 雲雷音王佛之前就已經供養親近無量諸佛，而在值遇 雲雷音王佛的那一世，整整一萬兩千歲「以十萬種伎樂供養雲雷音王佛」，種下這個妙音的功德以後，接著他又值遇了恆河沙等百千萬億那由他諸佛，於是他才有今天的功德。所以如何能夠親近更多的佛，才是最重要的事，千萬別想著說：「我什麼世界都不去，我是釋迦如來的弟子，我爲什麼要親近琉璃光如來？」不能這樣想。不該抗議說：「欸！我才不要去極樂世界呢，我是釋迦牟尼佛的弟子，爲什麼要去親近別的佛？」不能這樣想，因爲 釋迦如來早告訴我們：應該要親近奉事、追隨受學、供養無量無邊諸佛，這才是行菩薩道者應該有的態度。

那麼有了這個正知見，不再執著於某一尊佛，未來世行道就會快速多了。可是你去觀察那些淨土宗念佛法門的人，不論跟他們講其他的諸佛等等，他們全都不聽，只聽 阿彌陀佛一句話。可是他們沒想到的一點是：他們去到極樂世界以後，那邊的一天等於娑婆世界一個大劫；在那裡的每一天早上，阿彌陀佛都會催著他們離開，要他們用衣襟盛著 阿彌陀佛給的種種勝妙蓮花，去到十方世界覲見諸佛一一供養；每天早上都要趕他們離開，到十方世界去供養諸佛。這也在告訴我們說，其實成佛的過程之中，是應該親近供養、奉事受學於無量無邊諸佛的。

可是，當你在極樂世界每天用衣襟盛著很多的勝妙蓮花去供養十方諸佛時，那蓮花是誰給的？是你自己變出來的嗎？喔！這一點可要想清楚！那麼每天早上去十方世界供佛的福德，大部分還是 阿彌陀佛的；所以福德的修集在我們娑婆世界其實是很快的，看見那一些貪得無厭的眾生時，甚至於有時在菜市場遇到假比丘，也有假比丘尼，你們心裡不要厭惡，你知道那是假的也沒關係，就給他十塊錢，也是布施修福。若是眞的比丘、比丘尼，布施給一百元、五百元都行。正因爲那一些假比丘們，所以你有機會送錢給他，成就布施。

你如果路上隨便遇見別人就說：「我送你五十塊錢。」他會罵你：「你當我是乞丐呀！」但如果他是眞比丘，你就供養一百塊、五百塊錢，種了大福田。即使是貧窮田——那些假比丘、假比丘尼，遇到這種貧窮田，也是你一個布施的好機會。因此說，在這裡修福德很快，所以 世尊告訴我們說：在極樂世界精進修行百年，不如這裡持八關戒齋修行一日。那裡的一百年到底是這裡的多少劫？我不會算，你們自己算算看，竟然不如在這裡受持八關戒齋修持一天，因爲這裡有很多的福田可以種，也有很多逆境可以修心哪！功德田、報恩田、貧窮田，這裡全都有啊！若是在極樂世界，你要向誰種福田？修福德就很難了。所以只有一個辦法，每天早上用衣襟盛著很多 阿彌陀如來給你的妙寶蓮花，再以祂的神通力讓你飛到十方世界去供養諸佛。

這還不是自己能飛，還是靠 阿彌陀佛的力量去的；供養了半天回來，下午聽 阿彌陀佛說法來修行；可是你在這裡，布施的錢是你自己賺來的；如果你是種花的，遇到哪一位師父告訴你說：「用好花供佛也行。」就送去供佛，至少是自己種的，全都是自己的福德。所以這兩者的差別眞是很大，也就是說，你要怎麼樣設法去供養親近無量諸佛，在許多地方 世尊都告訴我們這個道理，可是沒有多少人讀懂這個言外之意。那麼在〈妙音菩薩來往品〉之中，世尊介紹妙音菩薩的時候已經特地告訴我們這一點，說他今天之所以成爲妙音，是因爲在 雲雷音王如來的時候，作了這樣的奉事和供養；可是在這之前也已經供養親近過無量諸佛，而在這之後又值遇「恒河沙等百千萬億那由他佛」，一樣是如此恭敬供養，才能到達今天妙音菩薩的妙覺位。所以說起來，我們是很幸福的，因爲這個賢劫還有九百九十六尊佛等著我們。那麼 世尊接著又作了什麼開示？我們繼續來恭聆：

經文：【「華德！汝但見妙音菩薩其身在此，而是菩薩現種種身，處處爲諸眾生說是經典。或現梵王身，或現帝釋身，或現自在天身，或現大自在天身，或現天大將軍身，或現毘沙門天王身，或現轉輪聖王身，或現諸小王身，或現長者身，或現居士身，或現宰官身，或現婆羅門身，或現比丘、比丘尼、優婆塞、優婆夷身，或現長者居士婦女身，或現宰官婦女身，或現婆羅門婦女身，或現童男、童女身，或現天、龍、夜叉、乾闥婆、阿修羅、迦樓羅、緊那羅、摩睺羅伽、人非人等身，而說是經。諸有地獄、餓鬼、畜生及衆難處，皆能救濟，乃至於王後宮，變爲女身，而說是經。」】

語譯：世尊接著開示說：

「華德啊！你只看見妙音菩薩以這個色身在這裡，而這位菩薩示現出種種的色身，在在處處爲各種不同衆生演說這部《妙法蓮華經》。有時候顯現梵王之身，有時顯現忉利天王帝釋之身，有時顯現他化自在天自在天身，有時顯現四禪天主大自在天之身，有時顯現爲四王天的天大將軍身，有時則是顯現北方多聞天王天身，有時又顯現了轉輪聖王之身，或者顯現著各種小國王的色身，或者有時又示現著長者之身，或者顯現爲居士之身，有時示現爲宰官之身，有時示現爲婆羅門身，有時則是顯現爲比丘、比丘尼、優婆塞、優婆夷等佛弟子身，有時又示現爲長者居士婦等女人色身，有時示現爲宰官婦等女人色身，有時示現爲婆羅門婦的女人身，有時示現爲童男身、童女身，或者示現爲天人、龍、夜叉、乾闥婆、阿修羅、迦樓羅、緊那羅、摩睺羅伽、人非人等等色身，而爲大家演說這部《妙法蓮華經》。乃至於凡是有地獄、餓鬼、畜生等遭難之處，或者其他各種遭難之處，也都能夠爲衆生作出種種

的救濟；甚至於去到國王的後宮，變現爲女人之身，而演說這部《妙法蓮華經》。」】

講義：好像很玄是不是？其實不玄。這一段經文其實也是理、事俱全。從事相上來說，妙音菩薩也確實是這樣子，可是這段經文單單只說事相嗎？不然！因爲這段經文說的妙音菩薩，其實正是「妙法蓮華經」如來藏的示現。一定有人這樣想過：爲什麼講《法華經》時，多寶如來會乘著祂的七寶塔特地來聽聞《法華經》？也一定有人想過：爲什麼在娑婆世界講《妙法蓮華經》時，得要召喚那麼遠世界的妙音菩薩來到這裡？這裡面都有原因啦！

也就是說，「妙音菩薩」其實指的就是「此經」如來藏，他的五蘊只是「此經」的一種示現。世尊說：「華德！你只看見妙音菩薩的莊嚴色身在這裡，可是這位菩薩背地裡示現種種色身，不管在什麼地方都在爲眾生說這一部《妙法蓮華經》。」也就是說這段經文所說的義理，有表有隱；表是經由召喚妙音菩薩遠從淨華宿王智佛國來到這裡，顯示那麼遙遠不可想像的佛世界的菩薩，他們之所證也是「此經」如來藏；然而妙音菩薩背地裡隱示出來的本質同樣是「此經」如來藏，都是因爲如來藏有妙法——能生一切法，而且如同蓮花一般是自性清淨的，才能夠不計一切於天上、人間、地獄之中而處處示現妙身，才能夠爲一切眾生說法，這叫作「現一切色身三昧」，也就是現一切世間的意思。

諸位要先瞭解：「是菩薩現種種身，處處爲諸眾生說是經典」，到底在講什麼？都因爲「此經」妙法蓮花，才能在在處處變現一切有情之身心，所以妙覺位的妙音菩薩才可以在事相上處處變現。可是他也示現給我們了知的是：理上一切的有情，各自都有的「此經」妙法蓮花，可以世世爲有情示現種種身，永無止盡。譬如有的有情示現離欲，他在修行上面厭惡於欲界諸法，於是他修學離欲之法而獲得禪定；離欲後證得禪定了，於是他們的離欲之身可以成就梵身；如果他們在禪定上面繼續努力實修，而得圓滿禪定的時候，死後便可以得梵王之身，生在色界天中成爲梵王。但是推究他們成爲「梵王身」的背後，仍然是他的「妙音菩薩」所變現的；也就是他們各自的「妙音菩薩」，就是「妙法蓮華經」如來藏。

爲什麼說妙音菩薩「處處爲諸眾生說是經典」？我們在這一段後面再來解說。「或現帝釋身」，是因爲他受持五戒，並且積極修集十善業道，而他的五戒十善是具足圓滿的，所以福德非常廣大。於是他的如來藏就爲他示現了釋提桓因的天主之身；乃至有的人喜歡享受欲界福報的果實，所以他修集了很多福德以後生到化樂天中，於是他得到了「自在天身」；不論想要享受什麼，都隨自己的意思而可以變現及受用，這就是「自在天身」。可是追究他之所以能夠有自在天身——也就是有變化自在天（化樂天）這個天身，以及各種受用的福報，都是因爲他自己理上的「妙音菩薩」如來藏之所變現。

「或現大自在天身」，也就是四禪天的天主身。這可不得了，在一個佛世界中就只有一個大自在天主，只有一位而已，所以他是一個三界之主。那麼像這樣子示現，也是因爲他離欲的究竟，而色界法的實修已經究竟了，所以他的「此經」妙法蓮花——「妙音菩薩」，也就爲他變現了大自在天身。因爲他的福德以及禪定實修是具足圓滿的，他死後就成爲三界主的大自在天主。那麼如果有的人修行不是很清淨，但畢竟也修了許多的善業，那麼他死後將在四王天的管轄之下，當上了天大將軍。天大將軍，在人間常常可以看見，有一些廟中你會看見某某府的千歲爺，這一些都是鬼神之王，他手裡領有許多的兵將。

在道教中，你們常常會看見有這樣的狀況，有的宮廟裡面有黑色的三角旗，插在供瓶裡面，有沒有？那叫作「令旗」，這表示他帶有兵將。可是帶有兵將的宮廟，每逢初一、十五得要供養這些兵將，因爲皇帝不差餓兵，所以他們到了那一天要作的事情叫作什麼呢？閩南語叫作什麼呢？叫作「課軍」（導師以閩南語說），懂不懂？「課」其實是犒勞的「犒」字，犒什麼呢？犒賞軍將，閩南語叫作「課軍」，其實就是國語說的「犒軍」。有時層級高一點時便叫作「課將」（閩南語），有沒有聽過？（大眾回答：有。）有啊？就是犒軍、犒將啊！這表示他那個令旗是作爲指揮冥界軍將之用的，表示那一間廟有那個權柄。

可是有這個權柄時也得每月發餉，皇帝要差這些兵將去打仗，每一個月都要關餉給他們，總不能讓人家餓著肚子去打仗，所以每逢初一、十五都要犒軍也要犒將。這表示什麼呢？表示他那裡有鬼神王，也就是天大將軍在那裡住持。可是他如果家道中落，或者那家宮廟沒什麼香火，把犒軍、犒將改爲一個月一次，他的兵將就會漸漸減少；後來停了都不作供養，兵將可就走光了，空有令旗也沒有用，號令不動。但是那一些香火鼎盛的宮廟，他們的令旗之下，通常都是有非常多軍將的；因爲鬼神界不像人間的空間，所以那一邊的軍將非常之多。

實際上，四大天王手下的天大將軍，各人所統領的軍將是非常多的，很難計算。這不是像我們人間，只要手下有幾千個軍官士兵就不得了，他們算起來往往都是幾萬、幾十萬兵將。然而這只是四王天所管轄之下，因爲他們樂於鬼神之道，所以天大將軍身以前在人間時就是喜歡這種鬼神之道，生前有修福德，死後受生就成爲天大將軍身。那麼他如果要去辦一件大事時，就開口大喊：「眾將官！」有沒有聽過？就是希望眾將都聽他號令，然後就吩咐該怎麼樣作事。那麼這些都屬於天大將軍的層次之內。天大將軍是在四王天的四大天王管轄之下，都是四大天王中的某一天王所管轄之下，也許是在增長天王或者多聞天王之下。

那麼這個天大將軍身的層次大家瞭解了，可是推究到他們的「**天大將軍身**」，究竟又是誰變現的？依舊是「**此經**」如來藏之所變現。「**或現毘沙門天王身**」，毘沙門天王是四大天王之一，叫作「**北方多聞天王**」。在須彌山腰分成東、西、南、北四方，每一方都是由一大天王所管轄著，每一方所住的有情都不相同。持國天王是樂神圍繞，也就是說他那裡的有情主要是乾闥婆；那些乾闥婆來到人間時，各個都是很有名的音樂家；可是去到持國天王那裡時，就只是很多乾闥婆中的一個。

至於增長天王，他身邊除了薜荔多以外，都是鳩槃荼鬼。鳩槃荼，在《法華經》前面剛開始不久就有講過了：說長者的大宅院中荒廢了，那麼有許多鳩槃荼在捉弄狗、狼等等，有時會殺害牠們，把牠們吃掉，所以鳩槃荼是一種血食的眾生；密宗最喜歡供養的就是這一類，所以密宗的護法神層次只在這個地方，還到不了忉利天。而持國天王樂神圍繞，這些樂神是和善的；增長天王身邊則是鳩槃荼鬼等眾生圍繞，愛樂血食，但他們對人間的危害畢竟並不激烈。再來看廣目天王，廣目天王周遭是龍眾圍繞，龍眾動不動就吐出火來，或者降下水來，殘害眾生是很嚴重的，大多是暴怒的有情；所以如果是廣目天王手下龍眾迴心修菩薩道時，牠成佛將會很慢。

世尊授記成佛的十大弟子中有一位，諸位還記得嗎？空生須菩提爲什麼成佛很慢？因爲他老是住在空性中，不與眾生廣結善緣，所以他沒什麼眾生緣。既沒什麼眾生緣，結果就是不能攝受佛土，代表他成佛的時間會很久遠，因爲成佛之首要就是攝受佛土。可是攝受佛土時一天到晚板著撲克臉，好似每一個弟子都欠他五千萬元，那麼弟子們願不願意常常親近他？大多不願意，他就不會有更多的弟子親近。已經親近的弟子也不會每天來親近，最多就是每年過節和過年時來看師父，禮拜過了，供上個紅包就趕快溜了；那他的弟子道業成就將會很緩慢，他就無法快速攝受佛土了，那他的成佛也會很緩慢。

大家都喜歡誰？都喜歡阿難。阿難跟 佛陀是同一個輩分發心學佛的，我們且就不談他。其餘十大弟子中，大家最喜歡親近誰？迦旃延、舍利弗這兩個人，所以他們成佛最快呀！如果是廣目天王手下這一些天龍，既不修學佛法也不受八關戒齋，脾氣都是很暴怒的；那麼因爲有一部分受學了佛法，所以牠們受持八關戒齋，因此成爲護法天龍。一般龍眾才不管你怎麼樣，你只要得罪了牠，那就有你好受了。

像這樣的三類，世尊不說「妙音菩薩」在他們之中示現——不示現爲這三種身，而只說示現爲北方多聞天王——毘沙門天王之身，這是有原因的。因爲乾闥婆神雖然和善，可是他們一天到晚沉浸在音樂之中，諸事都不想理會，也不很想修學佛法，所以你要找一個歌星來學佛，還眞是難上加難。他們想的是：我應該怎樣唱得更好，擁有更多歌迷，賺更多錢。不要期待他們學佛，除非他們已經六十好幾、七十好幾，錢賺夠了，想一想：「我的來日不多，再來我要幹什麼？現在唱歌又唱不好，老了嗓子不很好。」就容易親近密宗，因爲急功近利。所以度這一些人很難。

接著說，增長天王這些鳩槃荼鬼，他們一天到晚喜歡吃眾生肉，特別是生鮮的眾生肉。諸位可以想一想，像這樣的眾生，沒有慈悲之心而不具備菩薩性，那你想要他來修學眞正的佛法時，也會是很困難的事。因爲他們捨不下那個口腹之欲，也無法對眾生發起慈悲心，所以想要度這一些人學佛也非常困難；假使他們眞想學佛時，就會走入密宗去，因爲密宗那些不是佛法的法門與生活，與他們很相應。至於廣目天王座下那些龍眾，各個暴怒如雷，要牠們學佛而修忍辱行，門兒都沒有。所以只有極少數的龍願意成爲佛弟子，就是我們護法神之中天龍八部之一，那是廣目天王座下龍眾中的少數。

所以說，妙音菩薩不示現爲這三種天王身，因爲一個是愛肉嗜血的鳩槃荼鬼圍繞，一個是貪著音樂的乾闥婆——音樂神圍繞，另一個則是暴烈的龍眾圍繞著，在這三種有情之中而想要示現妙音說法並不容易，他們很難靜下心來細細體會妙音菩薩說法。那就只剩下一種：北方多聞天王。多聞天王身邊都是夜叉圍繞，大部分的夜叉有一個特性就是貪淫，但是貪淫無妨，只要不瞋就行；貪淫的結果往往會互相聚集在一起，沒有人貪淫時會說：「**我不要你，你，你離開吧！**」貪淫的夜叉就是會聚集在一起，這在欲界中也是正常的事啊！那麼夜叉雖然貪淫，可是只要教化他們，就可以受學佛法，而且往往一群又一群共同學佛。所以，你們看《楞伽經》是在哪裡講的呢？是在四王天的夜叉國度中講的；世尊是對楞伽王——楞伽王就是夜叉王，是對夜叉王講解《楞伽經》，那可是很深妙的經典，而夜叉們能聽受。夜叉跟人間也常相往來，所以不學佛的夜叉就會跟密宗那些喇嘛相應。

多聞天王座下有很多很多的夜叉，夜叉雖然貪淫，可是也能受學佛法，因此在天大將軍之上還可以示現有毘沙門天王身。毘沙門天王率領的夜叉們雖然多淫，但諸位看《華嚴經》裡面有一位菩薩叫作婆須蜜多，她接引眾生時有很多種方式，有人來見一見就悟了，有人來談一談話就悟了，有人來與她說說笑笑就開悟了。如果是達賴喇嘛來了，就算是跟她上了床過後，保證他還是悟不了，因爲他的知見不對。婆須蜜多有很多種手段度人證悟，那她是不是接引貪淫眾生證悟的？是啊！婆須蜜多是接引貪淫眾生，可是這些眾生遇見了她，各個都能開悟，可也不錯。所以夜叉們無妨貪淫，但是因爲貪淫，就沒有暴戾之氣，也容易跟大家相處，就容易互相度化。所以 世尊說，妙音菩薩示現爲毘沙門天王身，但不會示現爲持國天王、增長天王、廣目天王身，這背後當然是有原因的。

接著說「**或現轉輪聖王身**」，轉輪聖王有四種，不論是哪一種，全都是以法治化；凡是他去過、收服的國度，都必須以十善業道來治化人民，不許行惡法；在這種情形下，也很容易示現「**此經**」，就能夠教化大眾。或者「**現諸小王身**」，小王身，在諸位證悟以後，將來如果可以實證四果而迴向菩薩道，或者實證三果而迴向菩薩道，將來都有可能被佛菩薩指定去當小國王；當小國王的時候就有機會以正法教化眾生，這也是妙音菩薩「**此經**」之所變現。

或者「**現長者身**」，有的人希望的是，示現爲大富長者或者具德的長者，讓人家崇敬；所以即使年歲不大，他也穿起老人的衣服來，他心中喜歡的是長者身，便這樣子示現，他認爲更容易教化眾生。但有的人不計較這個，他覺得說：「我出家了反而不方便教化，如果是居士身，我反而可以深入民間各個階層，所以我就來示現作爲一個居士。」可是不論長者身或居士身，仍然都是妙音菩薩「此經」之所示現。或者示現爲「宰官身」，或者示現爲「婆羅門身」。宰官是說他在人間判斷是非來決斷人間的各種曲直，就像是古時的縣老爺。有的人不想當這個，他希望當一個在家的修行人，就稱爲婆羅門。雖然如此，不論宰官或者婆羅門，其實也都是「此經」妙音菩薩之所變現。

或者示現爲佛門四眾「比丘、比丘尼、優婆塞、優婆夷身」，一樣也是這個道理。有時候則是示現爲「長者居士婦」而成爲女人之身，有時示現爲「宰官婦」而成爲女人之身，有時示現爲「婆羅門婦」而成爲女人之身，也是一樣的道理。因爲有時以女人之身來度化眾生比較容易，那時就改爲示現女人之身。有時候就得要示現爲修梵行的童男身或者童女身，因爲有的人很崇敬修清淨行的人；所以如果遇到這種人，你示現爲「童男身」或「童女身」，要度他們就容易了，否則你就不容易度他們，因此就示現爲童男身、童女身。可是這些不同之身，仍然是「妙音菩薩」之所變現。

或者示現爲「**天龍八部**」乃至「**人非人**」之身，同樣都是這個道理。示現了這麼多身，每一種身從一出生一直到老死爲止，全部都是在演說「**此經**」。也許有人想說：「**豈有此理！難道那些外道也都在演說『此經』嗎？**」我就說：「**是的。**」因爲那些外道也真的都在演說「**此經**」，只是他們自己都沒聽見，因爲他們身中也有「**此經**」妙音菩薩，他們身中的「**此經**」每天示現爲**妙音菩薩**不斷在演說勝妙之法音，只是他們聽不到。所以那些外道們在廟裡面一直在誦經，例如我家附近有一家玄天上帝廟，他們每逢初一、十五都會誦經；他們有自己的科儀，當我聽見了就想：「**喔！他們也在誦《法華經》。**」眞的是如此啊！只是他們不懂，連《法華經》的經名都沒聽過，可是他們也有「**法華經**」，他們各自的「**法華經**」都顯現出妙音菩薩，不斷地演說著妙音，可是他們聽不懂啊！這是說，一切有情其實都是「**妙音菩薩**」之所示現，從一出生就不斷在演說「**此經**」，乃至天龍八部亦復如是；一直說到他死了，然後重新去投胎、出生，又重新在演說「**此經**」。

世尊開示了這一些道理，可是後人只懂得依文解義，都只聽到 世尊開示的語言文字表相。諸位如果不是親證了「**此經**」妙法蓮花，或者至少也去打過禪三，或者至少也聽過同修們說過這樣的妙法，因此能夠信受；假使你現在設定說：自己今晚是第一次來聽「此經」。當你聽到我這麼講解時，心中能不起疑嗎？一定會起疑，然後心裡面可能想：「這蕭平實講經眞是天馬行空，還眞會幻想。」眞的難免喔！但這都是正常的。

事實上　世尊說《法華經》是一切經之中最勝妙究竟的經典，非是無因啊！也就是說這部經典有事有理，眞的很難理解；那我們今天就把它的眞實理講出來，對當代佛教界而言，當他們將來讀到這一套書籍時，已經是他們的「聞所未聞法」了。所以將來印出來流通，可能有很多學佛人讀了以後會說：「這蕭平實胡說八道。」而我也接受他們這個評論，只要他們捨報前看見惡相時懂得懺悔就好。因爲新學菩薩對於聞所未聞法，初聞之時心中驚懼都是正常事；諸位是久學菩薩，要能夠體諒他們，因爲諸位往昔無量劫前也曾經像他們現在這樣子。所以這都是正常的，不必對他們給予異樣的眼光，因爲新學菩薩本來就無法信受這種聞所未聞法。

接著　世尊又說：「諸有地獄、餓鬼、畜生及衆難處，皆能救濟，乃至於王後宮，變爲女身，而說是經。」這可眞的親切了！但是也只對已經證悟者親切，我這句「親切」是有對象限制的。凡是有地獄道、餓鬼道、畜生道的地方，乃至凡是在人間有險難之處，每一個有情各自的「妙音菩薩」都能爲他們作救濟；當你找到如來藏以後，你想想看是不是如此？這到底應該怎麼樣解釋而不會洩漏密意？還眞是難，因爲 世尊規定要隱覆密意說法。可是我如果依文解義時，又有什麼意義呢？諸位一定會想說：「像這樣子依文解義，我自己在家裡閱讀就好了，何必大老遠跑到正覺講堂來聽你講解。」這就是個難題呀！

也就是說，地獄有情是要受極不可愛的痛苦果報，那麼譬如他們正在火熱地獄裡面，時時都在尋找清涼之處；是因爲遍地熱火，所以要尋找清涼之處；當他們看見遠方有一棵樹，一定是清涼之處，就趕快跑過去，他趕快逃離熱火的逼迫，這就是妙音菩薩救濟了他。然後到了那棵樹下，才剛喘一口氣，沒想到那些樹葉都倒懸下來，全都變成利劍而刺進他們身體；於是他們又得趕快拔掉，又得趕快跑離，這也是「妙音菩薩」「皆能救濟」。那麼你看看，那些餓鬼道眾生不也是如此嗎？甚至於畜生道眾生，譬如在路上有時會看見惡狗要咬人，人家生氣起來，拿著棍子開始追打，牠們不就趕快跑了嗎？對不對？這也是「妙音菩薩」救濟牠呀！

即使是三腳狗也是如此啊！有些人看事情時都只看後半段，不想看前半段的事。他們往往在外面看見有些狗，就說：「這狗只剩下三條腿，多可憐啊！是什麼人這麼可惡，砍了牠一條腿？」於是就出來打抱不平、指桑罵槐。等到有一天他獨自一個人遇到那一條三腿狗要咬他時，他才會知道：「唉呀！怪不得牠會被人家剁掉一條腿。」才知道說：「我以前爲牠們出頭，原來錯了！牠們不曉得已經咬過多少小孩子了，才會被人家剁掉一條腿。」

這種狗在山裡面很多，所以有時我開車經過時，大概都是在固定的一、兩個地方，會有這類很兇的狗，每次看見有人騎著機器自行車經過時，牠們就一直吠，找機會想要咬人。有時你會看到有的人就把摩托車停下來，開始要報復牠。那你可能不會想到什麼，我卻是早就知道說：「不必再兩年，這條狗就會變成三腿狗。」因爲牠一天到晚亂咬人，一定有人會處置牠。果然不必多久，牠就變成三條腿了。這種狗，大部分是黑狗；眞的很奇怪，白狗、灰狗較少是兇狠的，大多是黑色的狗。那牠剩下三條腿，卻還是繼續想要咬人，當人家又開始要追牠了，牠很警覺，就提早逃開；牠可就後面兩條腿、前面一條腿忙個不停地跑，得要爲自己救濟呀！但其實是誰救濟牠呢？也是牠的「妙音菩薩」救濟牠，否則牠早就沒命了。

「妙音菩薩」甚至於在國王的後宮之中「**變爲女身，而說是經**」；你們有沒有聽過我講《勝鬘經》，勝鬘夫人不就是這樣嗎？她是在國王後宮出生，身爲公主的女人之身，就是爲她的父母演說這部《妙法蓮華經》，被人整理出來時就稱爲《勝鬘經》，正當那個時候，其實就是「**妙音菩薩**」的示現，「**妙音菩薩**」當時就是「**變爲女身**」而演說這一部《妙法蓮華經》。那麼像這樣的示現就是說，世尊的言外之意、弦外之音，你要怎麼樣去聽得懂，這才是最重要的。如果聽來聽去都只是聽到琴弦彈出來的聲音，從來沒有聽到弦外之音，那你聽了也是白聽。

所以妙音菩薩爲什麼要被 世尊從那麼遙遠的地方攝受過來，然後促成宣演這個〈來往品〉的原因；當這一段經文講完時，諸位大約也就瞭解了。所以說，這一部經到底深不深？深！妙不妙？妙！所以《妙法蓮華經》總成了一切三乘菩提的經典，作爲圓教的經典來圓滿 世尊的一代時教，不是沒有原因的。好！今天講到這裡。

《妙法蓮華經》上一週講到〈妙音菩薩來往品〉，一百八十八頁第二段講完了，今天要從第三段開始：

經文：【「華德！是妙音菩薩，能救護娑婆世界諸眾生者。是妙音菩薩如是種種變化現身，在此娑婆國土，爲諸眾生說是經典，於神通變化智慧無所損減。是菩薩以若干智慧明照娑婆世界，令一切眾生各得所知；於十方恒河沙世界中，亦復如是。若應以聲聞形得度者，現聲聞形而爲說法；應以辟支佛形得度者，現辟支佛形而爲說法；應以菩薩形得度者，現菩薩形而爲說法；應以佛形得度者，即現佛形而爲說法。如是種種隨所應度而爲現形，乃至應以滅度而得度者，示現滅度。華德！妙音菩薩摩訶薩，成就大神通智慧之力，其事如是。」】

語譯：世尊接著又開示說：【「華德啊！這位妙音菩薩，是能夠救護這個堪忍世界眾生的人。這位妙音菩薩像這樣子種種變化而顯現各種色身，在這個娑婆國土的世界中，爲種種眾生演說這一部經典，但是神通變化智慧上面卻不會有所損減。這位妙音菩薩，以許多種不同的智慧，很清楚分明地照耀這個娑婆世界，使得一切眾生各自隨著他們的程度而分別獲得不同的所知；不但在堪忍世界中如此，他在十方恆河沙數的世界中也是一樣的。如果應該以聲聞形而得度的人，妙音菩薩摩訶薩就顯現聲聞人的外形而為他說法；應該以辟支佛的身形而得度的人，妙音菩薩摩訶薩就示現辟支佛的身形而為他說法；應該以菩薩的身形得度的人，妙音菩薩就顯現為菩薩的身形而為他說法；如果是應該以佛陀的身形而得度的人，就顯現佛陀的身形而為他說法；就像是這樣子以種種不同的方式或者不同的外表，來隨著所應該得度的不同眾生，而為他們示現各種不同的身形；乃至於應該以滅度而得度的人，妙音菩薩就示現入無餘涅槃而讓他們得度。華德啊！妙音菩薩這位大菩薩，成就了這樣大神通、大智慧的力量，他度化眾生、為眾生說法的種種事情，大約就像是這樣啊。」】

講義：雖然剛才我只是依文解義而講，但有些人已經知道我在講什麼了；是因為諸位聽《法華經》到這個階段，你們之中或者是已經被印證者，或者已經有所觸證了，等著通過考驗，所以聽懂我這段依文解義中的隱說內容，知道這段經文中是在講什麼。老實說，講經時假使大家都老老實實依文解義，那麼未來世還有胎昧的菩薩們再來時，就不會被誤導。怕的就像現代這些大師們老是自作聰明，自己隨意亂解釋；更怕的是他們自己被六識論的邪說誤導了，還要來亂作解釋繼續相諍；那麼菩薩再來未離胎昧時，這一生正在初學佛的階段，就不免被誤導，學佛時就變得很痛苦，也會變得遮難重重。

可是如果大家都沒有被相似像法所誤導，即使有人講經時單純依文解義，也可以觸動再來的菩薩們瞭解經文裡面的密意是什麼。所以剛才我只是依文解義，但是你們有些人已經聽懂了。你們懂與不懂，我從你們的表情就看得出來。那麼咱們就來說說看，看這一部經典既然 佛陀說它是最勝妙的經典，說「一切經中以此爲妙」，到底妙在哪裡？

世尊吩咐華德菩薩，因爲華德是這一品的緣起者；那麼華德，也是因爲他瞭解「妙法蓮花」種種能生萬法的功德，所以才會被大眾稱爲華德。同樣的道理，妙音菩薩這一品，上週講完那一段——講完了上一段，諸位知道妙音菩薩是誰了，我卻不妨再問一下：妙音菩薩摩訶薩究竟是誰？大聲一點！對啊！就是「法華經」，一定是如來藏嘛！那麼有些人依文解義時，他在經中讀了當然不能信受，他會想：「妙音菩薩既然這樣子，爲什麼我從來都見不到、也遇不到？」那我們就要說：「天可憐見哪！每天都在你眼前分明爲你說法，而你竟然說你沒見到祂，就說《法華經》所說不實，就誣賴說妙音菩薩不靈感。」

然而「妙音菩薩」可靈感著呢！那咱們就來看一看，這「妙音菩薩」其實也是「妙法蓮華經」如來藏心的別名；祂眞的是大菩薩，乃至於諸佛都要由祂來度，祂就是法，那你說這位「菩薩」大不大呢？當然是大呀！所以諸位異口同聲說大，沒有人說祂小；妙音菩薩也就是如來藏，所以說妙音菩薩是能夠救護這一個堪忍世界一切眾生者。你看那狗掉入水裡面去，人家說那落水狗最好打了，所以大家都要打落水狗；可是不必擔心牠會被打死，自然有妙音菩薩會救牠，所以最後牠依舊從另一面爬上岸去了；牠終究沒被淹死也沒被打死，因爲妙音菩薩摩訶薩救了牠。

即使是餓鬼道的眾生、地獄道的眾生，亦復如是。想想看那餓鬼道的眾生，咽細如針、肚大如鼓，每天爲了求得一口濃痰吃，可都吃不到，因爲被大力鬼先搶了去；可是他即使餓上幾百年、幾千年——我說的是鬼道裡的幾百年、幾千年，他也不會死，因爲妙音菩薩護著他，讓他不會死。譬如地獄道的眾生，不管是在紅蓮地獄或者火熱地獄那麼痛苦，只要一想到飲食，那就會有融銅灌口，但他依舊死不了。所以你看他好像死了，業風一吹，他又活過來了，又好好地重新受苦，那是誰護著他不會死掉呢？有人說是如來藏，有人說是妙音菩薩，統統對。

你看妙音菩薩就這樣救護他的命，他在那邊該活多久就活多久，絕對不會少掉他一天一夜，就一直護著他，讓他活得很長壽。在無間地獄裡面長壽好不好？不好！可是雖然不好，那是地獄眾生的五陰說不好，他們的如來藏妙音菩薩卻都不分別，所以一心一意護著他，就是要讓他活到夠。祂一直在救護他，那他可不能罵祂說：「你這麼笨！我希望早死早超生。」祂離見聞覺知，又不會去分別這個；祂又很公平，從來不分別如是情境；所以祂救護著地獄有情身，讓他活到夠本，那祂是不是救護這個堪忍世界眾生者？眞是啊！

譬如人類，都說人壽不過百歲，「少出多減」；可是一個人如果命不該絕，他的壽量應該活上八十歲、九十歲，他會遭受多少橫逆？有的人一生眞的很淒慘，少小多病，長大以後又常常橫禍纏身，若不是車禍就是被病毒感染，反正都是重病而常常要去住院；甚至於後來腎臟割了一個，肝臟也割了一部分，好多內臟都被割除過。有的人眞是這樣，她一生身體裡面的器官割得差不多了；這是一個女人，身內的器官割得差不多了，可是她如今還活得好好的。那你想，像這樣的人，一般人是救不了的，可是妙音菩薩就一直在救護她，要讓她活到她該有的壽量到了爲止。那你說：祂是不是救護娑婆世界的眾生者？

娑婆就是堪忍的意思，這裡的世界眞的只是勉強可以忍受；即使是癩皮狗，找一頓食物也都不容易，可是牠瘦得皮包骨時，依舊不會死，一直到牠該有的壽量到了才終於捨報，那也都是妙音菩薩在救護牠。所以這妙音菩薩眞的能救護娑婆世界諸眾生，一點兒都不假。那麼愚癡人可能就說：「《法華經》說妙音菩薩是能救護娑婆世界諸眾生者，可是我那個好朋友家裡出事，他想不通而自殺了，我打電話找救護車送他去醫院，我曾經求妙音菩薩，爲什麼竟然沒有救他？」因爲他自己不想活了嘛！誰能救他？可是他如果想活呢，就一定會救他。即使是地獄眾生苦到無法忍受時，希望一死了之，可是他不想落入斷滅空，他想繼續重新有我，所以他受苦不能忍受而死亡的時候，「妙音菩薩」把業風一吹，於是又幫他活過來繼續救護他，是因爲他不想永死啊！所以祂眞的是「能救護娑婆世界諸眾生者」。

可是那一些不懂的人，從這經文的表面來說，以爲有一個從東方無量無邊世界外過來的妙音菩薩，可以來救護他的朋友。其實是他的朋友自然就有一位妙音菩薩摩訶薩，一直想要救他，努力不停止地救他；可是他的朋友自己不想活，那菩薩又怎麼救他？有一句俗話講得好：「哀莫大於心死。」他的心已經死了，他不想活了，要怎麼救他？只要他想活，趕快作補救措施，顯示他眞的想活，妙音菩薩就一定會救他，所以「妙音菩薩」眞的很靈感。

但「妙音菩薩」不但是救護眾生而已，而且還會爲眾生說法。是說這位「妙音菩薩」就像是前面那一段經文說的如是種種變化、現種種身；祂顯現的其實都是法身，可是雖然顯現的是法身，祂卻變化出無量無邊各種不同的色身來。因爲單單法身並不能說法，所以得要有色身配合。可是，既然是說法，當然就不是像前面講的現帝釋身、梵王身、婦女身、婆羅門身。既然是說法而讓有緣人可以得度，那麼所顯現的色身當然就有一個範圍，我們從經文中就可以看得出來，說「妙音菩薩」種種變化現身，是在這個娑婆世界的堪忍情境之中，專門為所有的眾生演說這一部《妙法蓮華經》。也就是說祂示現祂自己而告訴眾生：「我妙音菩薩在這裡呢。」

雖然處處示現而不斷地為眾生演說這部《妙法蓮華經》，可是祂說了那麼多、那麼廣之後，對於祂本身所擁有的神通變化和智慧，全都沒有絲毫的損失或減少。這裡說的「神通」，很多人想：「以前我讀過祖師說的，開悟了就有六通。阿羅漢要修很久才會有六通，菩薩卻是一悟就有六通了。」於是他就在幻想：「我悟了以後，要飛到哪裡去幫助哪一個朋友。」然而他真的誤會了祖師說的道理。龐蘊自己開悟之前，那石頭禪師看上他，不是想要幫他剃度嗎？就問他的意願，他就說：「願從所慕。」意思是：我還是想依照自己的方式來自利利他，不一定要出家。所以就沒出家。

有一天他談到開悟的神通妙用，第一句是講什麼？現在想不起來了，其中有這麼說：「神通并妙用，運水與搬柴。」真的好奇怪，是不是？假使悟了以後應該有神通，而這個神通以及妙用，就只是每天搬柴挑水。當然，這個神通與妙用以外還會有變化，所以變來變去是不一定的。這一世在這裡當個女人，可以化妝得漂漂亮亮的，穿很光鮮的衣服走出門去，誰見了都要瞄她一眼，她心裡覺得很好，一直到學佛以後才不再每天化濃妝。可是上一世在天上當天女，那時可美了，但是一個不小心下來人間，假使因緣不好，遇到邪師而走入密宗去了，下一世變成地獄身時，這也都是「妙音菩薩」變出來的，你說祂的神通變化厲害不厲害？是厲害啊！

但祂爲什麼能有這個大神通？因爲祂有「現一切色身三昧」。祂這個三昧並不是修來的，是本來就有的；所以祂雖然在娑婆世界中到處示現，挨家挨戶都在示現著，而且上從天界下至地獄，每一個地方祂都在示現，但祂這樣示現的目的是告訴眾生說：有這麼一部「妙法蓮華經」如來藏，又名「妙音菩薩」。雖然這樣子時時處處爲眾生演說這一部經典，可是祂的神通變化以及智慧，可都沒有任何損減；所以上天下地時，所謂上窮碧落下黃泉，祂的神通與智慧都沒有絲毫損減，而祂時時刻刻同時都在演說這一部《妙法蓮華經》。

也許有人不太相信，那麼再來看看後面怎麼說：「是菩薩以若干智慧明照娑婆世界，令一切眾生各得所知；」是說這位「妙音菩薩」以各種不同的智慧，很清楚明白地示現出祂的法身來，照耀於整個娑婆世界中，使一切眾生隨著他們的因緣各自得到他們所應該知道的。也許有人不太相信，心裡面想：「如果是三乘菩提中實證的賢聖，我倒可以相信這件事；如果是凡夫眾生，怎麼可能讓他們『各得所知』？我不信。」好！由此一語，咱們來分辨看看，眾生往往臨命終了，不得不死的時候，他心裡面想：「唉呀！我不想死。」可是不得不死，因為壽命到了，再怎麼掙扎也沒用，最後終於還是得死啊！他心裡想：「還好！我死了以後，二十年後依舊是一條好漢。」南傳佛法的《阿含經》中說這就叫作「欣阿賴耶」，不知南傳《阿含經》──《尼柯耶》──中這部分經文還在不在？古時記錄的《尼柯耶》中有這樣的記載。

這就是凡夫眾生對阿賴耶識──如來藏──有所欣喜，死時心裡想：「好在我還有這個心存在，所以我未來世還會重新出生，二十年後又是一條好漢。」這種掙扎的情況並不是世俗人才有，出家人中也有的。以前桃園縣──不講哪個市──有一位法師臨終，大家去幫他助念，說是很危急了；大家來助念到三更半夜，已經過了凌晨一點，然而大家看著覺得他不會這麼早走，所以大部分人就先回家去，少數人留下來繼續助念，於是就開始輪班。當大家輪班助念以後，白天也有人幫他助念，晚上也有人幫他助念，一直輪班助念了多久呢？三天三夜。到了第三天夜裡，大家說：「**看來他不會死，走啦！走啦！大家都回去啦！**」大家走了，就沒有人幫他助念。可是大家才剛回到家裡，電話馬上來說：「**他走了！**」因爲沒有人陪他，所以他不再掙扎也就走了。

你看，爲他助念三天三夜，他眷戀著人間不肯走，最後終於不得不走；可是不得不走時，他也沒什麼掙扎，就這麼走了；也是因爲大家都走了，沒有人陪他，他自己隨後也就跟著走了，並沒有掙扎。但他那時爲什麼願意走了？正因爲是「欣阿賴耶」。也就是說，他心裡面還有一點欣喜說：「**沒關係！反正我死了以後，還有一個常住的心可以讓我重新再出生。**」所以他也沒有掙扎就死了。

那麼一般活著的眾生就叫作「樂阿賴耶」，因爲每天到晚都在阿賴耶的功德之中快樂地過生活，這不就是「樂阿賴耶」嗎？他們知道有這麼一個常住不壞心啊！只是不懂得祂叫什麼名稱？有時候把祂叫作意識、細意識等，以爲說：「**我活著的這一切，全都是我的細意識可以作到，所以我死了以後，這意識重新再去入胎，然後下一世的我又出生了。**」他都沒有想說：「**我的**

意識住胎時，既然意識還在，爲什麼我都不知道？」所以他們愛的是阿賴耶識，也就是如來藏「妙音菩薩」，只是他們自己不知道；因此，天竺菩薩的論中說到南傳佛法中的經典時，曾經說到南傳的經典中有說「愛、樂、欣、喜」四種阿賴耶識，稱爲愛阿賴耶、樂阿賴耶、欣阿賴耶、喜阿賴耶。不知現在南傳的那些經典中，還有沒有這一部經典存在，還是失傳了？那麼從證悟的菩薩來看，就說眾生這種心情叫作「欣阿賴耶、樂阿賴耶」。

所以只要阿賴耶識的功能不能顯現的時候，他就心急了：「不行！我今天趕快要去醫院；兒子！你趕快幫我掛號。」急得不得了。只要一絲一毫不能運用的時候，他就覺得急了，這都叫作「愛阿賴耶」，眾生都是這樣啊！顯然「妙音菩薩」是時時爲他們示現的，這不就是「妙音菩薩」讓眾生知道有這個心嗎？是啊！然後去醫院治了病，住院一個月以後終於正常了，病好回家了說：「好在我有這個心，不然我還眞沒命啊！」這不就叫作「喜阿賴耶」嗎？所以眾生在娑婆世界中雖然是凡夫，有這四個狀況，就叫作「愛阿賴耶、樂阿賴耶、欣阿賴耶、喜阿賴耶」。

但是他們沒有修學佛法，或者修學了佛法以後，並沒有遇到眞正的善知識教導，所以不知道自己這個常住心叫作阿賴耶識，又名如來藏。但是他們畢竟知道有這麼一個心是常住不壞的，可以使自己輪迴不斷而永遠不會斷滅，這其實就是「妙音菩薩摩訶薩」令娑婆世界的「一切眾生各得所知」。這經文一點點都沒有瞞人啊！只是一般大師與學人和世俗人都不懂，所以有人聽了以後心裡面還懷疑說：「這位『妙音菩薩』『以若干智慧明照娑婆世界，令一切眾生各得所知』，可我怎麼都不知道祂的存在？」或者怪起「妙音菩薩」來：「這『妙音菩薩』顯然瞧不起我。」其實是他誤會了佛說的「妙音菩薩」的眞正意涵。而這位「妙音菩薩」每天在他身中爲他說法，只是他不知道罷了。

那麼「妙音菩薩」在娑婆世界如是，在十方恆河沙數的無量無邊世界之中，祂也都是這樣示現的。「妙音菩薩」眞的很慈悲呀！祂在人類之中這樣示現，讓人們「各得所知」以外；祂也在天界如是示現，讓一切天人「各得所知」啊！祂也讓畜生道、餓鬼道、地獄道眾生，一樣「各得所知」。不但如此，祂也在螞蟻、蟑螂、細菌、病毒身上示現，也是想要讓牠們「各得所知」；只是這一類有情的分別能力太差，所以都不懂得了知這個事實，然而牠們死時依舊是眷戀自我的，顯然「妙音菩薩」也是已經讓牠們「各得所知」了——雖然牠們之所能知也就只有如此。

當諸位找到自己的「妙音菩薩」時，可以用比量去推斷地獄有情是不是同樣也把「妙音菩薩」抱得緊緊地，一刹那都不肯捨離啊！可見妙音菩薩眞的也讓地獄有情各得所知，當然是有爲他們「說法」，只是他們聽不懂，聽了等於沒聽，因爲他們沒有聽到「妙音菩薩」說法時的「妙音」。其實「妙音菩薩」是不斷地在演說著，可是他們只聽到世俗音，聽不到「妙音」也就無可奈何。

那麼既然是「說法」，得要顯示眞的有「說法」這回事。要怎麼樣來證明「妙音菩薩」眞的有說法這回事？就從三乘菩提來作證明，所以祂又這麼示現說：「若應以聲聞形得度者，現聲聞形而爲說法」；假使有的人是應該以聲聞人的形相而得度的，妙音菩薩就爲他顯現聲聞人的形相而爲他說法。聲聞人希望的是可以出離三界輪迴，不再出現於三界中，永遠免除生老病死等等八苦，他們不會想要修學菩薩法，一心只想離開生死輪迴。就像《楞伽經》裡面說有五種種性，其中三種是「聲聞種性」、「緣覺種性」、「佛種性」。其中聲聞種性的人們都是聲聞的心性，不會大慈大悲想要留下來繼續生死輪迴利樂眾生，他們想的都是：「我要趕快出離三界生死，不要再來投胎，永遠離開三界生死中的各種痛苦。」這樣的人就是聲聞人。

聲聞人一心想的是把家庭丟了，不管家人同意不同意，他都不想要家人了，把家庭丟了去出家修行；所以當家人不同意的時候，他就在半夜裡逃走，跑到哪裡去出家了，家人都不知道，這就是聲聞人。他一心想的是要出離生死，所以什麼都不要，即使家裡老父、老母沒有人照顧，他也不管，丟了就去出家。那他想要出離三界生死，永遠不再來三界中，這一種人會示現的一定是出家的形相，就是南洋那種表相的出家人。

北傳佛法中的出家人，可不可以說：「我出家了就是要離開三界生死，永遠不再來人間。」可不可以？不行喔！因爲北傳佛法中的出家人是受了菩薩戒的，受菩薩戒時一定有個四宏願戒；這四個戒，只要在心裡面受持著，就永遠不許入無餘涅槃了。想一想「煩惱無盡誓願斷」，煩惱有多少？見惑、思惑加上一個「塵」什麼「惑」呢？（有人答：塵沙惑。）正是！猶如塵沙數一樣的無明，要到什麼時候才能斷盡？要到成佛時才能夠斷盡的。你們看，他受了這個戒，還能夠入無餘涅槃去嗎？

這也才只是第一個大願，還有呢？「法門無量誓願學」。你看「煩惱無盡誓願斷」就得要成佛才能完成，至於法門呢？那麼多的法門一直要學到佛地才能學完，結果也是只能成佛而不能入無餘涅槃。斷煩惱和學這麼多法門，目的是爲了什麼？爲了利樂一切眾生啊！所以才說「眾生無邊誓願度」。可是眾生你度得盡嗎？既然度不盡，你就別入無餘涅槃了，即使成佛了以後也還是入不了涅槃，因爲那個願而不能入啊！你很早就有能力入無餘涅槃，可是你就不能入，因爲「眾生無邊誓願度」，你早就發了願在那裡，得要受持不斷，當然只能住在「無住處涅槃」中了。

假使哪個證得慧解脫的菩薩，哪一天突然想一想說他要入涅槃了，諸天天主一旦知道了，就會馬上來勸止：「你發了這個願喔！你都還沒有度我們成佛。」所以他永遠沒有機會入涅槃的。即使到了七地滿心寂靜極寂靜，念念入滅盡定，一時間沒辦法安忍而想要入無餘涅槃時，佛陀也會來，給你個大紅包，讓你得到一個大三昧——證得「引發如來無量妙智三昧」。把這個三昧給了你以後，你也就不想入涅槃了，心裡想：「我憑著這個三昧，可以引發未來佛地的無量妙智，那我又何必入涅槃？」所以因地歸依時發的「佛道無上誓願成」，到那時候也就順理成章成就，依舊是沒辦法入涅槃。這樣才能說是佛種性。

可是當你把這四宏誓願告訴聲聞人時，他們馬上就把耳朵摀起來，不想聽、也不相應，因爲這是佛種性的人才會相應的。諸位聽了都說：「好！我要發這個願，眞偉大！爲了衆生本來就應該如此；何況我無量劫以來有多少父母、兄弟姊妹、子女，就是我身邊接觸到的衆生們，當然要度他們啊！怎麼能當自了漢？」可是聲聞人聽不下去，因爲他們是聲聞種性。既然他們是聲聞種性，想的就是逃離家庭，然後出家去修行，隱姓埋名過一輩子，最好一世就能出三界，這就是他們的希望。

這樣的聲聞人比起另一種出家人，諸位來比較看看：另一種出家人出了家以後，一天到晚都想要蓋道場，口說「我要度衆生」，然後就設法去接引非常多的人來親近他，一天到晚在搞名聞利養、搞眷屬。像這樣的人，跟剛才那一類聲聞人比較，哪一個比較好？（有人答：後面這個人。）對啦！後面這一個還是比聲聞人好。雖然他一天到晚搞名聞利養，都遠比聲聞人好。說句老實話，即使是那一些搞雙身法的喇嘛們，都比聲聞人好。不相信啊？因爲他當喇嘛一輩子，合修了雙身法而親近過多少女徒弟，雖然雙方都會下三惡道，可是未來回到人間時，當他弄清楚了以後，一定會走入正法中，那一大群女眾到時候都會跟著他走入正法中，有什麼不好？總比聲聞人好。

因爲那一群女人雖然這一世被他所害，可是未來世很可能其中某一個女眾走入正法了；然後跟其他往世結過緣的人又連結起來，最後連結到他；而他就會連結一大群女人都回到正法中來，這也不賴，總是比聲聞人好多了。**只是時間要拖很久，要付出慘痛的代價罷了**，但是最後畢竟都會成爲佛種姓，遠比那個自私自利直接就入無餘涅槃的自了漢好太多了。

那麼諸位聽了我這麼一說，你就會知道我是多麼厭惡聲聞種性的人了，竟然主張喇嘛比聲聞人好欸！也就是說，寧可受苦而繼續保留著將來實修佛菩提道的機會，也不要成爲聲聞人而去入了無餘涅槃。但我相信，十方諸佛雖然不太認同我這個說法，因爲要避免讓人誤會說：這蕭老師有一點支持喇嘛教的味道。但是我想也不會否定我這個說法，因爲這是事實。所以從這樣長遠的未來看待時，大家就瞭解：聲聞人就是個自了漢。

那麼在南洋那一些佛教、所謂南傳佛法中，他們傳的都是聲聞法，但並不一定每一個人都是聲聞人。同樣的道理，在北傳佛法中傳的是菩薩法，也不是每一個人都是菩薩，其中仍然有許多聲聞人。大家要有這個認知。那麼依這樣來說，當這個人是應該以聲聞人的身分而得度的，「妙音菩薩」就幫他出生了聲聞人的身形；所以「妙音菩薩」跟他常在一起，幫他出生了聲聞人的身形，然後以這個聲聞身形每天都在爲他說法。

「法華經」、「妙音菩薩」眞的在他身上，可是他雖然曾經聽說而知道「法華經」在身上，卻不曉得《法華經》在講什麼？他只想：「將來我入了無餘涅槃，不是斷滅空，因爲還有本識常住。」所以他依舊入了無餘涅槃去，這就是聲聞人。可是「妙音菩薩」在他身中仍然繼續在爲他演說著《妙法蓮華經》，這就是「現聲聞形而爲說法」。

如果有人不相信，心裡面懷疑：「眞的如此嗎？」在還沒有親自證實之前，當然可以這樣懷疑；不過爲了預防自己是否會懷疑而退轉，可以先去請問一下咱們同修會中已經證得「此經」的同修們，去問問看：「蕭老師說，這聲聞人是『應以聲聞形得度者』，『妙音菩薩』眞的爲他示現聲聞形而爲他說法嗎？」你們都還沒有去問，如今都已經有人答「是」了，你們看，這確實是眞的啦！佛法並不是玄學，佛法是義學。既是義學，就表示是可證的，而且可以使許多人重複不斷地去實證而驗證「妙音菩薩」的確存在。假使是不能重複驗證的，它就是玄學，例如基督教的上帝。

那麼這樣的聲聞人，他們不會認爲說：將來入無餘涅槃解脫生死以後是斷滅空。假使他心中認定是斷滅空，他一定不可能證得阿羅漢果，因爲他連聲聞初果都證不得。例如一句俗話說：「**好死不如賴活**。」即使是輪迴生死非常痛苦，至少比斷滅空要好吧？所以聲聞人所學的聲聞菩提，不教導任何人說：「**入無餘涅槃滅盡五陰而『不受後有』以後是斷滅空**。」雖然已經很清楚說明五蘊的一一蘊、十八界的一一界，都是緣起性空；但是滅盡五蘊十八界而入無餘涅槃，不受後有以後仍然不是斷滅空。這是所有聲聞人修學正確的聲聞菩提時所有的正知正見，所以他們才能夠得度。而他們每一個人都有一位「**妙音菩薩摩訶薩**」，時時在爲他們解說《妙法蓮華經》，只是他們聽不懂。

至於第二種種姓，就是「緣覺種姓」，或稱爲「獨覺種姓」，也就是辟支佛。由於是二乘種性，就稱爲二乘種姓——二乘種族。辟支佛，若是在有佛法之世出現，就稱爲緣覺，也就是因緣覺，例如佛世的大阿羅漢們。但是有些人想要成爲獨覺，所以 佛陀在世時他不願意取證因緣法，他的想法是：「我寧可在無佛之世無師獨覺，我要成爲沒有老師而自己覺悟因緣法的人，我要當獨覺。」所以他輪轉生死以後在無佛之世成爲辟支佛，這叫作獨覺。但他所悟的內涵跟緣覺是完全一樣的。

佛世的大阿羅漢們絕大多數迴小向大，後來親證佛菩提而成爲菩薩摩訶薩，因此他們不但是大阿羅漢，同時是緣覺，也是摩訶薩；因爲因緣法的內涵他們也都親證、都懂呀！那麼應該「以辟支佛形得度者，現辟支佛形而爲說法」；就是說，假使有人是應該以辟支佛的因緣法而獲得涅槃，「妙音菩薩」就爲他示現爲辟支佛的身形而爲他說法，說的依舊是《法華經》。可是辟支佛並不想要聽《法華經》，他只要知道《法華經》如來藏眞的常住不壞就夠了；因爲辟支佛一定要先修十因緣法，然後才修十二因緣法，才能修行成功，否則他就不可能成爲辟支佛。修十因緣法的時候，他就一定會確認有「此經——妙音菩薩」如來藏存在，除非他對十因緣法沒有修習成功。

若是有人說他不修十因緣法而能證得辟支佛果，佛法中沒這回事。在我們寫出《阿含正義》之前，我已經在其他很多本書中講過：十因緣法裡面有說「名色之所從來」，就是「名」這七個識以外還有另一個識。我也把《阿含經》的經文舉出來說：「齊識而還，不能過彼。」可是大家都不信。得要等我在《阿含正義》中很明確地、從頭到尾全部都舉示出來演說以後，佛教界才終於接受。所以《阿含正義》出版後——第二輯出版後才幾個月，有一次供佛齋僧大會時，我們有一位同修因爲是出家人，也被邀請了就去受供，結果隔壁那位法師談起來說：「修學十二因緣法時，一定要先修十因緣，才能修十二因緣。」他們的訊息倒是蠻靈通的。

這就是說，如果不先修十因緣法來比量證實「名色由識生」這個道理，那他修十二因緣法是永遠不可能成功解脫的，因爲恐怕墮入斷滅空，否則就是依舊住在五蘊十八界中而自以爲出三界了。所有的有情都一樣，即使是斷見外道，嘴裡說死後一切斷滅、無因無果，可是當他死的時候，還是在心裡面期待死後不是斷滅、有因有果。這是因爲他的斷滅見，是依於自以爲是常住不壞的所謂「細意識」而存在的。我常說，斷見是依常見而存在的；所以修十二因緣法之前，一定要先善修十因緣法。

善修十因緣法時，當他從「老病死憂悲苦惱」往上推：「老病死等」因緣於「生」，再把「生」往上推：因為「有」所以會出生而有了「後有」。從「有」往上推是「取」，然後一直往上推究到「名色」時，心想：「『名色』再往上推，是推到哪裡呢？」「名色」是從哪裡出生的呢？原來是「識」啊！因為只有心能生心，物不能生心，覺知心一定不會是從身體中出生的，於是知道了：名色之所從來，就是另一個「識」。從經典中尋找聖教量時，也可以在《阿含經》中找到根據，就確定下來。

可是「名」之中已經有意根、也有識陰等六識，而這個「名」是從那個「識」中出生的，顯然那個「識」是在「名」之前便已經存在的，這時就知道，那個識就是「妙法蓮華經——妙音菩薩」。所以當他探究十因緣法的時候，先要滅除第一個無明時，「妙音菩薩」就會告訴他有這個「識」存在，由這個「識」出生了「名色」。所以當他出了家修因緣法，想要成為辟支佛的時候，必然要探究十因緣法；而探究下來的結果，他自己推論出來必然還有這麼一個「識」可以出生「名色」，絕對不會是由物生心，也不會是由父母每天來製造自己的色身，色身是由自己的這個「識」來製造出來的，但他不知道這個「識」在《法華經》中就叫作「妙音菩薩」。

由於能夠修學因緣法觀行的人，不會是很愚癡的人，若是很愚癡的人不可能修得成因緣法。而他修因緣法時，把十因緣觀行到最後，一定會推斷出來：「名色一定是從另一個心出生，雖然那個心是什麼我不知道，但我確定一定有一個心。」因爲他不會笨到說：「名色是從物質出生的。」古人這麼有智慧，知道物不能生心，可是現代號稱很有智慧的生物學家、天文學家、物理學家或者醫學家，竟然主張說：「因爲某些胺基酸等等物質，所以組成了有情的身心，然後變成有了生物。」那就變成物能生心了！你說他們笨不笨？眞的是笨！

可是你們不能公開說他們笨，否則就會有諍議。等我將來整理在書裡面就沒關係了，因爲有詳細解說了，他們讀了自然會懂這道理。但你們不能當著面說：「你們就是笨。」否則他們去法院告你侮辱、告你公然毀謗，你哪還有時間弘法？因爲他們就是愚癡，因此一定會去告你。但是，凡是修十因緣觀的辟支佛，都會知道名色之所從來，就只有一個東西——叫作「心」。

不可能由物生心，因爲我們「名」七個識都是心，心不可能由物所生，當然是只有心才能生心，所以七轉識之外，一定另有一個本識存在。他雖然不知道那個「識」叫作如來藏，又叫作「妙音菩薩」，可是他自己的「妙音菩薩」也是時時刻刻在爲他說法：「你有我這麼一個好菩薩，你也有我這麼一部『妙法蓮華經』。」只是他聽不懂，因爲他們都不知道「妙音菩薩」正在說法。

聽不懂也沒關係，但他知道：「我有這麼一個常住心，所以我因緣觀修好了，我把自己五陰滅除了，入無餘涅槃以後並不是斷滅空，那我就解脫生死輪迴了。」那麼這個人是應該「以辟支佛形得度者」，所以「妙音菩薩」就爲他顯現出辟支佛形——使他成爲辟支佛的模樣而爲他演說《妙法蓮華經》。

接著說：「應以菩薩形得度者，現菩薩形而爲說法。」那麼菩薩，說起來可就多了，因爲有勝義菩薩、凡夫菩薩；也有示現在家相的菩薩，和示現出家相的菩薩。所以菩薩可多了，而我們現在講的是理上的「妙音菩薩」。下一品要講的是 觀世音菩薩，那你們想想看，妙音菩薩從東方那麼遠的世界來的時候，他是示現什麼樣的身形？長髮飄逸，頭戴寶冠，胸配瓔珞，身披天衣；而且還有臂釧，腳下踩著七寶蓮花，或是坐著七寶蓮花寶座而來，多麼莊嚴。可是如果我們寺院中，哪一天常住菩薩們也這麼打扮，你想佛教界會怎麼看待正覺？一定又會罵：「你看正覺眞的是邪魔外道吧！竟有這樣的出家人。」可是他們每天晚上在拜　觀世音菩薩時，都沒看見　觀世音菩薩也是長髮飄逸、頭戴寶冠、胸配瓔珞等等，比妙音菩薩還莊嚴呢！他們都沒注意到。那時可得要我們爲他們提醒說：「**你們每天晚上禮拜觀世音菩薩時，你們看觀世音菩薩是如何莊嚴的模樣？**」然後他們才會懂得閉嘴。

然而佛教界中這樣愚癡的人，卻是多得不得了！所以說，菩薩們的模樣可眞多了，所以「妙音菩薩」爲了度菩薩們，祂就要比較麻煩、比較辛苦一點，因此「**應以菩薩形得度者，現菩薩形而爲說法**」時，所示現的「菩薩形」就會有很多種，有時示現爲在家人，留著頭髮而且還燙著頭髮，擦口紅還帶著項鍊、穿著名牌衣服的菩薩；也有留著西裝頭，穿著西裝打領帶，皮鞋擦得雪亮的菩薩。你看光是在家菩薩，祂得要這麼辛苦示現，何況還有出家菩薩呢！那你們看「妙音菩薩、觀世音菩薩」又要怎麼樣示現呢？這又是另一番光景了。那麼如果像我這個年紀，平常穿著唐裝，在家裡無所事事，只是每天坐在電腦前忙活，祂也得要示現。一定不能不示現啊！祂不可以拒絕說：「我不要你蕭平實這種菩薩。」因爲祂永遠很慈悲，所以祂不拒絕，那麼你就說：「祂可眞忙。」

除了如此，你們看各大寺院裡面的大法師、小法師們，各人示現的都不一樣，「妙音菩薩、觀世音菩薩」也得爲他們示現啊！因爲他們畢竟是學菩薩法的人，是應該以菩薩身形而得度的，卻又是出家人，所以他們示現出來的菩薩身形，讓人家看起來就是有一點聲聞的味道。可是「妙音菩薩」不只如此，還要示現我們正覺同修會裡面的出家菩薩們的模樣，得要個個看起來都不像聲聞人。所以「妙音菩薩」還眞是慈悲，也眞的辛苦啊！可是你別告訴祂說：「妙音菩薩！您眞的很辛苦喔！」祂永遠都不跟你答腔的。爲什麼祂不跟你答腔？因爲祂既聾又啞，又兼是個瞎子。你說話時祂又聽不見，怎麼跟你答腔？可是祂慣會說法，慣會演說《妙法蓮華經》；因爲祂不用世間語言說，祂只用「妙音」而說法，所以祂才叫作「妙音菩薩」。

那麼這樣看來咱們今晚就有一千來位「妙音菩薩」爲大家說法了；我在這裡說法也同時請了我的「妙音菩薩」爲大家說法，這樣子，你們到底要聽哪些法？有好多法可以聽，是不是？是喔！不但在我們正覺講堂如此，其他各大山頭乃至喇嘛教裡面，也都有「妙音菩薩」正在說法。那你看，「妙音菩薩」示現出來的模樣有這麼多，都是「妙音菩薩」變現出來的，就這樣子「現菩薩形而爲說法」。所以有的菩薩照子夠亮，一眼瞅見了說：「啊！原來『妙音菩薩』在這裡。」他也就稍稍懂得《法華經》了。雖然不見得全懂，至少可以懂一部分了；那麼這時他把《金剛經》請出來讀時就說：「啊！原來如此！」到了明天早課的時候唸著：「觀自在菩薩行深般若波羅蜜多時……」心裡就想：「啊！原來如此！」此時可不是怒髮衝冠，而是全身都起了雞皮疙瘩。那時又是誰爲他說法？也還是「妙音菩薩」。

所以說，「現菩薩形而爲說法」，菩薩們眞的聽到了「妙音」，其實古今有不少人啊！你看古人被師父派到某個村裡辦事，他一面去辦事，一面參著禪；走過市集時，有個人要買肉，跟老闆吩咐說：「老闆！我只要精肉。」他不想要肥肉，沒想到那老闆拿起肉刀來，往肉案上一剁：「我哪一塊不是精肉！」這禪師這時恰巧聽到了「妙音菩薩」說的「妙音」，於是他就會了，此後就懂般若了。你看怪不怪？所以「妙音菩薩」在娑婆世界中處處都在，不能夠說祂不靈感啊！假使有的人每天閉著眼不去見祂，卻來怪「妙音菩薩」不來為他說法，這真是沒道理啊！

「妙音菩薩」每天都向他報到，而且不斷用「妙音」為他說法不曾停歇，真的叫作「常時說、熾然說」，只是他聽不進「妙音」，都只聽見世俗音，「妙音菩薩」對他也就無可奈何了。可是菩薩們往往就有因緣聽見「妙音」，就說：「唉呀！這法音真妙啊！」聽清楚了，於是《心經》從此不用再背了，忘了也沒關係。《金剛經》那麼長，就更不用背了。即使短短的《心經》，如今我也記不全了；真的，你現在要是叫我背出來聽，我一個人一定背不齊全；若是跟著大家背，還勉勉強強混得過，可是若要我為大家講解，卻又都沒問題；隨便你提出哪一句來，我都可以講解。

有這麼一句話叫作「得魚忘筌」，或者是「得意忘言」，正是這個意思。所以你要怎麼樣去聽到「妙音」才是重點，諸位來正覺同修會學法，也就是要學這個要領，要學著怎樣去聽到「妙音菩薩」說的「妙音」。古今不乏依於「妙音菩薩」示現的「菩薩形」而去聽見「妙音」，於是「以菩薩形」而得度的，如是之人古今多有，而且現在同修會裡更多，將來還要更多。所以說人人有希望，但不可以加說下一句。所以我們還會有更多的人可以破參明心，因為我們現在要作的是，要在中國第二次復興佛教。以前唐朝時我們復興過一次了，現在還要再來一次。也許一千年、兩千年、三千年後，我們還得一起再來復興一次佛教。我們就這樣不斷把佛教復興起來，直到萬年以後、法滅盡時。

所以未來世中，佛教正法還是會漸漸被相似像法壞滅，得要我們一次又一次來復興，這應該說是可悲、還是可喜？（眾答：可喜！）欸！你們都知道我的心啊！正因為法不斷地會被相似像法所混淆、所壞滅，我們才有機會一次又一次來把它復興，這是我們「植眾德本」的機會，所以千萬不要覺得悲哀。正因為有這樣的機會，所以我們修道的速度將會非常之快；如果沒有這種機會，修福德時要修到何時才能圓滿呢？你每一世捐一百億元來救護眾生，那個福德永遠比不上每一千年來復興一次佛教正法。

大家要瞭解這一點：每一世都捐一百億元救助眾生的生老病死苦，遠比不上每一千年來復興一次佛法，這兩個功德不能相提並論啊！所以在復興佛教的過程裡面大家都不要抱怨，雖然眞的很辛苦，有時還要被密宗喇嘛侮辱，偶爾心裡還會覺得氣憤不平說：「我們正覺要把正法送給你們，又不圖你們什麼，你們喇嘛還要來侮辱、還要來毀謗，甚至於還要來迫害我們。」千萬別這樣想，因爲這是一種機會。

如果不是這樣，你就沒有快速累積大福德的機會。淨土經中不也是說嗎：在娑婆世界一日一夜持八關齋戒精進修行，勝過在極樂世界修行一百年。而極樂世界的一天等於我們這裡一個大劫。可是那樣持八關齋戒精進修行一百年、一萬年，比起復興佛教的大業來說，他們持八關齋戒精進修行那麼久，都還不如你某一世來參與復興佛教所得的大福德，大家要瞭解這一點。我說這話一點都不誇大，而且還說得有一點保守。所以我們有機會復興佛教時，不管多麼艱困，都要歡喜去作，因爲這是一個修集大福德的大好機會，是讓我們道業快速增長的大好機會。

如果沒有這個大福德，道業可就無法快速增長。瞭解了這一點，又聽見「妙音」了，那你就會想：「我縱使這麼辛苦去作事，可是我仍然要歸功於『妙音菩薩』，因爲假使不是『妙音菩薩』每天這樣爲我說法，假使不是妙音菩薩一世又一世幫我示現這個菩薩形，我又如何能修菩薩道呢？」這樣想通了以後，我們跟「妙音菩薩」是不是非常親近？這樣瞭解了以後，就不會再覺得「妙音菩薩」只在東方距離我們無法想像的遙遠世界中，你再也不會這樣感覺了！因爲祂在娑婆世界、家家戶戶都每天示現著啊！

現在大家對「妙音菩薩」的感覺大大不同了哦？可是說「妙音菩薩」在那麼遠的世界，其中還有緣由，最後我們再來說。那麼當我們是「應以菩薩形得度者」時，「妙音菩薩」就爲我們「現菩薩形而爲說法」；所以我們有很多人聽見了「妙音菩薩」演說的「妙音」時，這一切就懂了：「啊！原來妙法蓮花就是這一朵莊嚴的眞如妙心。」「妙音菩薩」這樣的示現，我告訴了諸位以後，諸位會信受；可是將來印成書對外流通以後，也許有很多人讀到這裡時，可能心裡起了煩惱說：「這蕭平實還眞會瞎掰欸！」

那我們就得要說一下了，這爲什麼不是瞎掰的？因爲 世尊接著開示說：「應以佛形得度者，即現佛形而爲說法。」想想看，妙音菩薩摩訶薩其人何德何能而可以示現佛身？他又尚未成佛！是呀！眞沒道理！示現佛身者，一定是已成之佛才能示現佛身，他不過是個妙覺菩薩，憑什麼能示現佛身而且使佛可以得度？佛還要他來度啊？是沒這個道理嘛！所以這句經文顯然不能依文解義。那麼我們再把「妙音菩薩摩訶薩」回歸到「妙法蓮華經如來藏心」來說，這句經文也就沒問題了：過去已成之佛，現在十方諸佛，包括諸位未來將成之佛，成佛的時候當然同樣是由「此經」妙法蓮花——也就是由「妙音菩薩」來示現出即將成佛的這個身形；經由示現在人間受生而修行成佛以後，還是由這位佛陀自己的「妙音菩薩摩訶薩」第八識來示現、來為他說法，所以他才能夠成佛。

諸位將來成佛時亦復如是，所以再修行兩大阿僧祇劫、三大阿僧祇劫之後，諸位即將成佛了，那時下來人間示現受生了，你的「妙音菩薩摩訶薩」就幫你「示現佛形」；然後在菩提樹下參禪以後證悟了，隨後又看見佛性了，成所作智現前於是成佛。你那時不就是「應以佛形得度者」，而祂就幫你「示現佛形」，就這樣為你說法而使你成佛。所以你聽了祂的「妙音」以後突然會了，也就成佛了。所以這「妙音菩薩」當然是指「此經」妙法蓮花如來藏心，怎麼可以講這裡的「妙音菩薩」是一位五蘊之身的「妙音菩薩」呢？

接著就說：「如是種種隨所應度而為現形，乃至應以滅度而得度者，示現滅度。」所以「應以聲聞形得度」的人，就為他示現聲聞形；應該以「辟支佛形得度」的人，就為他示現辟支佛形；「應以菩薩形得度」的人，就為他示現菩薩形；「應以佛形得度」的人，就為他示現佛形。這究竟表示什麼？講的究竟是什麼法？當然是三乘菩提之法。因為既然是說佛法，就不必說世間法；世間法由那些佛門外道們說就夠了，不必由「妙音菩薩」來說。既然是為大家講解脫與實相之法，當然就是講聲聞菩提等等；所以總共就是三乘菩提，沒有更多的，也不能更少。如果有人發明了第四種菩提，像密宗那樣發明，把外道法混進佛門中而說是最究竟的佛法，那叫作外道，都是相將入火坑，無利於眾生。

如果說只有「一佛乘」，那也可以，因為一佛乘函蓋了三乘菩提，一絲一毫都不少。但是如果有人說：「只有大乘菩提，沒有二乘菩提。」那他也是個外道，因為佛法永遠都必須具足這三者，無妨合併而總和稱之為「唯一佛乘」，但必定是具足三乘菩提的內涵。因為「妙音菩薩」所說的法就是具足這三種，不增也不減。

接著說，像這樣子「隨所應度而為現形」，都是因為祂有「現一切色身三昧」的緣故；不但如此，假使有的人是「應以滅度而得度者」，「妙音菩薩」也示現滅度；怎麼示現呢？祂示現無餘涅槃；所以有的聲聞人證得阿羅漢以後，不能迴心大乘，繼續在聲聞法中用心，對眾生沒有大悲之心，不願意為眾生再受生死，他死時一定要取滅度，捨報以後要入無餘涅槃，這叫作滅度，是因為要滅掉五蘊十八界才能超越三界生死。那麼這時他把五蘊十八界滅盡了以後，是由誰示現了滅度？大聲一點！（大眾回答：「妙音菩薩。」）對了，是「妙音菩薩」！如果不是「妙音菩薩」示現了無餘涅槃的滅度，他就不可能得滅度啊！所以祂也示現滅度。

可是祂示現滅度時，只對那定性聲聞阿羅漢們示現嗎？其實祂每一世都為我示現滅度，但我就是不取滅度，而我在不滅度之中就已經滅度了，奇怪不奇怪？不奇怪！你們真的好奇怪，怎麼各個都說不奇怪？外面的人聽了我這些話，都會說：「好奇怪！」而你們都說：「不奇怪。」所以我說你們好奇怪。

然而你們看，我十幾年前在桃園演講《邪見與佛法》，請打字行打好字以後，我延遲一年多才敢出版，是等到《宗通與說通》出版一個月以後才出版的。但出版以後，佛教界還是有好多人私底下開罵：「竟然敢說阿羅漢沒有證得無餘涅槃，蕭平實分明是個邪魔外道。」那時我們大陸的同修還沒有幾位，他們好發心，看到這麼棒的書，把佛法簡單幾句話就講清楚了，於是在大陸趕快去翻印，總共印了兩千冊，往全中國的寺院到處寄。結果有好多寺院是收集起來公開燒掉說：「這是邪魔外道！怎麼可以說阿羅漢沒有證無餘涅槃？」

當時我並沒有讀過什麼經或論，我憑自己的證量就講出這一點來。直到那一本書出版了以後大約十年有吧？有一次讀到一部論，那叫什麼論？現在又忘了，好像是《百論》吧？眞的還有講到阿羅漢是沒有證無餘涅槃的。當時我沒讀過那些菩薩論，但因爲我的所見，滅度就是這個樣子啊！滅度就是五蘊十八界俱滅，只剩下如來藏獨存。我的所見是如此，所以就依自己的所見來爲佛教界說明。而我這個所見又是誰告訴我的？是「妙音菩薩」呀！祂示現了這個滅度給我看，然後我就講了出來。

大家都沒有讀過那部論，因爲我當年也沒讀過，我是憑著「妙音菩薩」告訴我的境界，就直接講了出來。可是經過大約十年後，還眞的看見論中有這麼說，好像就是《百論》吧？也可能是《十二門論》？不記得了！啊？是

《十二門論》？（編案：是《百論》卷下。）因爲我不曾讀三論，我是一開始就依道種智來弘法的。我也不讀般若系列的典籍，當然沒讀過三論。後來有一個機緣不得不去讀，發現還眞的有菩薩講過了。

然後我們不斷地寫書，從各個層面來說明了以後，佛教界現在終於閉嘴了！不是現在，而是好幾年前閉嘴了，不再罵我了。甚至於最近有一位大陸很有名的大法師捨壽了，他捨壽前一、兩年吩咐徒弟們說：「我們都不要再評論蕭平實了，畢竟他是有證量的。」這也算是一個進步。因爲本來以爲這個正覺同修會是個新興宗教，沒想到努力把他的書研讀，在其中找碴的結果，竟沒有找到石頭碴；後來還發覺，不但找不到什麼碴，還找出也許是毛尖茶（碴）或是雨前茶（碴），總之清香無比，而且清涼解脫，他們自己從裡面已經得到法上的利益了，所以就開始有一些轉變。

但我當初是在十幾年前，大約是十五年前了，演講《邪見與佛法》時並不是兩千年，出版時是兩千年嗎？喔！這樣就是十三年前出版的。我當年演講的時候又是出版前的一年多之前，那也將近十五年了。當年我並沒有讀過什麼經論，我這麼說出來，那可是因爲「妙音菩薩」用人類耳朵聽不見的「妙音」來告訴我的，我聽見了就如實宣演出來。講了出來以後，我就告訴大家什麼叫作滅度，什麼是無餘涅槃的境界，我就說，那滅度既然是五蘊十八界滅盡而得度，當阿羅漢的五蘊十八界滅盡以後，在無餘涅槃中並沒有他們的五蘊存在，所以無餘涅槃中阿羅漢是不存在的；而他的「妙音菩薩」如來藏獨存，不生不滅，這樣由他的「妙音菩薩」示現了滅度。

但這樣子示現以後，菩薩們不必等到滅盡蘊處界才能看見；因爲「妙音菩薩」已經不斷地說明這個滅度的內容了，所以菩薩親見無餘涅槃中的境界之後，當然可以爲人家演說「滅度」的道理。如今我就用自己的實證來告訴大家：「妙音菩薩」眞的可以爲大家示現「滅度」是什麼境界。那我們用一句語言文字來說明，就說那個滅度所示現出來的涅槃，叫作本來自性清淨涅槃，這是五蘊都具足存在時就可以看見的；而阿羅漢們入涅槃時，只是把五蘊全部滅盡而不再有中陰身生起，不再受生罷了，就改稱爲無餘涅槃。所以「妙音菩薩」跟我們眞的太親近了、太密切了，而且是我們不可分割的。所以每天早上醒來第一件事情，就是要供養「妙音菩薩」，你們有沒有每天作供養？（大眾回答：有。）有嘛！對不對？醒來一定先揉揉眼睛，那就已經供養過了。好，今天講到這裡。

《妙法蓮華經》〈妙音菩薩來往品〉，上週講到一百八十九頁第三行中間。年初本來預計到今年五月底會講完，沒想到講著講著，可能又要延到年底去了！不過該講的總是要講，如果爲了提前圓滿而故意把它省略不講，其實是今世、後世佛弟子們的損失，所以咱們還是要繼續講清楚。那麼第三行中間開始最後三句，世尊說：**「華德！妙音菩薩摩訶薩，成就大神通智慧之力，其事如是。」**如同前面說的，有緣的佛弟子們是應該以什麼樣的身形得度，「妙音菩薩」就爲他們示現那樣的身形而讓他們得度。因爲「妙音菩薩」爲大眾示現各種身形的時候，就已經在用祂的「妙音」說法了，所以當「妙音菩薩」示現身形出來以後，祂就是已經在這裡了。

因此一般人讀經時總是依文解義，然而 世尊在這些言詞之中，爲我們所說的並不是言詞上面的表面意思，而是寓有甚深之意的。所以，藉事說理也是諸佛的常規；因此所謂的「妙音菩薩」，其實也就是各個有情全部都有的第八識如來藏，就是《法華經》、《金剛經》說的「此經」。每一個人的如來藏都有大神通智慧之力，可以爲每一個有情變現出各種的身形，小至細菌、病毒，其實也是在演說「妙音」；大至於色究竟天的天人，身長一萬六千由旬，佛卻說那不叫作「大身」，而是以金剛藏身——就是第八識如來藏，才能夠稱爲「大身」。但不管是大身或者小如細菌乃至於更小的病毒之身，全部都是「妙音菩薩」之所變現。

可是有的人是應該依於三乘菩提的圓教熏習之後，再看到「妙音菩薩」之所變現才可能悟入的；所以盡未來際難以計數的諸佛，以及過去已成的無量諸佛，現在十方世界的無量諸佛，都不可能說：「假使有誰應以細菌身得度者，『妙音菩薩』就爲他變現細菌身而得度。」三世無量諸佛都不可能這樣講的，因爲細菌身的分別慧太差了，不可能得悟，又如何能得度？換句話說，在人間可以得度的，依舊是要以人身爲主；在天界可以得度的人，也有其限制，並不是生在每一天的境界中，「妙音菩薩」都會幫他們得度；因爲「妙音菩薩」雖然也一樣以「妙音」爲他們說法，可是他們的智慧不夠而不能得度。

因此，諸位可以回來看看經文，前一段經文中，你們看這一些得度的有情，會不會看到與佛法沒什麼因緣的諸天？或者地獄眾生、或者畜生、細菌之身？你一定看不到，因為 世尊一定不會這樣開示的。雖然「妙音菩薩」也同樣為他們示現了各個種類的色身，但他們仍然沒有得度的因緣。所以讀經的時候不能夠依照文字的表義，就這樣子囫圇吞棗而不能消化；一定要如實理解，然後才能懂得經裡面在說什麼妙理。有時候經文中沒有講出來的內涵，你應該從不同的層面、不同的方向去瞭解它。

所以「**妙音菩薩如是種種變化現身**」處處「**為諸眾生說是經典**」，所說的「**種種變化現身**」，是有一些範圍限制的，並不是毫無限制。因為有許多種身，「**妙音菩薩**」為眾生們示現了，也同樣以「**妙音**」說法了，但依舊不可能讓牠們得度；不是不願意讓牠們得度，而是牠們身在畜生道中的因緣，使牠們不可能得度。所以「**妙音菩薩摩訶薩**」的大神通智慧之力，是時時在顯現的；然而眾生是否有緣得度，那得要看眾生各自的因緣。而「**妙音菩薩**」就如 世尊所說，始終都「**以若干智慧明照娑婆世界，令一切眾生各得所知；於十方恒河沙世界中，亦復如是。**」

那麼眾生有緣得度了以後，是不是就能夠懂得《法華經》？也不盡然，大部分是只懂其中一部分，還沒有辦法懂得大部分。所以「**妙音菩薩**」的說法其實是恆而不中斷，並且時時說、剎那剎那說、熾然而說，終不隱覆說。可是對於還沒有因緣得度的人而言，那可就完全不知所云了。聽而不聞，視而不見，這就是那些跟隨日本人主張大乘非佛說的人間佛教一派法師們，他們全都是六識論者，當然都是凡夫僧；他們其實是因爲無明所遮障的緣故，於是讀了《法華經》以後不懂，就抱怨說：「世尊說法不如實，那《法華經》都是玄學，一定不是佛陀親口演說的。」

其實只是因爲他們被嚴重的無明所遮障，都無法看得見「此經」——「妙音菩薩」，以致於他們都讀不懂。但是聰明的人會這樣說：「是我自己無明遮障、智慧未開，因此我讀不懂。不應該隨意來怪罪說：這一定是後人編造的，不是佛陀親口所說。」所以「妙音菩薩摩訶薩」分分秒秒、剎那剎那，都跟諸位同在一處，也都跟那些否定大乘經典的六識論凡夫僧同在一起，分分秒秒都不曾離開他們啊！也就是從來不曾捨棄於諸位，包括他們在內。祂也不斷地用「妙音」爲諸位和那些否定祂的愚癡凡夫僧說法。那諸位要怎麼樣聽得見？當然一定有一段的修學過程，這個過程完成了第一個階段，就是你親見「妙音菩薩摩訶薩」的時候到了；當你看見祂了，這時聽了我這麼說，你就會知道，蕭平實說的沒錯，果然 佛陀說的完全正確：「妙音菩薩摩訶薩，成就大神通智慧之力，其事如是。」你就知道爲什麼 世尊要說「其事如是」，因爲你不再依文解義了。

可是諸位在這一段經文裡面，已經看到 世尊說，得度的人有幾種實證；從上一頁最後一行的最後一句：「若應以聲聞形得度者，現聲聞形而爲說法」，乃至「應以菩薩形得度者，現菩薩形而爲說法」；這就是在顯示說，一切得度的人所證的妙法，總共只有三乘菩提。因爲後面說的「應以佛形得度者，即現佛形而爲說法」，依舊是大乘佛菩提道；接著乃至「應以滅度而得度者，示現滅度」，也就是應以聲聞形、以辟支佛形得度的人，爲他們示現聲聞形、辟支佛形所證滅度而令其得度，依舊都在三乘菩提的範圍中，所以全部佛法總共就只有三種菩提。

那麼諸位會發覺，這十年來的臺灣，菩提是不是很多？素食有素食菩提，工商企業管理也有工商企業管理的菩提，而大家聽得最多的就是什麼醫療菩提、環保菩提，還有什麼清涼菩提、鳳眼菩提……，有一大堆的菩提。但菩提究竟是什麼？菩提稱之爲「覺」；「覺」，在《起信論》裡面，馬鳴菩薩告訴我們有「本覺」、有「不覺」，然後才有「始覺、相似覺、隨分覺、究竟覺」。那麼他們那個醫療菩提，是覺了什麼而說是醫療菩提？乃至於環保菩提，有一大堆的菩提，全都叫作菩提，究竟是覺悟了什麼而說是菩提？

如今我要說，他們那些菩提都要加一個「不」，或加一個「非」，名為「非菩提」。因為他們沒有覺，他們都是落入六塵之中而不曾覺悟，早就被《楞嚴經》破斥過了，而他們全都依舊落入《起信論》講的「不覺」之中。所以菩提只有三種，進入無餘涅槃的境界中就只有一種；而諸佛成就四種涅槃，諸佛的本際也就只有一種，就是「妙音菩薩」的境界。所以假使有人告訴你說：「**你講你的法，我講我的法；你悟你的，我悟我的，各人悟各人的，何必一定要都一樣？**」那他們這個說法有沒有道理？（大眾回答：沒道理。）是啊！諸位都知道沒道理！因為如果悟可以有很多種，就表示實相也應該會有很多種；那就表示說「佛」也應該有很多種了，就不該說「佛佛道同」啦！所以佛法之中沒有創見，不能新創一種佛法自己來演說。因為所有的佛法，當年　佛陀化緣圓滿時已經具足宣說了。

在學術界，要有創見才尊貴，因為言人之所未曾言，見人之所未曾見；

他有創新，這是很值得尊崇的。可是有一個問題：他有創新、有了創見而發表出來，能不能保證將來沒有人能超越他？有沒有哪一個學術界的專家敢這麼說？沒有。如果有哪一個學術界人士敢這麼說，你就知道他一定腦袋壞掉了，沒有第二種可能性。但這不就顯示出所謂的學術思想的創見，全部都是「不究竟」的嗎？正因爲不究竟，所以別人可以再三、再四創新嘛！如果有一個法是究竟的，就不可能有另一個法跟它不一樣而又可以並尊。

這是因爲最究竟的只有一種，所以最究竟的就是如來藏「妙法蓮華經」，就是這一品中 世尊說的「妙音菩薩」；在下一品中，世尊還要說最究竟的就是「觀世音菩薩」，也就是這一品說的「妙音菩薩」；因爲法界之中的最究竟法就只有一種，就是第八識妙眞如心。既然最究竟的只有一種，而諸佛都是無上正等正覺，這就表示諸佛的境界全都一樣。既然全部都一樣，全部都是最究竟的，那麼一定是相同的，不可能有兩種或兩種以上的究竟法。以前有一個很有名的競選過臺灣總統的人，他曾經打電話給我說：「各人悟各人的，你就不要批評達賴喇嘛。」他不是說密宗，他說的是達賴喇嘛。我說：「您爲何這麼講呢？」他說：「因爲我聽說你要寫書破達賴喇嘛。」我說：「我都不知道我有預定要寫書破達賴喇嘛，您倒是先知道了。」因爲我那時確實沒有計劃要破斥達賴，至今也沒有寫專書破達賴，不知他爲何會這麼說？

所以，當他說「各人悟各人的」，我就說：「大乘法的開悟就只有一種，不會有兩種，除非佛的境界也有兩種、五種，否則開悟的內容就不會有兩種、五種。」話不投機，然後就不歡而散，雙方各自掛下電話，當然是沒有吵架。這意思就是說，覺悟──菩提──只有三種；最粗淺的覺悟是「悟得蘊處界無我、苦、空、無常」，稍微深一點的覺悟就是修因緣觀，包括名色與心所法全部都虛妄，都是「苦、空、無我、無常」；由這兩種覺悟，因此願意滅盡名色不受後有，而說他「生已盡、梵行已立，所作已辦，不受後有」，這樣才叫作解脫。但二乘法也得承認有第八識能出生名色，觀修二乘菩提時也才有可能實證解脫。

然而，那一些科學家們──未來諸佛，包括諸位將來成佛時，一定不會說：「應以科學家身形得度者，即現科學家身形而令其得度。」不會的，因爲現代科學家們都已經物化了，他們全都把有情物化了。西醫有這個毛病，西方的科學家同樣也有這個毛病；他們都認爲物能生心，所以只要父母把你這個色身生好了，你就會有覺知心，他們的主張都是「物能生心」；這其實是非常笨的思想，眞是笨到無以復加的思想。物怎麼可能出生心呢？可是他們就已經是這樣子認定了。

所以，菩提一定是依於同一個最究竟的法來實證，而這個最究竟法是心而不是物，這就是修證二乘菩提的前提。然後菩薩去實證這一個法，知道二乘菩提之所依就是「此經」如來藏，就是第八識妙眞如心。二乘聖人對於此心是知而未證，但菩薩是已知而且親證，所以依之修學而次第成佛，乃至最後應當成佛的時候，「妙音菩薩」是「應以佛形得度者，即現佛形而爲說法」。所以乃至說「應以滅度得度者，示現滅度」，依舊是宣說非俗人之耳所能聽聞的「妙音」——第八識「妙音菩薩」。所以絕對不會說：「應以科學家身形得度者，即現科學家身形而爲說法。」絕不可能，因爲他們是物化有情的人，是邪見者，沒有得度的因緣。

那麼這樣看來，一切有情自從無量劫以來，熏習佛法、修集福德、伏除性障，有一天終於因緣成熟遇到了眞正的善知識以後，才終於瞭解：原來菩提只有三乘差別，但本質上卻是「唯一佛乘」，只是爲了適應眾生的根基，所以細分為三乘菩提。因此眞正的菩提就是「**妙法蓮華經**」如來藏，或者說是《金剛經》說的「**此經**」，也就是這一個〈妙音菩薩來往品〉說的「**妙音菩薩摩訶薩**」。當你找到了自己的「**妙音菩薩**」時，自然就會知道祂眞是摩訶薩；當你悟了，自然會親自證實，祂時時刻刻都以「**妙音**」為你說法；悟後進修直到將來你要成佛時，也還是要依靠祂所說的「**妙音**」來成佛，所以祂眞的是「**摩訶薩**」。

從過去無始劫以來到現在，還要去到未來無窮無盡的時空，成佛以後仍然繼續利樂有情永無窮盡，也都同樣要依靠「**妙音菩薩摩訶薩**」的「**大神通智慧之力**」。所以「**其事如是**」，到底是怎麼回事？我想自古以來曾經詳細去解釋「**其事如是**」的善知識，一定是非常非常之少，少到可能直到今天成為唯一。那麼到底「**其事如是**」是指什麼？「**妙音菩薩**」這個成就「**大神通智慧之力**」的「**其事**」，就是這兩段講的——有的眾生是需要以什麼身形來學法，就為他出生了什麼身形；所以有婆羅門、有婆羅門婦，有居士、有居士婦，有佛門四眾，有天王身等等非常多的身形被各自的「**妙音菩薩**」變化出來；「**妙音菩薩**」就這樣子變現了，也就這樣子各以「**妙音**」為大眾說法，這就是「其事」所說的意涵。

至於應該得度的法義就只有三種，所變現的身形卻可以有很多種，因爲修行人有很多種。因此，前一段講的天王身、天大將軍身、佛門四眾等等，祂也爲他們說法，可是沒有讓他們大多數人得度呀！爲大家說法而能得度的就是這三種：聲聞形、辟支佛形、菩薩形而得度。除非天王身等有情都已成爲應該悟入的菩薩了，所以「妙音菩薩摩訶薩」的「大神通智慧之力，其事如是」。

我們也就作一個結論說：菩提就只有這三種。因爲最勝妙的《妙法蓮華經》在〈妙音菩薩來往品〉中說的，就只有三乘菩提；也因爲得度的聖者永遠就只有這三種，永遠都沒有密宗那種菩薩與佛可以得度。那麼這樣瞭解以後，假使有人又發明了一些新的菩提出來，那你就說：「不外佛菩提。」他問你說：「爲什麼不外佛菩提？」你就告訴他：「你去請問一位大善知識。」他一定問你：「是哪一位？」你就告訴他：「妙音菩薩摩訶薩。」他會問你：「啊？那祂到底在哪裡啊？」因爲他可能沒聽過《法華經》，甚至連讀都沒讀過，就別說曾經聽我這樣如實的解說，那你就告訴他：「祂住在你家。」（大眾笑…）「那我怎麼沒看到祂？」你就告訴他：「祂來來去去十方世界，忙得不得了；雖然祂十方世界來來往往，但一直也都跟你在一起。」他一定會這樣說：「我又沒有去十方世界中來來去去。」你說：「笨蛋！十方世界就是這樣來去的。」下一段：

經文：【爾時華德菩薩白佛言：「世尊！是妙音菩薩深種善根。世尊！是菩薩住何三昧，而能如是在所變現，度脫眾生？」佛告華德菩薩：「善男子！其三昧名現一切色身，妙音菩薩住是三昧中，能如是饒益無量眾生。」說是〈妙音菩薩來往品〉時，與妙音菩薩俱來者八萬四千人，皆得現一切色身三昧；此娑婆世界無量菩薩，亦得是三昧及陀羅尼。】

語譯：【這時華德菩薩向世尊稟白說：「世尊！這位妙音菩薩很深厚的種下許多善根。世尊！這位菩薩是住在怎麼樣的三昧中，而能夠像這樣在在處處有種種的變現，而能夠這樣在在處處度脫了眾生呢？」佛陀告訴華德菩薩說：「善男子！他證得這個三昧名為現一切色身，妙音菩薩就住在這個三昧之中，能夠像這樣子饒益了無量無數的眾生。」世尊演說這個〈妙音菩薩來往品〉的時候，與妙音菩薩同時來到娑婆世界的八萬四千人，全都證得了現一切色身三昧；這個娑婆世界的無量菩薩們，同樣也得到這個三昧以及陀羅尼。】

講義：佛法就是這樣得、這樣證的呀！以前正覺弘法之前，佛教界都說：「那經上講的都是大菩薩們的事，都是大阿羅漢們的事，跟我們無關。」所以很多人一聽到證阿羅漢果和開悟，立刻就說：「這是什麼時代了，你還說什麼開悟、什麼證果，老老實實唸佛去吧！」後來開始有人敢說開悟的事了，也有人敢說證果了，雖然後來證明全都只是「因中說果」，終究是有人敢作了開頭。五、六年前臺灣南部，不也有個法師說他證三果了，不是嗎？結果一樣也是因中說果；因為他們對於證果的事是懵懂的，後來出了個「惡人」叫作蕭平實，寫了一部《阿含正義》，打翻了整整一船人，害他們都變成沒有證果的人，也真是可惡。

然而這個可惡才能叫作真慈悲啊！因為有的孩子，你用講的都沒用，得要用打的。那你打了兒子、女兒，你是恨他們而打的嗎？你當然是愛他們、怕他們墮落、怕他們將來遭到惡報，所以你打了他們，心中沒有一絲一毫的恨意。當你打他們時，也許當時有瞋，但是絕對無恨，因爲你是爲他們好。有的孩子不用打，你只要輕聲細語爲他條分縷析，當你說完了，他就懂了，從此一生沒事。但有的孩子在小時候，你得要打他；那我們寫《阿含正義》時，等於是半說教、半打人；因爲我那麼多書說了以後他們還不信受，所以就把那一些所謂的阿含專家所不知道的解脫道，全部講出來告訴他們。

也因爲如此，所以正覺剛出來弘法時，人家都罵：「**這個正覺把臺灣佛教界弄得烏煙瘴氣**。」說得很生氣！可是現在呢？都平靜了，煙都沒有了，瘴氣也不見了。雖然還沒有到一團和氣，但是現在大家不再臉紅脖子粗了！因爲好好去探究的結果，套一句閩南話說：「**好理加在**。」慶幸自己終於弄清楚是自己大妄語了，而不是正覺出來搞得烏煙瘴氣，如今趕快懺悔都還來得及；損失的只不過是名聞、利養、眷屬，但是盡未來世都可以在正道上順利行走，永遠不墮於三惡道，這可是得大於失啊！所以現在對正覺認爲烏煙瘴氣的就只有喇嘛教，正統佛教裡面已經很平靜了。但是當初，如果我們一開始不把那一大缸水攪一攪，再加上明礬讓它混在一起，剛開始看來似乎很濁，但後來不就清淨下來了嗎？若不是如此，終究不可能很清淨的，所以那個過程是必要的。

那麼現在回到這段經文來說，佛法就是這樣證的。以前的人說：「**經上說的都跟我們無關，那都是大菩薩們的事。**」長他人的志氣可以，卻不必滅了自己的威風，那眞的要叫作愚癡人！明明自己本來是很威風的，結果把自己的威風全給滅了，而去長養別人的志氣，這叫作愚癡人。看看《阿含經》、《般若經》，以及大乘法第三轉法輪方廣唯識諸經，往往都是 佛演說了一場法，在這個過程中就有很多、很多菩薩，一批、一批又一批，就這樣實證了。學法時應當如是，這樣才是眞正的學法；否則就只是讀經典、討論經典，不是眞正的學法。那麼這一段經文中這樣說，諸位要來檢查看看，明心之後聽完這一品，是不是你也得了這個三昧？這才是重要的事啊！

這時華德菩薩向 佛陀稟白說：「**世尊！這位妙音菩薩是深種善根。**」確實是深種善根。假使不是深種善根，不可能教導大家證得這個「**現一切色身三昧**」；如果你在同修會外面跟一般的學佛人說：「**我們在正覺講堂明心以後可以證得《法華經》說的『現一切色身三昧』。**」你想他們會怎麼說？

他們看著你的時候表情會變成怎麼樣？你們現在腦子裡面已經有一副生動的表情在了，對不對？他們是永遠無法相信的。

但是妙音菩薩如果不是將近三大阿僧祇劫—應該說已經完成三大阿僧祇劫—的修行而「深種善根」，不可能幫助大眾證這個三昧。但這只是從事相上來說，在理上呢，你們各自的「妙音菩薩」難道不也是無量劫以來「深種善根」嗎？祂一直都不作分別，而諸位無量劫以來，不論是什麼身形，全都是「妙音菩薩」爲你示現的；示現之後不斷爲你演說妙法，不管你有沒有聽到，祂終究每一世都爲你說過了，所說的都是用「妙音」而說。然後在過往的無量劫之中，祂一直都很慈悲地對待你，很慈愛地對待你，始終很寵著你，永遠都依順於你，從來不曾反對過你；不論你要去作什麼樣的善事，祂永遠都不會反對，而且祂一直在幫著你，這不是顯示祂「深種善根」嗎？

假使祂哪一天起了惡心說：「我不幫你作善事。」我告訴你，你任何一件善事都作不成的。你們還沒有找到自己的「妙音菩薩」的人，可別懷疑說：「我才不相信！」但我告訴你，你眞的要相信啊！假使你不相信我說的這些事實或正理，那麼在佛菩提道的修學過程中，就會被自己的疑蓋所遮障；因爲祂眞的不斷在幫助你「深種善根」，而你竟然強行把祂否定，那你還有希望可以把祂悟出來嗎？你就只好永遠與祂捉迷藏了，其結果可想而知。

所以無量劫以來，不管你作了什麼善事，祂都是在幫助你，沒有一件善事祂曾經錯過，那你能說祂不是「深種善根」嗎？也許你還沒有找到如來藏——還不知道自己的「妙音菩薩」，所以心中還疑著，以致目前你只能存疑，在心中畫著一個斗大的問號。但是當你有一天找到的時候，就會證實說：「**蕭老師，眞不欺我也！**」眞的，我沒有欺騙你呀！我一向都說誠實語。那麼這樣子深信了以後，對自己有信心說：「**原來我也有『妙音菩薩』陪著，那我依止於這位『妙音菩薩摩訶薩』而修行，不愁將來不成佛啊！**」我也跟你保證，你只要依止於「妙音菩薩」，將來一定會成佛。

假使不信自己有這麼一位「深種善根」的「妙音菩薩」，你將來一定不會成佛。這是已成諸佛、現在十方諸佛已經證實，而且未來諸位成佛時也都會親自證實的事情。所以，經典說的是我們可以現前實證的法，不是玄學，都可以實證；並且實證後不能推翻，因爲別人可以依著教導而重複實證，不斷加以檢驗無訛，所以才叫作「義學」；若非如此，都不是義學。學術研究者自己定義的所謂佛法義學，其實仍然是玄學；基督教說的上帝，一樣無法由別人不斷地大量檢驗，一樣是玄學或神學。那些佛法學術研究與基督教的上帝說法，並無眞實義，因爲都只是想像而說的，永遠都是玄學。

華德菩薩繼續請問說：「世尊！是菩薩住何三昧，而能如是在所變現，度脱眾生？」這當然也要問哪！「這位菩薩是住在什麼樣的三昧之中，才能夠像這樣子不論去到十方世界的任何一處都可以變現，而最後可以度脱眾生？」聽了法以後當然是要請問爲什麼，可不能人家照本宣科，自己就照單全收；因爲佛法是智信，從來就不是迷信；佛法一向都是實證的，不是思惟所得的思想，因此當然要問出個所以然來。

學佛時最怕的就是只知其然，不知其所以然，然後從開始學佛直到老死，一生都是人云亦云，那就變成應聲蟲了，那只能叫作蟲而不是眞正的佛弟子。華德菩薩問得好，因爲既然 世尊說「妙音菩薩」有這個大三昧，而能夠在在處處變現各種身形，來爲眾生演說「妙音」；甚至於還能變現爲三乘賢聖來度脱三乘賢聖，當然得要請問，爲什麼祂有這個能力？什麼原因使祂必定有三昧？世尊就開示說：「善男子！『妙音菩薩』這個三昧名爲『現一切色身』，妙音菩薩正是因爲住在這個三昧之中，才能夠像這樣子饒益了無量的眾生。」

這位「妙音菩薩」好厲害，當你想要找出祂的時候，老是找不到；所以一天到晚被禪師罵，挨禪師打。可是當你有一天突然遇見了「妙音菩薩」，禪師一棒打過來時，你伸手一把搶在手裡，往地上一丟就說：「這到底是個什麼東西。」你就走了。禪師晚間上堂說：「且喜！老漢生了個獅子兒。」禪門就是這樣子呀！禪師不但不以爲忤，反而上堂高興地說：「我今天生了一隻獅子。」喔！問題來了！禪師這是公開印證了，可是師徒之間不曾有印證這兩個字。但這個徒弟從此以後七通八達，既當得了經師，也當得了禪師，爲什麼呢？因爲他親自遇見了「妙音菩薩」，已經聽過「妙音菩薩」以「妙音」爲他說法了。

可是一般人找來找去，始終找不到「妙音菩薩」如來藏，因此苦苦惱惱，心裡面凄凄慘慘，不知如何是好。但這樣的人已經算是幸福的了，那什麼人是不幸福的人？就是一天到晚捧著經本感嘆說：「啊！三藏十二部經，浩如煙海，我什麼時候能夠讀得完？」那才是大大不幸福底人。身爲佛弟子，每天都有經本給他讀，應該是最幸福的人了，可是卻眞的不幸福，因爲他始終不懂的是：想要眞的讀懂經文，得要參禪開悟明心才行。懂得要參禪，參禪時也懂得要明心找出自己的「妙音菩薩」如來藏的人，雖然參禪參到苦苦惱惱，心中覺得很淒慘，其實已經算是很幸福了，因爲他至少知道實證的佛法要怎麼入手。

一天到晚讀《大藏經》而不懂得要參禪，那種人，禪師就說他們是在「鋸解秤砣」，或者說「鋸解秤錘」。那秤錘，你再怎麼鋸，不論你把它鋸成幾塊，它永遠都只是鐵——裡外都是鐵。但你要懂得怎麼樣點鐵成金，這才重要啊！在佛法中點鐵成金的辦法很簡單，就是參禪求悟，只要你哪一天突然間靈光一閃：「哈！原來祂就是『妙音菩薩』！」找到如來藏了，這就叫作一念相應。「原來這就是『妙音菩薩』，眞的嗎？」還無法轉依，就不算是眞的開悟（當然還得有福德與定力支撐，才會有開悟的實質受用）；然而心中還是有點懷疑：「這眞的是『妙音菩薩』嗎？不然，我就把《般若經》請出來讀讀看吧！」才讀完幾段經文就想：「喔！不得了！我現在眞的讀懂了。」心中好歡喜、好歡喜！

明天早上盥洗完了，焚香禮佛誦起《心經》來；誦完的時候覺得臉龐涼涼的，原來是曾經流下兩行清淚；但是自己課誦時只專心在《心經》的經文意涵裡面，不斷地了知而住在一個作意中：「原來如此！原來如此！」結果淚流下來時自己竟然不知道，都忘了當時到底是悲傷還是歡喜。其實誦《心經》當時根本就沒有歡喜也沒有悲傷，因爲那時都專心在經文的意涵裡面，他根本來不及歡喜啊！他所有的只是感動而沒有歡喜，也沒有悲傷，就只是感動。歡喜已是誦完《心經》以後的事：「早課完了，證明我眞的懂《心經》了。」悲傷也是早課完的事：「原來我被五陰自己欺騙了五十年。」這時叫作悲喜交加。有的人歡喜是說：「欸！果然我眞的悟了，般若經典的意思我眞懂了。」悲傷的是：「以前爲何這麼笨？竟然還罵人家是野狐禪。」轉依完了，接著就是要去懺悔啦！所以佛法，你一定要弄清楚，經文中爲何會這麼講，不能人云亦云。

現在回來經文中說，華德菩薩問：「爲什麼？」這可問得好啊！既然 世尊成佛了，總不能夠說：「這個我不知道，你自己參吧！」所以就告訴華德菩薩說：「『妙音菩薩』這個三昧叫作『現一切色身』，『妙音菩薩』正是因為永遠住在這個三昧之中，所以能夠這樣子饒益無量的眾生。」諸位找到如來藏以後，你想一想：「妙音菩薩」是不是這樣呢？當然是啊！如果不是有這個三昧，你入了胎也沒用啊！上輩子當個老婆婆或是當個老公公死掉入胎了，入胎了以後又能如何？明天後天沒辦法賴著住下去，只好又從媽媽身中離開，能怎麼辦？因為你沒有這個三昧，那你能怎麼辦？永遠出生不了來世的五蘊之身，你又怎麼轉生到下一世去？

「好在我家的『妙音菩薩』這個三昧好厲害，祂有這個現一切色身三昧，所以我上輩子當老公公死掉以後去入胎，我家的『妙音菩薩』就幫我顯現這個色身出來，所以十月滿足時我就可以出胎，又開始學佛回來菩薩道中了。」那你說，「妙音菩薩」如果沒有這個「現一切色身三昧」，祂能幫你示現今生這個居士身嗎？不可能啊！祂又能夠幫你示現今生這個優婆夷身嗎？也不行啊！那麼比丘身、比丘尼身也都一樣啊！都要靠「妙音菩薩摩訶薩」有這個「現一切色身三昧」，才能當得成。

那麼這個三昧到底好不好？好啊！如果沒這個三昧，就應該要把以前那一本書改寫為「寂靜的宇宙」。以前有一本書叫作《寂靜的春天》，有沒有讀過？那時全球都在使用DDT殺蟲劑，它的毒性會存在土地中幾十年，後來有人寫了一本書叫作《寂靜的春天》，說繼續使用下去，將來全球生物都會滅絕，春天來時都很寂靜，因爲生物都死光了；所以DDT就在全球都禁用了，因爲遺害無窮。言歸正傳，誰如果否定了「妙音菩薩摩訶薩」的存在，而他的否定也眞的成功——使如來藏失去這自性了，「妙音菩薩」如來藏沒有辦法再運用這個三昧時，十方宇宙就會成爲寂靜的宇宙，因爲一切有情全都會消失無餘；乃至連宇宙中的器世間也會跟著消失，因爲祂有這個「現一切色身三昧」，就表示祂同時也顯現一切宇宙。

可是當你有一天證得這個三昧時，人家問你說：「《法華經》中講妙音菩薩有現一切色身三昧，世尊也說妙音菩薩住在這個三昧之中，能如是饒益無量眾生，到底是眞的還是假的？」你卻說：「假的。」他一定很驚訝說：「你從正覺悟了出來，竟然公然否定《法華經》，那你們蕭老師也講《法華經》，他當年也說那是眞經啊！你怎麼會說假的？」你就告訴他：「所謂假者，假亦眞。」他一定要問你：「爲什麼呢？」你就告訴他說：「妙音菩薩住在這個三昧中，但祂卻從來不住這個三昧，也不曾證得。」他聽了以後，眼睛一定睜得好像牛眼一樣大，因爲他完全無法理解，連想像都有困難。

爲什麼會如此？因爲他完全無法思惟。凡是用思惟而想要瞭解佛法義學中的道理，腦筋一定會打結，並且還是個死結，永遠都拆不開。可是他有一天想不通，又來問，你可不必跟他解釋，就告訴他：「將來自然會有行家爲你說明。」因爲你再怎麼解釋，他也是聽不懂的。可是當你遇見了「妙音菩薩」時，每天跟祂把手言歡，眞的叫作形影不離，拜把子兄弟也沒有這麼親。到這個時節，你就很清楚知道說，原來「妙音菩薩」住在這個三昧之中，其實是無所住，沒有所謂的三昧可住；但祂卻不斷的在運作這個三昧，爲一切有情變現三世一切色身，「能如是饒益無量眾生」。

這樣子，聽完解說以後，一切已經遇見「妙音菩薩摩訶薩」的人都無法推翻佛的說法、我的解釋。過去已成諸佛、現在十方諸佛也都無法推翻，因爲「妙音菩薩」確實不證這個三昧，可是祂卻住在三昧裡面而又無所住。因爲這個理上的「妙音菩薩」就是「妙法蓮華經」，就是「金剛經」，就是如來藏阿賴耶識。如來藏永遠都無所住，但是祂有許多的功德不斷在運作著。而事相上從東方而來的這位妙音菩薩，就承擔了演述「現一切色身三昧」

的這個任務；他就依於 釋迦如來的請求，從東方無量世界之外來到這裡；他來了，當然不能沒有成就此行的功德，所以藉他作爲因緣，釋迦如來這樣子演說〈妙音菩薩來往品〉；因此，這時與妙音菩薩摩訶薩同時來到娑婆世界的八萬四千菩薩，也就在事相上面證得「現一切色身三昧」。

那我現在要問你們增上班的所有同修們：「聽《妙法蓮華經》到這裡，今晚你證了這個理上的『現一切色身三昧』沒有？有沒有？」大聲一點！（大眾回答：有！）這樣才是眞正的學佛，也就是說，經上所說的是可以實證的。這部經典的眞義，我如果去外面講解，還眞不能如實說，因爲大家都會聽不懂而不信受，反而可能引生謗法、謗賢聖的惡業來，就只能依文解義而說了。我如果要像這樣在會外講解，像剛才這樣問的時候，大家一定會罵我：「你這個瘋子！」一定會罵我是瘋子：「什麼？講完這一品經文，我們就得要證這個三昧？哪有可能？你這不是瘋子嗎？」如果他們客氣一點罵：「你找我們來聽經，是把我們當作瘋子？」對呀！可是我在正覺講堂裡面說，這是應該也可以實證的法，那你們明心之後，聽到這裡就應該現證理上的「現一切色身三昧」了。那麼請問，你捨壽以後發願說：「我要去淨華宿王智如來佛國，與妙音菩薩摩訶薩相見，也要與這八萬四千位大菩薩相見。」有沒有資格？（有人答：有。）有喔！因爲你已經證得理上的這個三昧了，諸佛國土隨願往生，沒有哪一尊佛不接受你求生祂們的世界。

那麼妙音菩薩他們遠從東方來到娑婆世界，聽完 世尊演說〈妙音菩薩來往品〉的時候，娑婆世界中也有許多已明心的菩薩們；這一些菩薩們包括從地踊出的無量無邊菩薩，當然同樣也要得到這個三昧；只要明心了，聽完這一品時就都得到這個三昧了。那麼得這個三昧時，我要問諸位了：這個「現一切色身三昧」是以什麼作爲總持？（有人回答，聽不清楚）大聲一點！（大眾回答：如來藏。）對嘛！就是要像這樣異口同聲回答出來，才是實證者不鄉愿的本色。這如來藏又名「妙法蓮華經」，又名「金剛經」，在這兩部經中世尊又說爲「此經」（編案：請詳前面諸輯及《金剛經宗通》九輯、《實相經宗通》八輯中的經文解說）。所以一切諸法都有一個總持，可是一切總持最後、最究竟的總持，依舊是「此經——妙法蓮華經」，也就是第八識如來藏「妙法蓮華」，所以這個總持陀羅尼就叫作「妙法蓮華經」。

那爲什麼說總持陀羅尼就是「妙法蓮華經」？因爲「此經」能生一切身；

你在過往的無量無數劫中曾經有無量無數身，全都是「此經」也就是「妙音菩薩」爲你變現出來的；當祂爲你變現出來以後，其實就已經時時刻刻都以「妙音」在爲你演說「此經」。祂不斷地用微妙音在演說著，只是無始劫以來無明籠罩，所以你們聽不見。後來聽聞了正確的佛法，又不斷地伏除性障、修集福德、熏習正見，也在次法上面努力用功，並且供養三寶、奉侍師長、護持正法，所以終究會有一世可以親見「妙音菩薩摩訶薩」，就是這一世今天可以證悟。

這時再聽到善知識解說「現一切色身三昧」時，就會知道原來「妙音菩薩摩訶薩」無始劫來就有這個三昧，法爾如是，非從修得。但是祂卻不會住在這個三昧之中來宣說祂有這個三昧，當然要由諸佛來演說出來，所以《法華經》中一定會有這一品，來演說妙音菩薩之來與往的大事。這來與往的事情，稍後再來解說。那爲什麼妙音菩薩有這個「現一切色身三昧」，卻只是菩薩之所能證？非二乘聖者？這當然有原由啊！因爲如果得了這個三昧，他就不許入無餘涅槃了；如果有人得了這個三昧，他就永遠入不了無餘涅槃，因爲他再也不想入無餘涅槃了。

這時有的人也許想：「糟了！我就是要證涅槃、入涅槃啊！竟然說證了這個三昧就沒有辦法進入無餘涅槃，那我到底要不要證這個三昧？」（有人答：要。）但有的人一定會懷疑，不會像你想的說：「要！」你是直截了當說「要」，可是有的人會想：「那我到底要不要證這個三昧？」但是我說眞的，還是要證這個三昧才好啦！因爲得了這個三昧以後雖然無法入無餘涅槃——因爲不會想要入無餘涅槃了，可是卻可以證得無餘涅槃。諸位！當你明心了，現前觀察時就知道我說的是如實語：你可以證無餘涅槃，卻不必入無餘涅槃。

譬如說，阿羅漢死時入無餘涅槃，其實沒有入、也沒有證啊！因爲入無餘涅槃就是「後有永盡」、「不受後有」呀！那他捨報以後「不受後有」稱爲入無餘涅槃，那時阿羅漢已沒有色身等五蘊了，那時就只剩下如來藏獨存哪！而如來藏「妙音菩薩」離見聞覺知，永遠都不會反觀自己，因爲祂沒有證自證分，所以祂也不會知道自己的存在，所以當祂捨了五蘊而不再生起後世五蘊，成爲祂自己獨存時就是無餘涅槃了。阿羅漢死後五蘊已經滅了，也就沒有五蘊而不知道自己現在的境界是無餘涅槃，那麼請問：阿羅漢有入無餘涅槃嗎？沒有嘛！他們的五蘊都已經不存在了，怎麼能夠有阿羅漢入無餘涅槃呢？

那麼再說回頭，當阿羅漢生時——他們還在世的時候，他們沒有開悟明心，不證「妙音菩薩」如來藏，並不知道無餘涅槃裡面的境界是什麼；因爲無餘涅槃就只是如來藏獨存，而他們沒有證得如來藏，所以不會知道無餘涅槃裡面是什麼境界，這就是生時沒有實證無餘涅槃中的境界。而他們死後成爲無餘涅槃時五蘊全都不在了，所以也不可能知道無餘涅槃裡面的如來藏境界，那麼請問：他們有沒有證得無餘涅槃？是沒有嘛！所以 世尊才說二乘涅槃其實只是佛的方便施設，假名爲證涅槃，不是眞實法。

那你們明心後，證得這個「現一切色身三昧」，知道一切色身之所從來就是「妙音菩薩」，就是「妙法蓮華經」如來藏，那麼將來阿羅漢捨報不受後有時，也只是剩下「此經」如來藏獨存。當你現在觀察：把五蘊自我摒除以後只剩下如來藏獨存時，那是什麼樣的無境界的境界。那你就知道阿羅漢所入的無餘涅槃是什麼境界了，他們所不知道的你已經知道了，這就是實證本來自性清淨涅槃，那你就是實義菩薩而不再是假名菩薩了。所以說，阿羅漢的無餘涅槃，你是不是證了？是證了，你已經知道了，也就是證了！當然，我這裡說的證無餘涅槃，是從理上來說的；眞正的實證，還是得要在悟後把思惑滅盡了才算數。

可是從實際理地來說，阿羅漢宣稱證得有餘、無餘涅槃，其實他們都沒有實證，那個證只是 世尊慈悲施設的方便說。那你如此現觀以後，了知證無餘涅槃的境界了，已經知道不必入無餘涅槃就清楚無餘涅槃中的境界了，爲了眾生與自己的佛菩提道業，你又何必再入無餘涅槃？所以這樣子說回來，證得「現一切色身三昧」以後不能入無餘涅槃，到底是好、還是不好？（大眾回答：好。）當然好啊！你不必進入，就已經知道無餘涅槃裡面是什麼，你也清楚看見無餘涅槃裡面就是自己的「妙音菩薩」獨存；那裡面離見聞覺知，絕對寂靜，因爲沒有六根、六塵、六識，眞是絕對寂靜。

可是這個涅槃寂靜的境界，在你五蘊不寂靜的當下，祂已經同時並存而被你看清楚了，親自證實是這樣的，你就是理上證得無餘涅槃了。但你這個證無餘涅槃不同於二乘的證無餘涅槃，卻遠超過二乘聖者的無餘涅槃，這就是從第七住位到妙覺位所證的本來自性清淨涅槃。那你就繼續擁有這個「現一切色身三昧」，下一世也許現一個色身是在極樂世界蓮花化生，也許下一世你說：「我要乘願再來，娑婆世界的愚癡眾生好可憐，老是被假名善知識等大師們誤導。這些人都是無量劫來的至親好友，我捨不得他們，因爲我是多情菩薩而不是寡情菩薩呀！所以我要留在娑婆世界繼續幫助他們。至少，蕭老師那首〈菩薩底憂鬱〉，我下一世還得要再來唱一遍吧！」於是發願受生再來，那你的「妙音菩薩」就會爲你再變現出一個色身。那個色身也許是高鼻子、白皮膚、深眼睛，又是藍色的眼球，不是像現在褐色的，成爲洋人而開始向西方世界弘揚佛法。就是依這個「現一切色身三昧」又再變現出另一個色身，繼續行菩薩道。

等到九千年後正法沒辦法傳了，又藉著「妙音菩薩摩訶薩」而變現了一個兜率陀天的天身，去內院面見彌勒菩薩；就這樣一世一世不斷地現一切色身，最後的結果就是成佛。成佛以後依舊使用這個三昧，繼續變現未來利樂人間的一切佛身；那時你的「妙音菩薩」就多了個名號，叫作無垢識。這樣子探討下來，這個「現一切色身三昧」的源頭，其實就是「此經」如來藏，又名「法華經」，又名「妙音菩薩」。那麼，「妙音菩薩」跟諸位到底有沒有關聯？（大眾回答：有！）有啦！不應該像某一些人讀經的時候亂說：「奇怪！《法華經》講著講著，爲什麼從東方那麼遠的地方又調來一個妙音菩薩，說了這一品的經文，這跟我有什麼關係？」當然有關係呀！因爲諸位將來成佛前，很可能有一世也得要當一次妙音菩薩；東方世界這位妙音菩薩將來也是要成佛的，總得有人要遞補上來接替他當妙音菩薩吧？

可是這樣追究到最後，這個「現一切色身三昧」的源頭，竟然是妙音菩薩，而「妙音菩薩」指的是「妙法蓮華經」，也就是「此經」如來藏，原來這個三昧的陀羅尼就是「此經」如來藏，這就是總持，也是一切世出世間萬法的總持。陀羅尼就叫作總持，而一切佛法的總持也就是如來藏。這樣子講解完了，大家可以區分清楚了：二乘聖者最後是要入滅度的，入了滅度以後依舊不知道「妙音菩薩」何在；而菩薩們生前就看見自己跟「妙音菩薩」常在一起，然後生生世世無妨自己的五蘊不斷地更換，在不斷更換的過程中，卻始終是由「妙音菩薩」繼續運用「現一切色身三昧」，來顯現未來一世又一世相同種類或者不同種類的色身。

那麼這樣子觀察完了之後，你會發現一個事實：「妙音菩薩摩訶薩」不但跟我們有關，而且祂才是主人，我們只是客人哪！《楞嚴經》不是講了嗎：譬如有一家旅店，客人來了就住一個晚上，明天就走了；明天早上又有客人來了，住一個晚上，也是第二天早上離開；後天晚上又有客人來，一樣是住一個晚上，然後又走了。每天都有客人來住了以後又走了，客人永遠是客人，可是這家旅店卻是常住的。那麼現在大家可以看一下：爲我們「現一切色身」的「妙音菩薩摩訶薩」是永遠存在的，而過去世我們名叫「張三」，已經離開「妙音菩薩」這個旅店，這一世換我們「李四」來住在這裡，但幾十年後我們也會搬走；走了以後這家旅店再下一世，又換「王五」來住，那麼誰才是常住？當然「妙音菩薩」這一家旅店、這一家客棧，才是眞正常住者，我們五蘊只是住客，住進來以後這家旅店有幾十年時光暫時歸你使用，由你幾十年中來作主。

這樣看來，我們需要用那一種傲氣來看待凡夫眾生嗎？不需要了！因爲我們知道自己也是假的。所以只有凡夫才會罵說：「唉呀！你這個蕭平實好狂喔！」他都不知道蕭平實的所見，是認爲這個蕭平實五蘊只是客人。他們並不知道蕭平實是這樣認知的，所以他們都認爲蕭平實好狂。可是蕭平實本人卻是始終狂不起來，因爲蕭平實知道自己所證的是很平凡的、很實在的，沒什麼可傲人的眞實佛法。所以你們若是想要把這個道理去跟那一些凡夫的佛弟子們，特別是對附佛法外道的喇嘛們講解或說明，根本無從說起。遇到那一些喇嘛跟他們的信徒，我只能夠說：秀才遇見兵，（大眾同聲回答：有理說不清。）對啊！下一句就由你們說了。

對完全不懂佛法的密宗信徒們，眞的無可理喻，你永遠沒有辦法爲他們講清楚；因爲對那些凡夫大師們都很難說得清楚，何況是對那一些完全不懂佛法的附佛法外道密宗的信徒們。所以「妙音菩薩」告訴我們的道理是說：「三乘聖人皆因無爲法而有差別。」因爲所證的無爲法有兩種不同，一種是要入無餘涅槃的，但是本質上沒有實證無餘涅槃，而菩薩們是實證無餘涅槃內涵的，可是卻有「現一切色身三昧」，所以永遠不入無餘涅槃，但是卻自始至終擁有無餘涅槃的功德與智慧，這就是本來自性清淨涅槃，而這個功德與智慧都是從「妙音菩薩」而來的。

所以說，《法華經》中 世尊爲什麼會從那麼遠的世界請來妙音菩薩摩訶薩？絕對有具足的理由而必須要請他來。因此《法華經》裡面的每一品都有原由，不是無緣無故安立的。那麼菩薩實證了這個三昧，永遠不入無餘涅槃，但所有實證的菩薩們卻沒有一點點覺得惋惜，反而說：「我既然證了無餘涅槃的實際，我可以不入無餘涅槃，生生世世不斷以『現一切色身三昧』，持續出生世世的五蘊，來利樂無量無邊眾生。這個眾生是包括自己也包括其他的有情，然後我就這樣子次第成就無上正等正覺，這是何其快樂底事。」也就是說，在無量生死痛苦之中都是苦中作樂。那麼接著就要問諸位要不要這樣苦中作樂了？（大眾回答：要。）啊！眞不愧是我的知音！今天就講到這裡。

《妙法蓮華經》，上一週一百八十九頁第二段剛好講完，今天要從第三段，也就是從本品〈妙音菩薩來往品〉的最後一段開始講起。

經文：【爾時，妙音菩薩摩訶薩供養釋迦牟尼佛及多寶佛塔已，還歸本土；所經諸國，六種震動，雨寶蓮華，作百千萬億種種伎樂。既到本國，與八萬四千菩薩圍繞，至淨華宿王智佛所，白佛言：「世尊！我到娑婆世界饒益眾生，見釋迦牟尼佛，及見多寶佛塔，禮拜供養；又見文殊師利法王子菩薩，及見藥王菩薩、得勤精進力菩薩、勇施菩薩等。亦令是八萬四千菩薩得

現一切色身三昧。」說是〈妙音菩薩來往品〉時，四萬二千天子得無生法忍，華德菩薩得法華三昧。】

語譯：【這時妙音菩薩摩訶薩供養完了釋迦牟尼佛以及多寶佛塔以後，還歸他所從來的本來的佛土；他回國時所經過的一切佛國，都有六種震動，也都降下各種寶蓮花，並且還作百千萬億各種不同種類的伎樂。既然已經回到了本國，就與八萬四千位菩薩圍繞著他，到淨華宿王智佛的所在，稟白佛陀說：「世尊！我去到娑婆世界饒益了眾生，面見了釋迦牟尼佛，也親見了多寶佛塔，同時都禮拜表示恭敬，而且也都作了供養；我又與文殊師利菩薩法王子相見，我還見了藥王菩薩、得勤精進力菩薩、勇施菩薩等摩訶薩。同時也使隨從我去娑婆世界的八萬四千位菩薩們，都證得現一切色身三昧。」釋迦世尊演說這〈妙音菩薩來往品〉的時候，有四萬二千位天子得到了無生法忍，而華德菩薩得到了法華三昧。】

講義：這樣看來，菩薩們得三昧、得無生法忍，似乎都是輕而易舉的，是因為跟隨在世尊身邊的緣故。那麼到底我們身為佛子，該不該也有其分哪？該喔！你們心量還眞夠大，敢說該有其分。想想看，你們進入同修會之前，或者剛進來學習一、二年時，你們敢說該有其分嗎？二十幾年來，臺灣佛教界有兩種情形存在：第一種情形是自稱為證得佛法中的三昧，自稱為已證眞如，或是自稱為開悟明心，乃至有人自稱為透徹佛法、究竟解脫，在在處處不乏其人。另外一種情形，凡是有人談到證果、開悟等等，大師們對嘴就說：**「這是什麼時代了！你還敢談開悟、說證果？」**甚至於也有教念佛法門的大法師，連體究念佛、實相念佛都不敢談，也教令弟子們不許談。你若是跟他談體究念佛而說要親見自性彌陀，他馬上就回應你：**「那是大菩薩們的事，跟我們無關！我們只要老老實實唸佛就好。這一句佛號，打死也不能丟掉。」**

這兩種情形，諸位都聽過或者見過了。可是眞要說起來，這兩邊的大師們全都該打。這兩種人，每人都應該放三頓棒給他們；我說的是三頓，不是三棒。因為第一種人是殘害佛門四眾的法身慧命，陷大眾於大妄語業中；後面一種則是澆熄了佛門四眾的法身慧命，使眾生的根器越來越狹劣，越來越不能跟正法相應；所以我說這兩種人，應該各領三頓痛棒。也就是說，如果不是悟錯了、犯下大妄語業，就是澆熄了大眾的佛菩提種，以致大家都不敢求實證。

好在諸位進得同修會來，在親教師們教導下，每週二又來聽經而熏習了義正法，兩方面同時進行，漸漸地把諸位的心量給撐大了，這眞是用撐的。以前曾經有一位同修說他爲什麼信受正覺的法，因爲他曾經恭讀經典；經典之中現前看得見的記載是：大家聽聞 世尊演說一席法之後，有的人證初果，乃至有的人證阿羅漢；也有人同一席法聽聞之後開悟了，成爲菩薩摩訶薩；甚至於也有人同一場法會之中證得無生法忍。這是佛經中明文記載的事呀！如果是眞正的佛法，本來就應該如此，爲什麼老是滅自己的威風、長了別人的志氣？一談到開悟就說：「那是大菩薩們的事啦！跟我們無關。」本來他自己也可以實證的，就因爲這樣而把佛種澆熄了。那麼他的菩提種要什麼時候才能開花結果呢？就只能永遠是那一棵小小的嫩芽，一直長不大，更別提開花結果。

可是佛經的記載既然是眞實，裡面的記載是 佛陀說法以後，往往一部大乘經講完時，有人得無生法忍，有人得大乘無生忍，下至於有人得初果，或是不得初果而只是發菩提心。由此可見佛法是可以實證的，是義學而不是玄學，它不是學術界講的「思想」。所以我百年後，如果誰去辦一個「平實導師思想研討會」，小心喔！我半夜裡會去敲他的頭。（大眾笑⋯）因為我講的、教導的並不是思想，而是實證的義學。玄學才可以說是思想，因為不可實證，純粹是意識的思惟理解而推論的所得，結果不一定正確，而且可說百分之九十九點九是錯誤的；所以學術都必須要不斷地改正，一代又一代不斷改正的結果就叫作「演變」。但我所弘傳的法義，從西天講到中國再講到臺灣來，永遠不曾改變過，未來也將不會改變。

所以咱們菩薩證道是不會演變的，因為是義學，是法界的實相。而實相永遠只有一種，不會有兩種、三種，當然實相是不可改變的，因為祂是十法界中的事實而不是思惟推論的結果。既然是義學，當然是可以實證的，可以實證的大乘妙法，本來就應該在聽聞 世尊演說時，隨著各人的根性差異而各有所證。所以說「**世尊一音演說法，眾生隨類各得解**」。因為聲聞人聽到大乘法時所領會的就是解脫的境界，菩薩聽到時就是領會佛菩提的實相眞如境界；所以很多人聽了 世尊說法以後，「**隨聞入觀**」之下也就當場實證了，這樣才是眞正的佛法。如果聽聞之後修了二、三十年，依舊是個門外漢，連正見都沒有，這表示那種法只是一個相似的像法，不是究竟的正法。正因爲廣爲流傳的佛法已是相似像法了，所以那個時期才會被稱爲像法時期；正因爲正法的實證者已經非常稀少了，能追隨實證的人也就隨著很少，一般大師教的已是錯誤的邪見，所以現在才會被定位爲末法時期。

「相似像法」到底好不好？爲什麼你們要搖頭？你們看海峽兩岸現在弘傳的不都是「相似像法」嗎？結果已經把佛教弄得很興盛了，這有什麼不好？可是 世尊在經中卻說這樣不好；因爲「相似像法」太興盛了，眞實的正法就會被掩蓋，會被淹沒或者掩蓋，於是大家都不會留意到眞實正法的存在，那麼了義正法就不能興盛而無法實證；當眾生都無法實證時，正教也就漸漸衰落，佛教最後就同於外道的世間法境界，所以 世尊說「相似像法」興盛起來並不好。因此了義的正法、義學的正法，是應該要設法在因緣成熟時加以推廣；推廣之後當然不可能使一切佛子都能實證，但是如來藏眞如這個正法種子，就普遍種植在一切佛子的心田之中；於是大家普遍認同了義正法，相似於正法的像法，就可以同時存在而不至於掩蓋了了義正法。這樣正法就可以長時間普遍利益一切有緣的佛弟子們，一一可以實證。所以應當要如同經中所說的可以實證，這才是了義的、如實的正法而非相似於正法的像法。

那麼這一段經文就說到：爾時妙音菩薩摩訶薩供養了 釋迦牟尼佛以及多寶佛塔之後，還歸了本土。事上一定是如此的，而理上當然也如此。在事上，他是從東方無比遙遠的 淨華宿王智佛國土，來到這個堪忍世界，面見了 世尊和多寶佛塔而作禮拜供養，同時也遇見了好多菩薩，之後當然要回到原來的佛土去。因爲他來這個娑婆世界所應該作的事情已經圓滿了，所應幫助 世尊宣演《法華經》的任務已經完成了，因此應該回歸原來的佛土。那麼在理上當然也如此啊！當你來到這個堪忍的人間，示現了能仁和寂靜（釋迦牟尼）的大人相，也示現了你自己的多寶佛塔，也就是示現了你的種種自性；那麼示現完了以後，當然還是要攝歸於你的佛土，也就是攝歸於你的如來藏本際，妙音菩薩的五蘊身當然也得回歸原來的佛世界。

接著說：「所經諸國，六種震動，雨寶蓮華，作百千萬億種種伎樂。」在事上來說，妙音菩薩從東方那麼遠的世界而來時，經過那麼多的佛土，所經過之處，都有六種震動，種種無量百千天樂不鼓自鳴，也在各佛土降下了很多的寶蓮華；同理，回到 淨華宿王智佛的國土之前，所經過的一切世界當然也要有所示現，因此同樣是「六種震動，雨寶蓮華，作百千萬億種種伎樂。」從事上來說，這一來以及一往，都不能無所示現；可不能像某一首歌說「悄悄地我走了，正如我悄悄地來」；菩薩可不能這樣，所以一定要有所示現，因爲這個示現的本身就是佛事，因此凡所經過的諸國都有六種震動。

講到這裡倒要問問諸位：你們從家裡來到正覺講堂經過了多少佛土？數不清吧？你從家裡來到這裡，一個又一個佛土不斷地經過呀！佛土是菩薩所住的地方。也許有人想說：「我哪有看見什麼佛土？我一路上看見的就是人來人往。」那我要問你了：「汝喚什麼作『妙音菩薩』？」喔！如來藏，所以如來藏就是「妙音菩薩」。那麼你看那一些人來人往，他們是不是各個都有「妙音菩薩」？是啊！那他們各自的「妙音菩薩」都住於什麼呢？難道是住於虛空嗎？是住於佛土呀！就是住於各自的佛土嘛！那什麼叫作佛土？這個五蘊身心就是「妙音菩薩」的佛土。那麼你們從家裡來到正覺講堂時，經歷過多少佛土？喔！太多了！你所經歷過的那些佛土，全部都是六種震動；你可以看到他們是否全都六根震動？（平實導師看著大眾醒悟的表情說：）喔！這眞的叫作恍然大悟啊！

六種震動，你詳細看看，有哪一個人當你經過的時候，他不是具足六種震動的？當他們六種震動的時候，是不是有各種莊嚴的自性示現出來？這不就是「雨寶蓮華」嗎？然後他們每一位「妙音菩薩」——每一個佛土，全部都有百千萬億種種伎樂，不斷地有「妙音」演述出來，你應該聽見了；如果你還沒聽見，就不可以說你開悟了。好！那麼「來」的時候如此，現在要回去了；從娑婆世界說「妙音菩薩」由 淨華宿王智佛國來了，朝禮過 釋迦世尊——就是朝禮了「能仁」與「寂靜」；既朝禮了「能仁寂靜」的自心如來藏，也朝禮過「世尊」顯示出來的種種妙法叫作「多寶佛塔」，然後開始回去，這時便叫作「往」；剛才是「來」，現在是「往」，所以這一品叫作〈來往品〉。來的時候如此，往的時候又何嘗不是如此？所以一樣是「所經諸國，六種震動，雨寶蓮華」，並且「諸國」也都「作百千萬億種種伎樂」。這樣聽懂了喔？所以你說，這部經典深不深呢？這才知道，原來以前大家都只能依文解義，不知眞實義；那麼我講出眞實義，整理成書時當然要命名爲《法華經**講義**》。

那麼這也是在告訴大家，當「**妙音菩薩**」來時，爲了向所經「**諸佛國土**」一切有情，警覺於佛法的現前，讓大家去注意到佛法就在這裡。當「祂」回去的時候也如此，所以你們今晚聽經完了，回家時一樣是經歷無量無數佛土，你們就好好看那一切「**佛土**」有沒有「**六種震動，雨寶蓮華，作百千萬億種種伎樂**」？那麼這樣子看見了，你就很清楚知道經文之所說。所以我們今晚四個講堂一千多人，大家來到這裡時究竟有多少佛土？一千多個佛國；這樣子來看，其實已經可以瞭解：佛土的定義或者佛國的定義在理上與事上究竟有什麼異同了。

接著說：「**既到本國，與八萬四千菩薩圍繞，至淨華宿王智佛所，**」先談到這裡就好。已經回到了本國以後，跟他來的時候一樣，有八萬四千位菩薩。也許現在有人想：「**我來的時候並沒有八萬四千位菩薩跟隨我呀！那我等一下回去時，哪來的八萬四千位菩薩？**」但我告訴你，眞的有呀！畢竟你還沒有成佛，所以八萬四千個煩惱一個也不少啊！這些不都是菩薩嗎？得要有這八萬四千菩薩跟隨你，你才有辦法成佛；因爲這八萬四千菩薩是你要度的人，他們無始以來追隨著你，你把他們全部度了以後，那你就成佛了。所以等一下回去時，要找這八萬四千位菩薩時，可不要往外找。

因此說，「妙音菩薩」來的時候帶了八萬四千位菩薩，回去時也把他們帶回去。當然要度這八萬四千位菩薩，如果不度這八萬四千位菩薩，他就不能成佛。所以要回到本土的時候，當然同樣要由這八萬四千位菩薩圍繞著。這八萬四千菩薩們，在你還沒有學佛或者還沒有實證之前，就叫作八萬四千煩惱；等你成佛了，這一些煩惱全部轉變，一切心所法都由你運用自如，可以化身無量無邊，這就是隨從於你的八萬四千菩薩。

到了以後要稟白　淨華宿王智世尊說：「世尊！我去到了娑婆世界饒益了眾生，」妙音菩薩來到娑婆世界饒益眾生，不單在理上如此，在事上也眞實如此。由於他的示現，使很多菩薩有了更開闊的眼界，有了更深厚的智慧；也讓菩薩種性的凡夫們，生起了對佛菩提道的具足信心，從此以後可以不退轉於佛菩提道，因此願意「發菩提心」，這也是利益呀！至於其他的菩薩，因爲他的到來而獲得了法上的利益；是因爲他的到來而使　世尊宣演了無上的密意，因此有很多娑婆世界的菩薩們被饒益了，所以他說「**我到娑婆世界饒益眾生**」是如實語。

接著說：「**見釋迦牟尼佛，及見多寶佛塔，**」每一個菩薩都必須要禮覲「**釋迦牟尼佛**」，不管他住在哪個佛土，全都一樣。也就是說，每一個人身中其實都有「**釋迦牟尼佛**」，本來就是能仁而寂靜的；所以「**妙音菩薩**」從淨華宿王智佛土來到娑婆世界，當然要見 釋迦牟尼佛，也要見 多寶佛塔；也就是說，在四聖法界之中，釋迦如來功德巍巍，不是世間凡夫之所能臆測，因為祂成佛以來已經「**無量無邊百千萬億那由他劫**」了，這一回來人間成佛也只是一個示現；但 世尊如實說了出來以後，眾生難免心疑，所以需要從東方遙遠的佛土召喚妙音菩薩前來示現。不但如此，在更早之前，還把無量劫來所度的下方虛空無量無數菩薩召喚出來，所以有了〈從地踊出品〉的那麼多大菩薩們，追隨四大菩薩（編案：上行、無邊行、淨行、安立行）一起現前。這樣才能證成 釋迦牟尼佛這回的成佛弘化都只是一個示現，其實是很早以前已經成佛了；而且還得要 多寶如來坐著佛塔來作證明。

但這是事上演說《法華經》時必須如此示現，可是在理上，每一個人的自性彌陀——如來藏、眞如心是不是「能仁寂靜」？你何時看見過你的如來藏對你不仁不義？特別是你明心找到如來藏以後，你看看祂什麼時候曾經棄你而去？祂永遠跟你在一起不離不棄。有一句俗話說「夫妻本是同林鳥，大難來時各自飛」，都聽過了嘛！可是不管你病得多嚴重、受傷多厲害，只要你的壽命不該終了，祂就不會離你而去；即使是醫學上所說的植物人，你想想，如果跟一個植物人同住，你會不會覺得很沒趣？會嘛！因爲根本無法溝通，也沒辦法閒聊，服侍他的事情就不談了。想要跟他講話卻無法溝通閒聊，也不能談一點世間法，什麼都不行，眞的沒趣；瞧著他在那邊不死也不活，也是好無聊；可是他的眞如心不會因爲覺得無聊就離開他，這夠仁義了吧？眞的要叫作「能仁」者。

所以有的植物人病床一躺，躺了四十年還在躺，而他的眞如心都沒有離開他，從來不覺得無聊。誰有這一分仁義之心？世間再也找不到更好的朋友能夠如此對他不離不棄的。臺灣植物人在病床上躺最久的是誰？應該是王曉民吧？現在可能有五十歲了，（有人說：已經往生了。）她是什麼時候往生的？

好像是前幾年，（編案：一九六三年車禍，二〇一〇年去世。）你看她年輕時，好像是還沒有成年就變成植物人（編註：是在讀高中時），那你想：她往生是這樣，之前在病床上躺了幾年，三十幾年？不止喔？聽說是六十幾歲往生的？那就將近五十年了。你們看，有哪個朋友願意將近五十年不離不棄的？這仁愛之心表現得淋漓盡致，說眞的還眞「能仁」，「能仁」的梵音就是「釋迦」。

那麼「牟尼」是什麼？是「寂靜」。你的眞如心從來沒有跟你吵鬧過，不管你在睡覺或者白天在忙，祂從來沒有說：「欸！我們來聊聊天吧！我好寂寞。」從來沒有啊！因爲祂離言語道，祂從來不講話。能夠永遠不講話，心中也是永遠一念不生，是不是夠寂靜了？不！這還不夠！只有離六塵、不了知六塵，才是眞「寂靜」啊！你們有誰可以離開六塵而住？沒有吧？（有人答：沒有。）不！你應該說：「有！我是離六塵的。」因爲你證悟了，改以如來藏爲「我」，以眞如心爲「我」時就是離六塵的啊！但畢竟不是五蘊能離六塵。那麼可以離開六塵，而且是從無始劫以來到現在一向如此，當然是眞實的「寂靜」啊！所以叫作「牟尼」。

每一個有情自己的「釋迦牟尼」時時刻刻如此，而且無始劫來便已如此，將來去到無量劫後還會如此。那麼你證悟了以後，當然每天都要見一見「釋迦牟尼佛」；你們有沒有誰悟了以後說，有一天起來想要見「釋迦牟尼佛」，結果竟然都看不見。有沒有？沒有嘛！只要是眞正的悟，永遠都可以見得著。所以每天醒來時也可以問訊說：「釋迦牟尼佛！您好！」因爲你昨天晚上抱著祂睡覺呀！今天當然還是跟祂一起起床的。大家都耳熟能詳的佛門用語，不是嗎：「夜夜抱佛眠，朝朝還共起。」那你看祂是不是「能仁」又「寂靜」？所以每天起床了，當然要先有一個作意：「釋迦牟尼佛！您好！」也得要朝禮「釋迦牟尼佛」，就得禮拜啊！至於要怎麼供養呢？當然是要每天都作供養的，所以起來喝水、吃粥等等，一直都供養著自己的「釋迦牟尼佛」。菩薩是早上就開始吃，而且還吃晚餐的；可不像聲聞人只吃中午一餐，因爲菩薩得要供養「釋迦牟尼佛」。

那麼你早上禮拜了自己的「釋迦牟尼」以後，不就有很多很多的諸法自性不斷地現前讓你瞧著嗎？一下子這個法，一下子又是那個法；只是大多數人眼見如盲，再加上耳聞如聾，竟然還說沒聽到，不都是如此嗎？所以一天到晚抱怨說：「世尊都不肯幫我開悟，都不來跟我指導。」佛曉得！每天都在幫你開示、指導，只是你不見又不聞，不能怪「釋迦牟尼佛」。因為「釋迦牟尼佛」不斷在示現種種諸法的自性給你看，也就是多寶佛塔。

我們講解〈見寶塔品〉時不是講過了嗎？這個佛塔多麼高廣，有種種諸法嚴飾。你既然來到這個堪忍的人間，住在堪忍的三界中，就稱為娑婆世界，那你當然要見「能仁寂靜佛」——「釋迦牟尼佛」。當然也要見一見自己的「多寶佛塔」，去領受一下「多寶佛塔」裡面有多少的寶物；見過了、禮拜過了，當然要供養啊！要怎麼樣供養「多寶佛塔」呢？一起床刷牙、洗臉、喝粥等等，這就是供養「多寶佛塔」了。好！這個是見本尊，而且也看見了本尊有多少的妙寶自性，可是終究不能自行運作呀！還得要有「諸菩薩」才能一起成就「自性三寶」，否則你的自性三寶不得成就啦！所以當然要見「菩薩們」，因此妙音菩薩向　淨華宿王智如來稟白說：「又見文殊師利法王子菩薩，及見藥王菩薩、得勤精進力菩薩、勇施菩薩等。」見了這麼多菩薩。但這只是代表，其實所見的菩薩無量無邊啊！

文殊師利是法王子菩薩，當然妙音菩薩來到這裡時一定要見，因爲他是釋迦如來的法王子。每一尊佛都有法王子，諸位將來成佛的時候，同樣也會有法王子，同時還會有一位現聲聞相的比丘，成爲一生補處的菩薩；他將會留下來，當你離開以後過一段時間，他會重新示現在這個地方成佛。那麼如果你化緣已畢，要去到別的地方重新示現八相成道，法王子菩薩就跟著你一起再去重演這一場戲；這一場戲有時要演幾十年，有時候演幾千年，有時候演幾萬年；假使在人壽八萬四千歲時出現，至少要一起合演八萬四千年，所以一定有「法王子」菩薩。

當然也要見「藥王菩薩、得勤精進力菩薩、勇施菩薩」等等菩薩眾，因爲既然去見已成之佛，不會只有少數的幾位菩薩，特別是 釋迦如來成佛已經無量無邊百千萬億那由他劫了。那麼這四位菩薩是一種代表，這其實也是在向 淨華宿王智佛座下的菩薩們宣示說：「成佛之道是必須要有這麼多的修行。」文殊師利法王子菩薩代表的是大智慧，是大智慧喔！也就是說，這個智慧是足以使人成佛的。那麼這樣的智慧應該怎麼來？如何才能夠快速成就這樣的智慧？在因地可得要效法藥王菩薩之行。還記得藥王菩薩是怎麼樣成爲現在的藥王菩薩嗎？喔！那可眞是太多太多的苦行了，可不是修放逸行；如果修放逸行，將來成佛就會需要很久時間。

比起在娑婆世界的修行來說，去極樂世界生在凡聖同居土中，那就叫作放逸行；因爲這是爲那一些善根或精進根很差的眾生施設的一個淨土，所以去那邊單單是要開悟見道，都不曉得要等多久；那是要在凡聖同居土裡面修行達到初地，那個時間眞是無法想像的長久。那你想，下品往生到極樂世界的人，是不是放逸行呢？眞的是放逸行啦！因爲他在那蓮苞裡面聽著「八功德水，尋樹上下，演說苦、空、無我、無常、十二因緣、六波羅蜜」，是住在那邊享受著。他在蓮苞裡面什麼東西都有，就住在那邊享受，每天在那邊聽佛法，什麼都不作，就在那邊快樂地生活，然後不斷地聽佛法；而那個蓮苞有多大？有十二由旬，就是一個大宮殿；住在裡面到處晃，到處都有佛法給你聽；想要吃什麼也都有，所以我說，比起眞行菩薩道來，那叫作放逸行。

你如果想要很緩慢成佛就無所謂了，反正下品下生，不必再輪迴也行！咱家也是隨喜啊！因爲那畢竟是鈍根菩薩。所以想要快速成佛可以利樂更多的有情，當然是應該效法藥王菩薩。因此每天精進用功、精進利樂眾生、精進護持正法的時候，就不用抱怨，更不用來可憐我說：「蕭老師好可憐喔！每天都沒有休閒，為眾生作個沒完沒了。」都不用！當藥王菩薩是本分啊！所以一定要先修苦行。但苦行不是說每天吃苦的東西，身體沒有痛苦也要弄到痛苦，不是這個意思；而是說為了道業、為了眾生、為了正法久住，而辛苦地努力去作事；然而也得把身體照顧好，因為休息是為了走更遠的路。這就是見藥王菩薩的道理。

妙音菩薩來到娑婆世界看見快速成佛之道，當然成佛是依據 文殊師利法王子菩薩的大智慧，而這個大智慧之所以成就，是由於累劫勤修苦行，所以能夠快速成就這樣的大智慧，也就是修「不放逸行」。我看見第三講堂有人很努力在抄筆記，好呀！這個法要抄起來，因為這是眞實的道理啊！這個道理放諸於十方諸佛世界而皆準，放諸於三世一切諸佛的成佛之道而皆準，當然你們應該要記起來。

接著他還見到誰？「得勤精進力菩薩」。這在告訴我們說，修學佛道的時候，是永不休息的。所以菩薩們不該說：「釋迦如來去到別的地方示現，那我留在這裡修學佛法，而等到末法時期過了以後，那我就休息啦，因為這一萬多年來我修學佛法好辛苦呢。（大眾笑…）釋迦如來離開了，現在沒有佛法，我正好繼續留在人間享樂。」不該這樣想。應該說：「末法時期過了，我無法再護持正法了，那我就應該去兜率陀天，繼續跟著當來下生彌勒尊佛修學，道業增長才會快速啊！」修集福德是在這人間一萬多年中努力去修，因爲再也沒有比這一萬多年更好修福德的地方了，這眞是廣修福德的大好機會。福德修了以後，接著去兜率內院跟著 彌勒菩薩修學智慧，快速增長，然後跟著他下來人間弘法，這才是快速的成佛之道。所以妙音菩薩當然要向「得勤精進力菩薩」一樣始終不休息，一世又一世努力修道。

因此，末法時期過去了就趕快生到 彌勒菩薩的內院去，不要打妄想說：「我就留下來，現在沒有佛法，我正好玩一玩再說。」這樣就沒有辦法完成藥王菩薩的苦行，就得不到他的功德，當然他後面所要證得的成佛大智慧就更甭提了。所以眼下之際要怎麼樣去獲得「得勤精進力」，就是我們應當要去觀察的：要如何去擁有這樣的能力，可以讓我們生生世世得勤精進力？就是菩薩六度中的精進度。這個精進度，遍布於布施、持戒、忍辱、禪定或者靜慮，以及般若等五度中。

接著還要見誰？要見勇施菩薩。勇施與一般施不同，勇施是最困難的；一般的布施還算容易，如果人家說：「現在眾生好可憐喔！生活不濟，我們大家捐點錢來幫幫忙吧！」這個倒是容易，惻隱之心人皆有之，所以大家多多少少都願意捐一點；即使再怎麼窮，大不了少吃一餐飯，也可以捐一點錢。但是「勇施」就很困難，因爲布施時還得要勇猛；沒有勇氣或雄猛心，還眞的施不了；這是什麼施？對啊！這叫作「無畏施」。可是無畏施的意思別弄混了，因爲無畏施有兩個部分：第一個部分是眾生有急難的時候，你可以伸手見義勇爲去救護他；即使得罪了另一方也在所不計，願意伸出援手救濟對方，這種無畏的布施需要勇氣。可是還有另一種也是無畏施中的勇施——救護眾生於邪見之中。

（〈妙音菩薩來往品〉未完，詳第二十三輯續說。）

佛教正覺同修會〈修學佛道次第表〉

第一階段

* 以憶佛及拜佛方式修習動中定力。
* 學第一義佛法及禪法知見。
* 無相拜佛功夫成就。
* 具備一念相續功夫—動靜中皆能看話頭。
* 努力培植福德資糧，勤修三福淨業。

第二階段

* 參話頭，參公案。
* 開悟明心，一片悟境。
* 鍛鍊功夫求見佛性。
* 眼見佛性〈餘五根亦如是〉親見世界如幻，成就如幻觀。
* 學習禪門差別智。
* 深入第一義經典。
* 修除性障及隨分修學禪定。
* 修證十行位陽焰觀。

第三階段

* 學一切種智真實正理—楞伽經、解深密經、成唯識論…。
* 參究末後句。
* 解悟末後句。
* 透牢關—親自體驗所悟末後句境界，親見實相，無得無失。
* 救護一切眾生迴向正道。護持了義正法，修證十迴向位如夢觀。
* 發十無盡願，修習百法明門，親證猶如鏡像現觀。
* 修除五蓋，發起禪定。持一切善法戒。親證猶如光影現觀。
* 進修四禪八定、四無量心、五神通。進修大乘種智，求證猶如谷響現觀。

佛菩提二主要道次第概要表——二道並修，以外無別佛法

佛菩提道——大菩提道

遠波羅蜜多

資糧位

十信位修集信心——一劫乃至一萬劫

初住位修集布施功德（以財施爲主）。

二住位修集持戒功德。

三住位修集忍辱功德。

四住位修集精進功德。

五住位修集禪定功德。

六住位修集般若功德（熏習般若中觀及斷我見，加行位也）。

外門廣修六度萬行

見道位

七住位明心般若正觀現前，親證本來自性清淨涅槃。

八住位起於一切法現觀般若中道。漸除性障。

十住位眼見佛性，世界如幻觀成就。

一至十行位，於廣行六度萬行中，依般若中道慧，現觀陰處界猶如陽焰，至第十行滿心位，陽焰觀成就。

一至十迴向位熏習一切種智；修除性障，唯留最後一分思惑不斷。第十迴向滿心位成就菩薩道如夢觀。

內門廣修六度萬行

初地：第十迴向位滿心時，成就道種智一分（八識心王一一親證後，領受五法、三自性、七種第一義、七種性自性、二種無我法）復由勇發十無盡願，成通達位菩薩。復又永伏性障而不具斷，能證慧解脫而不取證，由大願故留惑潤生。此地主修法施波羅蜜多及百法明門。證「猶如鏡像」現觀，故滿初地心。

二地：初地功德滿足以後，再成就道種智一分而入二地；主修戒波羅蜜多及一切種智。滿心位成就「猶如光影」現觀，戒行自然清淨。

解脫道：二乘菩提

斷三縛結，成初果解脫

薄貪瞋癡，成二果解脫

斷五下分結，成三果解脫

入地前的四加行令煩惱障現行悉斷，成四果解脫，留惑潤生。分段生死已斷，煩惱障習氣種子開始斷除，兼斷無始無明上煩惱。

圓滿成就究竟佛果

近波羅蜜多

修道位

三地：二地滿心再證道種智一分，故入三地。此地主修忍波羅蜜多及四禪八定、四無量心、五神通。能成就俱解脫果而不取證，留惑潤生。滿心位成就「猶如谷響」現觀及無漏妙定意生身。

四地：由三地再證道種智一分故入四地。主修精進波羅蜜多，於此土及他方世界廣度有緣，無有疲倦。進修一切種智，滿心位成就「如水中月」現觀。

五地：由四地再證道種智一分故入五地。主修禪定波羅蜜多及一切種智，斷除下乘涅槃貪。滿心位成就「變化所成」現觀。

六地：由五地再證道種智一分故入六地。此地主修般若波羅蜜多——依道種智現觀十二因緣一一有支及意生身化身，皆自心眞如變化所現，「非有似有」，成就細相觀，不由加行而自然證得滅盡定，成俱解脫大乘無學。

七地：由六地「非有似有」現觀，再證道種智一分故入七地。此地主修一切種智及方便波羅蜜多，由重觀十二有支一一支中之流轉門及還滅門一切細相，成就方便善巧，念念隨入滅盡定。滿心位證得「如犍闥婆城」現觀。

七地滿心斷除故意保留之最後一分思惑時，煩惱障所攝色、受、想三陰有漏習氣種子全部斷盡。

大波羅蜜多

八地：由七地極細相觀成就故再證道種智一分而入八地。此地主修一切種智及願波羅蜜多。至滿心位純無相觀任運恆起，故於相土自在，滿心位復證「如實覺知諸法相意生身」故。

九地：由八地再證道種智一分故入九地。主修力波羅蜜多及一切種智，成就四無礙，滿心位證得「種類俱生無行作意生身」。

十地：由九地再證道種智一分故入此地。此地主修一切種智——智波羅蜜多。滿心位起大法智雲，及現起大法智雲所含藏種種功德，成受職菩薩。

等覺：由十地道種智成就故入此地。此地應修一切種智，圓滿等覺地無生法忍；於百劫中修集極廣大福德，以之圓滿三十二大人相及無量隨形好。

煩惱障所攝行、識二陰無漏習氣種子任運漸斷，所知障所攝上煩惱任運漸斷。

圓滿波羅蜜多

究竟位

妙覺：示現受生人間已斷盡煩惱障一切習氣種子，並斷盡所知障一切隨眠，永斷變易生死無明，成就大般涅槃，四智圓明。人間捨壽後，報身常住色究竟天利樂十方地上菩薩；以諸化身利樂有情，永無盡期，成就究竟佛道。

斷盡變易生死
成就大般涅槃

佛子蕭平實　謹製
（二〇〇九、〇二　修訂）
（二〇一二、〇二　增補）

佛教正覺同修會 共修現況 及 招生公告　2018/10/17

一、共修現況：（請在共修時間來電，以免無人接聽。）

台北正覺講堂 103 台北市承德路三段 277 號九樓 捷運淡水線圓山站旁 Tel..**總機** 02-25957295（晚上）（**分機：九樓**辦公室 10、11；知客櫃檯 12、13。 **十樓**知客櫃檯 15、16；書局櫃檯 14。 **五樓**辦公室 18；知客櫃檯 19。**二樓**辦公室 20；知客櫃檯 21。）Fax..25954493

第一講堂　台北市承德路三段 277 號九樓

禪淨班：週一晚班、週三晚班、週四晚班、週五晚班、週六下午班、週六上午班（共修期間二年半，全程免費。皆須報名建立學籍後始可參加共修，欲報名者詳見本公告末頁。）

進階班：週一晚班、週三晚班、週四晚班、週五晚班（禪淨班結業後轉入共修）。

增上班：瑜伽師地論詳解：每月單數週之週末 17.50～20.50。平實導師講解，2003 年 2 月開講至今，預計 2019 年圓滿，僅限已明心之會員參加。

禪門差別智：每月第一週日全天　平實導師主講（事冗暫停）。

大法鼓經詳解　詳解末法時代大乘佛法修行之道。佛教正法消毒妙藥塗於大鼓而以擊之，凡有眾生聞之者，一切邪見鉅毒悉皆消殞；此經即是大法鼓之正義，凡聞之者，所有邪見之毒悉皆滅除，見道不難；亦能發起菩薩無量功德，是故諸大菩薩遠從諸方佛土來此娑婆聞修此經。平實導師主講，定於 2017 年 12 月底起，每逢周二晚上開講，第一至第六講堂都可同時聽聞，歡迎已發成佛大願的菩薩種性學人，攜眷共同參與此殊勝法會現場聞法，不限制聽講資格。本會學員憑上課證進入第一至第四講堂聽講，會外學人請以身分證件換證進入聽講（此爲大樓管理處安全管理規定之要求，敬請諒解）；第五及第六講堂（B1、B2）對外開放，不需出示任何證件，請由大樓側門直接進入。

第二講堂　台北市承德路三段 267 號十樓。

禪淨班：週一晚上班。

進階班：週三晚班、週四晚班、週五晚班、週六下午班。禪淨班結業後轉入共修。

大法鼓經詳解：平實導師講解。每週二 18.50~20.50 影像音聲即時傳輸

第三講堂　台北市承德路三段 277 號五樓。

禪淨班：週六下午班。

進階班：週一晚班、週三晚班、週四晚班、週五晚班。

大法鼓經詳解：平實導師講解。每週二 18.50~20.50 影像音聲即時傳輸

第四講堂　台北市承德路三段 267 號二樓。

進階班：週一晚上班、週三晚上班、週四晚上班（禪淨班結業後轉入共修）。

大法鼓經詳解：平實導師講解。每週二 18.50~20.50 影像音聲即時傳輸

第五、第六講堂

念佛班 每週日晚上，第六講堂共修（B2），一切求生極樂世界的三寶弟子皆可參加，不限制共修資格。

進階班：週一晚班、週三晚班、週四晚班。

大法鼓經詳解：平實導師講解。每週二 18.50~20.50 影像音聲即時傳輸。第五、第六講堂爲**開放式講堂**，不需以身分證件換證即可進入聽講，台北市承德路三段 267 號地下一樓、地下二樓。每逢週二晚上講經時段開放給會外人士自由聽經，請由大樓側面梯階逕行進入聽講。**聽講者請尊重講者的著作權及肖像權，請勿錄音錄影，以免違法；若有錄音錄影被查獲者，將依法處理。**

正覺祖師堂 大溪區美華里信義路 650 巷坑底 5 之 6 號（台 3 號省道 34 公里處 妙法寺對面斜坡道進入）電話 03-3886110 傳眞 03-3881692 本堂供奉 克勤圓悟大師，專供會員每年四月、十月各三次精進禪三共修，兼作本會出家菩薩掛單常住之用。除禪三時間以外，公元 2018 年前每逢單月第一週之週日 9:00~17:00 開放會內、外人士參訪，當天並提供午齋結緣，自公元 2019 年後開放參訪日期請參見本會公告。教內共修團體或道場，得另申請其餘時間作團體參訪，務請事先與常住確定日期，以便安排常住菩薩接引導覽，亦免妨礙常住菩薩之日常作息及修行。

桃園正覺講堂（第一、第二講堂）：桃園市介壽路 286、288 號 10 樓（陽明運動公園對面）電話：03-3749363（請於共修時聯繫，或與台北聯繫）

禪淨班：週一晚上班（1）、週一晚上班（2）、週三晚上班、週四晚上班、週五晚上班。

進階班：週四晚班、週五晚班、週六上午班。

增上班：雙週六晚上班（增上重播班）。

大法鼓經詳解：平實導師講解。每週二晚上，以台北正覺講堂所錄 DVD 放映；歡迎會外學人共同聽講，不需出示身分證件。

新竹正覺講堂 新竹市東光路 55 號二樓之一 電話 03-5724297（晚上）

第一講堂：

禪淨班：週一晚上班、週五晚上班、週六上午班。

進階班：週三晚上班、週四晚上班（由禪淨班結業後轉入共修）。

增上班：單週六晚上班。雙週六晚上班（重播班）。

大法鼓經詳解：平實導師講解。每週二晚上，以台北正覺講堂所錄 DVD 放映。歡迎會外學人共同聽講，不需出示身分證件。

第二講堂：

禪淨班：週三晚上班、週四晚上班。

大法鼓經詳解：每週二晚上與第一講堂同步播放講經 DVD。

第三、第四講堂：裝修完畢，即將開放。

台中正覺講堂　04-23816090（晚上）

第一講堂　台中市南屯區五權西路二段 666 號 13 樓之四（國泰世華銀行樓上。鄰近縣市經第一高速公路前來者，由五權西路交流道可以快速到達，大樓旁有停車場，對面有素食館）。

禪淨班：週三晚上班、週四晚上班。

進階班：週一晚上班、週六上午班（由禪淨班結業後轉入共修）。

增上班：**增上班**：單週六晚上班。雙週六晚上班（重播班）。

大法鼓經詳解：平實導師講解。每週二晚上，以台北正覺講堂所錄 DVD 放映。歡迎會外學人共同聽講，不需出示身分證件。

第二講堂　台中市南屯區五權西路二段 666 號 4 樓

禪淨班：週一晚上班、週三晚上班、週六上午班。

進階班：週五晚上班（由禪淨班結業後轉入共修）。

大法鼓經詳解：每週二晚上與第一講堂同步播放講經 DVD。

第三講堂、第四講堂：台中市南屯區五權西路二段 666 號 4 樓。

嘉義正覺講堂　嘉義市友愛路 288 號八樓之一　電話：05-2318228

第一講堂：

禪淨班：週一晚上班、週四晚上班、週五晚上班、週六上午班。

進階班：週三晚上班（由禪淨班結業後轉入共修）。

增上班：單週六晚上班。雙週六晚上班（重播班）。

大法鼓經詳解：平實導師講解。每週二晚上，以台北正覺講堂所錄 DVD 放映。歡迎會外學人共同聽講，不需出示身分證件。

第二講堂　嘉義市友愛路 288 號八樓之二。

台南正覺講堂

第一講堂　台南市西門路四段 15 號 4 樓。06-2820541（晚上）

禪淨班：週一晚上班、週三晚上班、週四晚上班、週五晚上班、週六下午班。

增上班：**增上班**：單週六晚上班。雙週六晚上班（重播班）。

大法鼓經詳解：平實導師講解。每週二晚上，以台北正覺講堂所錄 DVD 放映。歡迎會外學人共同聽講，不需出示身分證件。

第二講堂　台南市西門路四段 15 號 3 樓。

大法鼓經詳解：每週二晚上與第一講堂同步播放講經 DVD。

第三講堂　台南市西門路四段 15 號 3 樓。

進階班：週三晚上班、週四晚上班、週六上午班（由禪淨班結業後轉入共修）。

大法鼓經詳解：每週二晚上與第一講堂同步播放講經 DVD。

高雄正覺講堂 高雄市新興區中正三路 45 號五樓 07-2234248（晚上）

第一講堂（五樓）：

禪淨班：週一晚班、週三晚班、週四晚班、週五晚班、週六上午班。

增上班：單週週末下午，以台北增上班課程錄成 DVD 放映之，限已明心之會員參加。

大法鼓經詳解：平實導師講解。每週二晚上，以台北正覺講堂所錄 DVD 放映。歡迎會外學人共同聽講，不需出示身分證件。

第二講堂（四樓）：

進階班：週三晚上班、週四晚上班、週六上午班（由禪淨班結業後轉入共修）。

大法鼓經詳解：每週二晚上與第一講堂同步播放講經 DVD。

第三講堂（三樓）：

進階班：週四晚班（由禪淨班結業後轉入共修）。

香港正覺講堂 ☆**已遷移新址**☆

九龍觀塘，成業街 10 號，電訊一代廣場 27 樓 E 室。

（觀塘地鐵站 B1 出口，步行約 4 分鐘）。電話：(852) 23262231

英文地址：Unit E，27th Floor, TG Place, 10 Shing Yip Street, Kwun Tong, Kowloon

禪淨班：雙週六下午班 14:30-17:30，已經額滿。
雙週日下午班 14:30-17:30。
單週六下午班 14:30-17:30，已經額滿。

進階班：雙週五晚上班（由禪淨班結業後轉入共修）。

增上班：單週週末上午，以台北增上班課程錄成 DVD 放映之。

增上重播班：雙週週末上午，以台北增上班課程錄成 DVD 放映之。

大法鼓經詳解：平實導師講解。雙週六 19:00-21:00，以台北正覺講堂所錄 DVD 放映；歡迎會外學人共同聽講，不需出示身分證件。

美國洛杉磯正覺講堂 ☆**已遷移新址**☆

825 S. Lemon Ave Diamond Bar, CA 91789 U.S.A.

Tel. (909) 595-5222（請於週六 9:00~18:00 之間聯繫）

Cell. (626) 454-0607

禪淨班：每逢週末 15：30~17：30 上課。

進階班：每逢週末上午 10：00~12：00 上課。

大法鼓經詳解：平實導師講解。每週六下午 13：00~15：00 以台北所錄 DVD 放映。歡迎各界人士共享第一義諦無上法益，不需報名。

二、招生公告 本會台北講堂及全省各講堂、香港講堂，每逢四月、十月下旬開新班，每週共修一次（每次二小時。開課日起三個月內仍可插班）；但美國洛杉磯共修處之禪淨班得隨時插班共修。各班共修期間皆為二年半，全程免費，欲參加者請向本會函索報名表（各共修處皆於共修時間方有人執事，非共修時間請勿電詢或前來洽詢、請書），或直接從本會官方網站(http://www.enlighten.org.tw/newsflash/class)或成佛之道網站下載報名表。共修期滿時，若經報名禪三審核通過者，可參加四天三夜之禪三精進共修，有機會明心、取證如來藏，發起般若實相智慧，成為實義菩薩，脫離凡夫菩薩位。

三、新春禮佛祈福 農曆年假期間停止共修：自農曆新年前七天起停止共修與弘法，正月 8 日起回復共修、弘法事務。新春期間正月初一～初七 9.00～17.00 開放台北講堂、正月初一~初三開放桃園、新竹、台中、嘉義、台南、高雄講堂，以及大溪禪三道場（正覺祖師堂），方便會員供佛、祈福及會外人士請書。美國洛杉磯共修處之休假時間，請逕詢該共修處。

密宗四大派修雙身法，是外道性力派的邪法；又以生滅的識陰作為常住法，是常見外道，是假的藏傳佛教。

西藏覺囊巴以他空見弘揚第八識如來藏勝法，才是真藏傳佛教

佛教正覺同修會　弘法行事表

2017/12/07

1、**禪淨班**　以無相念佛及拜佛方式修習動中定力，實證一心不亂功夫。傳授解脫道正理及第一義諦佛法，以及參禪知見。共修期間：二年六個月。每逢四月、十月開新班，詳見招生公告表。

2、**進階班**　禪淨班畢業後得轉入此班，進修更深入的佛法，期能證悟明心。各地講堂各有多班，繼續深入佛法、增長定力，悟後得轉入增上班修學道種智，期能證得無生法忍。

3、**增上班 瑜伽師地論**詳解　詳解論中所言凡夫地至佛地等 17 師之修證境界與理論，從凡夫地、聲聞地……宣演到諸地所證無生法忍、一切種智之眞實正理。由平實導師開講，每逢一、三、五週之週末晚上開示，僅限已明心之會員參加。2003 年二月開講至今，預定 2019 年講畢。

4、**大法鼓經**詳解　詳解末法時代大乘佛法修行之道。佛教正法消毒妙藥塗於大鼓而以擊之，凡有眾生聞之者，一切邪見鉅毒悉皆消殞；此經即是大法鼓之正義，凡聞之者，所有邪見之毒悉皆滅除，見道不難；亦能發起菩薩無量功德，是故諸大菩薩遠從諸方佛土來此娑婆聞修此經。平實導師主講。定於 2017 年 12 月底開講，歡迎已發成佛大願的菩薩種性學人，攝眷共同參與此殊勝法會聽講。

本經破「有」而顯涅槃，以此名爲眞實的「法」；眞法即是第八識如來藏，《金剛經》《法華經》中亦名之爲「此經」。若墮在「有」中，皆名「非法」，「有」即是五陰、六入、十二處、十八界及內我所、外我所，皆非眞實法。若人如是俱說「法」與「非法」而宣揚佛法，名爲擊大法鼓；如是依「法」而捨「非法」，據以建立山門而爲眾說法，方可名爲眞正的法鼓山。此經中說，以「此經」爲菩薩道之本，以證得「此經」之正知見及法門作爲度人之「法」，方名眞實佛法，否則盡名「非法」。本經中對法與非法、有與涅槃，有深入之闡釋，歡迎教界一切善信（不論初機或久學菩薩），一同親沐 如來聖教，共沾法喜。由平實導師詳解。不限制聽講資格。

5、**精進禪三**　主三和尚：平實導師。於四天三夜中，以克勤圓悟大師及大慧宗杲之禪風，施設機鋒與小參、公案密意之開示，幫助會員剋期取證，親證不生不滅之眞實心——人人本有之如來藏。每年四月、十月各舉辦三個梯次；平實導師主持。僅限本會會員參加禪淨班共修期滿，報名審核通過者，方可參加。並選擇會中定力、慧力、福德三條件皆已具足之已明心會員，給以指引，令得眼見自己無形無相之佛性遍布山河大地，眞實而無障礙，得以肉眼現觀世界身心悉皆如幻，具足成就如幻觀，圓滿十住菩薩之證境。

6、**不退轉法輪經**詳解　本經所說妙法極為甚深難解，時至末法，已然無有知者；而其甚深絕妙之法，流傳至今依舊多人可證，顯示佛學眞是義學而非玄談，其中甚深極妙令人拍案稱絕之第一義諦妙義，平實導師將會加以解說。待《大法鼓經》宣講完畢時繼續宣講此經。

7、**阿含經**詳解　選擇重要之阿含部經典，依無餘涅槃之實際而加以詳解，令大眾得以現觀諸法緣起性空，亦復不墮斷滅見中，顯示經中所隱說之涅槃實際—如來藏—確實已於四阿含中隱說；令大眾得以聞後觀行，確實斷除我見乃至我執，證得**見到**眞現觀，乃至**身證**……等眞現觀；已得大乘或二乘見道者，亦可由此聞熏及聞後之觀行，除斷我所之貪著，成就慧解脫果。由平實導師詳解。不限制聽講資格。

8、**解深密經**詳解　重講本經之目的，在於令諸已悟之人明解大乘法道之成佛次第，以及悟後進修一切種智之內涵，確實證知三種自性性，並得據此證解七眞如、十眞如等正理。每逢週二 18.50~20.50 開示，由平實導師詳解。將於《大法鼓經》講畢後開講。不限制聽講資格。

9、**成唯識論**詳解　詳解一切種智眞實正理，詳細剖析一切種智之微細深妙廣大正理；並加以舉例說明，使已悟之會員深入體驗所證如來藏之微密行相；及證驗見分相分與所生一切法，皆由如來藏—阿賴耶識—直接或展轉而生，因此證知一切法無我，證知無餘涅槃之本際。將於增上班《瑜伽師地論》講畢後，由平實導師重講。僅限已明心之會員參加。

10、**精選如來藏系經典**詳解　精選如來藏系經典一部，詳細解說，以此完全印證會員所悟如來藏之眞實，得入不退轉住。另行擇期詳細解說之，由平實導師講解。僅限已明心之會員參加。

11、**禪門差別智**　藉禪宗公案之微細淆訛難知難解之處，加以宣說及剖析，以增進明心、見性之功德，啓發差別智，建立擇法眼。每月第一週日全天，由平實導師開示，僅限破參明心後，復又眼見佛性者參加（事冗暫停）。

12、**枯木禪**　先講智者大師的《小止觀》，後說《釋禪波羅蜜》，詳解四禪八定之修證理論與實修方法，細述一般學人修定之邪見與岔路，及對禪定證境之誤會，消除枉用功夫、浪費生命之現象。已悟般若者，可以藉此而實修初禪，進入大乘通教及聲聞教的三果心解脫境界，配合應有的大福德及後得無分別智、十無盡願，即可進入初地心中。親教師：平實導師。未來緣熟時將於正覺寺開講。不限制聽講資格。

註：本會例行年假，自 2004 年起，改為每年農曆新年前七天開始停息弘法事務及共修課程，農曆正月 8 日回復所有共修及弘法事務。新春期間（每日 9.00~17.00）開放台北講堂，方便會員禮佛祈福及會外人士請書。大溪區的正覺祖師堂，開放參訪時間，詳見〈正覺電子報〉或成佛之道網站。本表得因時節因緣需要而隨時修改之，不另作通知。

佛教正覺同修會　贈閱書籍 目錄　　2018/10/20

1.**無相念佛**　平實導師著　回郵 36 元
2.**念佛三昧修學次第**　平實導師述著　回郵 52 元
3.**正法眼藏—護法集**　平實導師述著　回郵 76 元
4.**真假開悟簡易辨正法&佛子之省思**　平實導師著　回郵 26 元
5.**生命實相之辨正**　平實導師著　回郵 31 元
6.**如何契入念佛法門**（附：印順法師否定極樂世界）平實導師著　回郵 26 元
7.**平實書箋**—答元覽居士書　平實導師著　回郵 52 元
8.**三乘唯識**—如來藏系經律彙編　平實導師編　回郵 80 元
（精裝本　長 27 cm　寬 21 cm　高 7.5 cm　重 2.8 公斤）
9.**三時繫念全集**—修正本　回郵掛號 52 元（長 26.5 cm×寬 19 cm）
10.**明心與初地**　平實導師述　回郵 31 元
11.**邪見與佛法**　平實導師述著　回郵 36 元
12.**甘露法雨**　平實導師述　回郵 36 元
13.**我與無我**　平實導師述　回郵 36 元
14.**學佛之心態**—修正錯誤之學佛心態始能與正法相應　孫正德老師著　回郵52元
附錄：平實導師著**《略說八、九識並存…等之過失》**
15.**大乘無我觀**—《悟前與悟後》別說　平實導師述著　回郵 36 元
16.**佛教之危機**—中國台灣地區現代佛教之真相（附錄：公案拈提六則）
平實導師著　回郵 52 元
17.**燈　影**—燈下黑（覆「求教後學」來函等）　平實導師著　回郵 76 元
18.**護法與毀法**—覆上平居士與徐恒志居士網站毀法二文
張正圜老師著　回郵 76 元
19.**淨土聖道**—兼評**選擇本願念佛**　正德老師著　**由正覺同修會購贈**　回郵 52 元
20.**辨唯識性相**—對「紫蓮心海《辯唯識性相》書中否定阿賴耶識」之回應
正覺同修會 台南共修處法義組 著　回郵 52 元
21.**假如來藏**—對法蓮法師《如來藏與阿賴耶識》書中否定阿賴耶識之回應
正覺同修會 台南共修處法義組 著　回郵 76 元
22.**入不二門**—公案拈提集錦 第一輯（於平實導師公案拈提諸書中選錄約二十則，
合輯爲一冊流通之）平實導師著　回郵 52 元
23.**真假邪說**—西藏密宗索達吉喇嘛《破除邪說論》真是邪說
釋正安法師著　上、下冊回郵各 52 元
24.**真假開悟**—真如、如來藏、阿賴耶識間之關係　平實導師述著　回郵 76 元
25.**真假禪和**—辨正釋傳聖之謗法謬說　孫正德老師著　回郵 76 元
26.**眼見佛性**—駁慧廣法師**眼見佛性的含義**文中謬說
游正光老師著　回郵 52 元

27.**普門自在**—公案拈提集錦 第二輯（於平實導師公案拈提諸書中選錄約二十則，合輯爲一冊流通之）平實導師著 回郵 52 元

28.**印順法師的悲哀**—以現代禪的質疑為線索 恒毓博士著 回郵 52 元

29.**識蘊真義**—現觀識蘊內涵、取證初果、親斷三縛結之具體行門。
—依《成唯識論》及《惟識述記》正義，略顯安慧《大乘廣五蘊論》之邪謬
平實導師著 回郵 76 元

30.**正覺電子報** 各期紙版本 免附回郵 每次最多函索三期或三本。
（已無存書之較早各期，不另增印贈閱）

31.**現代人應有的宗教觀** 蔡正禮老師 著 回郵 31 元

32.**遠惑趣道**—正覺電子報般若信箱問答錄 第一輯 回郵 52 元

33.**遠惑趣道**—正覺電子報般若信箱問答錄 第二輯 回郵 52 元

34.**確保您的權益**—器官捐贈應注意自我保護 游正光老師 著 回郵 31 元

35.**正覺教團電視弘法三乘菩提 DVD 光碟（一）**
由正覺教團多位親教師共同講述錄製 DVD 8 片，MP3 一片，共 9 片。有二大講題：一爲「三乘菩提之意涵」，二爲「學佛的正知見」。內容精闢，深入淺出，精彩絕倫，幫助大眾快速建立三乘法道的正知見，免被外道邪見所誤導。有志修學三乘佛法之學人不可不看。（製作工本費 100 元，回郵 52 元）

36.**正覺教團電視弘法 DVD 專輯（二）**
總有二大講題：一爲「三乘菩提之念佛法門」，一爲「學佛正知見（第二篇）」，由正覺教團多位親教師輪番講述，內容詳細闡述如何修學念佛法門、實證念佛三昧，以及學佛應具有的正確知見，可以幫助發願往生西方極樂淨土之學人，得以把握往生，更可令學人快速建立三乘法道的正知見，免於被外道邪見所誤導。有志修學三乘佛法之學人不可不看。（一套 17 片，工本費 160 元。回郵 76 元）

37.**喇嘛性世界**—揭開假藏傳佛教譚崔瑜伽的面紗 張善思 等人合著
由正覺同修會購贈 回郵 52 元

38.**假藏傳佛教的神話**—性、謊言、喇嘛教 張正玄教授編著
由正覺同修會購贈 回郵 52 元

39.**隨 緣**—理隨緣與事隨緣 平實導師述 回郵 52 元。

40.**學佛的覺醒** 正枝居士 著 回郵 52 元

41.**導師之真實義** 蔡正禮老師 著 回郵 31 元

42.**淺談達賴喇嘛之雙身法**—兼論解讀「密續」之達文西密碼
吳明芷居士 著 回郵 31 元

43.**魔界轉世** 張正玄居士 著 回郵 31 元

44.**一貫道與開悟** 蔡正禮老師 著 回郵 31 元

45.**博愛**—愛盡天下女人 正覺教育基金會 編印 回郵 36 元

46.**意識虛妄經教彙編**—實證解脱道的關鍵經文 正覺同修會編印 回郵 36 元

47.**邪箭囈語**—破斥藏密外道多識仁波切《破魔金剛箭雨論》之邪說

陸正元老師著　上、下冊回郵各 52 元

48.**真假沙門**—依 佛聖教闡釋佛教僧寶之定義

蔡正禮老師著　俟正覺電子報連載後結集出版

49.**真假禪宗**—藉評論釋性廣《印順導師對變質禪法之批判

及對禪宗之肯定》以顯示真假禪宗

附論一：凡夫知見 無助於佛法之信解行證

附論二：世間與出世間一切法皆從如來藏實際而生而顯

余正偉老師著　俟正覺電子報連載後結集出版　回郵未定

★ 上列贈書之郵資，係台灣本島地區郵資，大陸、港、澳地區及外國地區，請另計酌增（大陸、港、澳、國外地區之郵票不許通用）。尚未出版之書，請勿先寄來郵資，以免增加作業煩擾。

★ 本目錄若有變動，唯於後印之書籍及「成佛之道」網站上修正公佈之，不另行個別通知。

函索書籍請寄：佛教正覺同修會　103 台北市承德路 3 段 277 號 9 樓

台灣地區函索書籍者請附寄郵票，無時間購買郵票者可以等值現金抵用，但不接受郵政劃撥、支票、匯票。大陸地區得以人民幣計算，國外地區請以美元計算（請勿寄來當地郵票，在台灣地區不能使用）。欲以掛號寄遞者，請另附掛號郵資。

親自索閱：正覺同修會各共修處。　★請於共修時間前往取書，餘時無人在道場，請勿前往索取；共修時間與地點，詳見書末正覺同修會共修現況表（以近期之共修現況表爲準）。

註：正智出版社發售之局版書，請向各大書局購閱。若書局之書架上已經售出而無陳列者，請向書局櫃台指定洽購；若書局不便代購者，請於正覺同修會共修時間前往各共修處請購，正智出版社已派人於共修時間送書前往各共修處流通。 郵政劃撥購書及 大陸地區 購書，請詳別頁正智出版社發售書籍目錄最後頁之說明。

成佛之道 網站：http://www.a202.idv.tw　正覺同修會已出版之結緣書籍，多已登載於 成佛之道 網站，若住外國、或住處遙遠，不便取得正覺同修會贈閱書籍者，可以從本網站閱讀及下載。　書局版之《宗通與說通》亦已上網，台灣讀者可向書局洽購，售價 300 元。《狂密與眞密》第一輯~第四輯，亦於 2003.5.1.全部於本網站登載完畢；台灣地區讀者請向書局洽購，每輯約 400 頁，售價 300 元（網站下載紙張費用較貴，容易散失，難以保存，亦較不精美）。

＊＊假藏傳佛教修雙身法，非佛教＊＊

正智出版社 籌募弘法基金發售書籍目錄　2018/10/20

1.**宗門正眼**—公案拈提 第一輯 重拈　平實導師著 500 元
因重寫內容大幅度增加故，字體必須改小，並增為 576 頁 主文 546 頁。比初版更精彩、更有內容。初版《禪門摩尼寶聚》之讀者，可寄回本公司免費調換新版書。免附回郵，亦無截止期限。（2007 年起，每冊附贈本公司精製公案拈提〈超意境〉CD 一片。市售價格 280 元，多購多贈。）

2.**禪淨圓融**　平實導師著　200 元（第一版舊書可換新版書。）

3.**真實如來藏**　平實導師著　400 元

4.**禪—悟前與悟後**　平實導師著　上、下冊，每冊 250 元

5.**宗門法眼**—公案拈提 第二輯　平實導師著　500 元
（2007 年起，每冊附贈本公司精製公案拈提〈超意境〉CD 一片）

6.**楞伽經詳解**　平實導師著　全套共 10 輯　每輯 250 元

7.**宗門道眼**—公案拈提 第三輯　平實導師著　500 元
（2007 年起，每冊附贈本公司精製公案拈提〈超意境〉CD 一片）

8.**宗門血脈**—公案拈提 第四輯　平實導師著　500 元
（2007 年起，每冊附贈本公司精製公案拈提〈超意境〉CD 一片）

9.**宗通與說通**—成佛之道 平實導師著 主文 381 頁 全書 400 頁售價 300 元

10.**宗門正道**—公案拈提 第五輯　平實導師著　500 元
（2007 年起，每冊附贈本公司精製公案拈提〈超意境〉CD 一片）

11.**狂密與真密 一～四輯**　平實導師著　西藏密宗是人間最邪淫的宗教，本質不是佛教，只是披著佛教外衣的印度教性力派流毒的喇嘛教。此書中將西藏密宗密傳之男女雙身合修樂空雙運所有祕密與修法，毫無保留完全公開，並將全部喇嘛們所不知道的部分也一併公開。內容比大辣出版社喧騰一時的《西藏慾經》更詳細。並且函蓋藏密的所有祕密及其錯誤的中觀見、如來藏見……等，藏密的所有法義都在書中詳述、分析、辨正。每輯主文三百餘頁　每輯全書約 400 頁　售價每輯 300 元

12.**宗門正義**—公案拈提 第六輯　平實導師著　500 元
（2007 年起，每冊附贈本公司精製公案拈提〈超意境〉CD 一片）

13.**心經密意**—心經與解脫道、佛菩提道、祖師公案之關係與密意　平實導師述　300 元

14.**宗門密意**—公案拈提 第七輯　平實導師著　500 元
（2007 年起，每冊附贈本公司精製公案拈提〈超意境〉CD 一片）

15.**淨土聖道**—兼評「選擇本願念佛」　正德老師著　200 元

16.**起信論講記**　平實導師述著　共六輯　每輯三百餘頁　售價各 250 元

17.**優婆塞戒經講記**　平實導師述著 共八輯 每輯三百餘頁 售價各 250 元

18.**真假活佛**—略論附佛外道盧勝彥之邪說（對前岳靈犀網站主張「盧勝彥是證悟者」之修正）　正犀居士（岳靈犀）著　流通價 140 元

19.**阿含正義**—唯識學探源　平實導師著　共七輯　每輯 300 元

20.**超意境** CD 以平實導師公案拈提書中超越意境之頌詞，加上曲風優美的旋律，錄成令人嚮往的超意境歌曲，其中包括正覺發願文及平實導師親自譜成的黃梅調歌曲一首。詞曲雋永，殊堪翫味，可供學禪者吟詠，有助於見道。內附設計精美的彩色小冊，解說每一首詞的背景本事。每片 280 元。【每購買公案拈提書籍一冊，即贈送一片。】

21.**菩薩底憂鬱** CD 將菩薩情懷及禪宗公案寫成新詞，並製作成超越意境的優美歌曲。 1.主題曲〈菩薩底憂鬱〉，描述地後菩薩能離三界生死而迴向繼續生在人間，但因尚未斷盡習氣種子而有極深沈之憂鬱，非三賢位菩薩及二乘聖者所知，此憂鬱在七地滿心位方才斷盡；本曲之詞中所說義理極深，昔來所未曾見；此曲係以優美的情歌風格寫詞及作曲，聞者得以激發嚮往諸地菩薩境界之大心，詞、曲都非常優美，難得一見；其中勝妙義理之解說，已印在附贈之彩色小冊中。 2.以各輯公案拈提中直示禪門入處之頌文，作成各種不同曲風之超意境歌曲，值得玩味、參究；聆聽公案拈提之優美歌曲時，請同時閱讀內附之印刷精美說明小冊，可以領會超越三界的證悟境界；未悟者可以因此引發求悟之意向及疑情，眞發菩提心而邁向求悟之途，乃至因此眞實悟入般若，成眞菩薩。 3.正覺總持咒新曲，總持佛法大意；總持咒之義理，已加以解說並印在隨附之小冊中。本 CD 共有十首歌曲，長達 63 分鐘。每盒各附贈二張購書優惠券。每片 280 元。

22.**禪意無限** CD 平實導師以公案拈提書中偈頌寫成不同風格曲子，與他人所寫不同風格曲子共同錄製出版，幫助參禪人進入禪門超越意識之境界。盒中附贈彩色印製的精美解說小冊，以供聆聽時閱讀，令參禪人得以發起參禪之疑情，即有機會證悟本來面目而發起實相智慧，實證大乘菩提般若，能如實證知般若經中的眞實意。本 CD 共有十首歌曲，長達 69 分鐘，每盒各附贈二張購書優惠券。每片 280 元。

23.**我的菩提路**第一輯　釋悟圓、釋善藏等人合著　售價 300 元

24.**我的菩提路**第二輯　郭正益、張志成等人合著　售價 300 元

25.**我的菩提路**第三輯　王美伶等人合著　售價 300 元

26.**我的菩提路**第四輯　陳晏平等人合著　售價 300 元

27.**鈍鳥與靈龜**—考證後代凡夫對大慧宗杲禪師的無根誹謗。

平實導師著　共 458 頁　售價 350 元

28.**維摩詰經講記**　平實導師述　共六輯　每輯三百餘頁　售價各 250 元

29.**真假外道**—破劉東亮、杜大威、釋證嚴常見外道見　正光老師著　200 元

30.**勝鬘經講記**—兼論印順《勝鬘經講記》對於《勝鬘經》之誤解。

平實導師述　共六輯　每輯三百餘頁　售價 250 元

31.**楞嚴經講記**　平實導師述　共 **15** 輯，每輯三百餘頁　售價 300 元

32.**明心與眼見佛性**—駁慧廣〈蕭氏「眼見佛性」與「明心」之非〉文中謬說

正光老師著　共 448 頁　售價 300 元

33.**見性與看話頭** 黃正倖老師 著，本書是禪宗參禪的方法論。
內文 375 頁，全書 416 頁，售價 300 元。
34.**達賴真面目**—玩盡天下女人 白正偉老師 等著 中英對照彩色精裝大本 800 元
35.**喇嘛性世界**—揭開假藏傳佛教譚崔瑜伽的面紗　張善思 等人著　200 元
36.**假藏傳佛教的神話**—性、謊言、喇嘛教　正玄教授編著　200 元
37.**金剛經宗通**　平實導師述　共九輯　每輯售價 250 元。
38.**空行母**—性別、身分定位，以及藏傳佛教。
珍妮·坎貝爾著 呂艾倫 中譯 售價 250 元
39.**末代達賴**—性交教主的悲歌　張善思、呂艾倫、辛燕編著 售價 250 元
40.**霧峰無霧**—給哥哥的信　辨正釋印順對佛法的無量誤解
游宗明 老師著　售價 250 元
41.**第七意識與第八意識？**—穿越時空「超意識」
平實導師述　每冊 300 元
42.**黯淡的達賴**—失去光彩的諾貝爾和平獎
正覺教育基金會編著　每冊 250 元
43.**童女迦葉考**—論呂凱文〈佛教輪迴思想的論述分析〉之謬。
平實導師 著 定價 180 元
44.**人間佛教**—實證者必定不悖三乘菩提
平實導師 述，定價 400 元
45.**實相經宗通**　平實導師述　共八輯　每輯 250 元
46.**真心告訴您(一)**—達賴喇嘛在幹什麼？
正覺教育基金會編著　售價 250 元
47.**中觀金鑑**—詳述應成派中觀的起源與其破法本質
孫正德老師著　分為上、中、下三冊，每冊 250 元
48.**藏傳佛教要義**—《狂密與真密》之簡體字版　平實導師 著 上、下冊
僅在大陸流通　每冊 300 元
49.**法華經講義**　平實導師述　共二十五輯　每輯 300 元
已於 2015/05/31 起開始出版，每二個月出版一輯
50.**西藏「活佛轉世」制度**—附佛、造神、世俗法
許正豐、張正玄老師合著　定價 150 元
51.**廣論三部曲**　郭正益老師著　定價 150 元
52.**真心告訴您(二)**—達賴喇嘛是佛教僧侶嗎？補祝達賴喇嘛八十大壽
正覺教育基金會編著　售價 300 元
53.**次法**—實證佛法前應有的條件
張善思居士著　分為上、下二冊，每冊 250 元
54.**涅槃**—解說四種涅槃之實證及內涵　平實導師著 上、下冊 各 350 元
55.**假鋒虛焰金剛乘**—揭示顯密正理，兼破索達吉師徒《般若鋒兮金剛焰》
釋正安法師著 簡體字版 即將出版 售價未定
56.**廣論之平議**—宗喀巴《菩提道次第廣論》之平議　正雄居士著
約二或三輯　俟正覺電子報連載後結集出版　書價未定

57.**救護佛子向正道**—對印順法師中心思想之綜合判攝

游宗明老師著　書價未定

58.**菩薩學處**—菩薩四攝六度之要義　陸正元老師著　出版日期未定。

59.**八識規矩頌**詳解　○○居士 註解　出版日期另訂　書價未定。

60.**印度佛教史**—法義與考證。依法義史實評論印順《印度佛教思想史、佛教史地考論》之謬說　正偉老師著　出版日期未定　書價未定

61.**中國佛教史**—依中國佛教正法史實而論。○○老師 著　書價未定。

62.**中論正義**—釋龍樹菩薩《中論》頌正理。

孫正德老師著　出版日期未定　書價未定

63.**中觀正義**—註解平實導師《中論正義頌》。

○○法師（居士）著　出版日期未定　書價未定

64.**佛藏經講記**　平實導師述　出版日期未定　書價未定

65.**阿含經講記**—將選錄四阿含中數部重要經典全經講解之，講後整理出版。

平實導師述　約二輯　每輯 300 元　出版日期未定

66.**寶積經講記**　平實導師述　每輯三百餘頁 優惠價 300 元 出版日期未定

67.**解深密經講記**　平實導師述 約四輯　將於重講後整理出版

68.**成唯識論略解**　平實導師著　五～六輯　每輯300 元　出版日期未定

69.**修習止觀坐禪法要講記**　平實導師述　每輯三百餘頁

將於正覺寺建成後重講、以講記逐輯出版　出版日期未定

70.**無門關**—《無門關》公案拈提　平實導師著　出版日期未定

71.**中觀再論**—兼述印順《中觀今論》謬誤之平議。正光老師著 出版日期未定

72.**輪迴與超度**—佛教超度法會之真義。

○○法師（居士）著　出版日期未定　書價未定

73.《**釋摩訶衍論**》**平議**—對偽稱龍樹所造《釋摩訶衍論》之平議

○○法師（居士）著　出版日期未定　書價未定

74.**正覺發願文**註解—以真實大願為因 得證菩提

正德老師著　出版日期未定　書價未定

75.**正覺總持咒**—佛法之總持　正圜老師著　出版日期未定　書價未定

76.**三自性**—依四食、五蘊、十二因緣、十八界法，說三性三無性。

作者未定　出版日期未定

77.**道品**—從三自性說大小乘三十七道品　作者未定　出版日期未定

78.**大乘緣起觀**—依四聖諦七真如現觀十二緣起 作者未定　出版日期未定

79.**三德**—論解脫德、法身德、般若德。　作者未定　出版日期未定

80.**真假如來藏**—對印順《如來藏之研究》謬說之平議　作者未定 出版日期未定

81.**大乘道次第**　作者未定　出版日期未定　書價未定

82.**四緣**—依如來藏故有四緣。　作者未定　出版日期未定

83.**空之探究**—印順《空之探究》謬誤之平議　作者未定 出版日期未定

84.**十法義**—論阿含經中十法之正義　作者未定　出版日期未定

85.**外道見**—論述外道六十二見　作者未定　出版日期未定

正智出版社有限公司 書籍介紹

禪淨圓融：言淨土諸祖所未曾言，示諸宗祖師所未曾示；禪淨圓融，另闢成佛捷徑，兼顧自力他力，闡釋淨土門之速行易行道，亦同時揭櫫聖教門之速行易行道；令廣大淨土行者得免緩行難證之苦，亦令聖道門行者得以藉著淨土速行道而加快成佛之時劫。乃前無古人之超勝見地，非一般弘揚禪淨法門典籍也，先讀為快。平實導師著 200元。

宗門正眼—公案拈提第一輯：繼承克勤圜悟大師碧巖錄宗旨之禪門鉅作。先則舉示當代大法師之邪說，消弭當代禪門大師鄉愿之心態，摧破當今禪門「世俗禪」之妄談；次則旁通教法，表顯宗門正理；繼以道之次第，消弭古今狂禪；後藉言語及文字機鋒，直示宗門入處。悲智雙運，禪味十足，數百年來難得一睹之禪門鉅著也。平實導師著　500元（原初版書《禪門摩尼寶聚》，改版後補充為五百餘頁新書，總計多達二十四萬字，內容更精彩，並改名為《宗門正眼》，讀者原購初版《禪門摩尼寶聚》皆可寄回本公司免費換新，免附回郵，亦無截止期限）（2007年起，凡購買公案拈提第一輯至第七輯，每購一輯皆贈送本公司精製公案拈提〈超意境〉CD一片，市售價格280元，多購多贈）。

禪—悟前與悟後：本書能建立學人悟道之信心與正確知見，圓滿具足而有次第地詳述禪悟之功夫與禪悟之內容，指陳參禪中細微淆訛之處，能使學人明自眞心、見自本性。若未能悟入，亦能以正確知見辨別古今中外一切大師究係眞悟？或屬錯悟？便有能力揀擇，捨名師而選明師，後時必有悟道之緣。一旦悟道，遲者七次人天往返，便出三界，速者一生取辦。學人欲求開悟者，不可不讀。　平實導師著。上、下冊共500元，單冊250元。

眞實如來藏：如來藏眞實存在，乃宇宙萬有之本體，並非印順法師、達賴喇嘛等人所說之「唯有名相、無此心體」。如來藏是涅槃之本際，是一切有智之人竭盡心智、不斷探索而不能得之生命實相；是古今中外許多大師自以爲悟而當面錯過之生命實相。如來藏即是阿賴耶識，乃是一切有情本自具足、不生不滅之眞實心。當代中外大師於此書出版之前所未能言者，作者於本書中盡情流露、詳細闡釋。眞悟者讀之，必能增益悟境、智慧增上；錯悟者讀之，必能檢討自己之錯誤，免犯大妄語業；未悟者讀之，能知參禪之理路，亦能以之檢查一切名師是否眞悟。此書是一切哲學家、宗教家、學佛者及欲昇華心智之人必讀之鉅著。　平實導師著　售價400元。

宗門法眼——公案拈提第二輯：列舉實例，闡釋土城廣欽老和尚之悟處；並直示這位不識字的老和尚妙智橫生之根由，繼而剖析禪宗歷代大德之開悟公案，解析當代密宗高僧卡盧仁波切之錯悟證據，並例舉當代顯宗高僧、大居士之錯悟證據（凡健在者，爲免影響其名聞利養，皆隱其名）。藉辨正當代名師之邪見，向廣大佛子指陳禪悟之正道，彰顯宗門法眼。悲勇兼出，強捋虎鬚；慈智雙運，巧探驪龍；摩尼寶珠在手，直示宗門入處，禪味十足；若非大悟徹底，不能爲之。禪門精奇人物，允宜人手一冊，供作參究及悟後印證之圭臬。本書於2008年4月改版，增寫爲大約500頁篇幅，以利學人研讀參究時更易悟入宗門正法，以前所購初版首刷及初版二刷舊書，皆可免費換取新書。平實導師著　500元（2007年起，凡購買公案拈提第一輯至第七輯，每購一輯皆贈送本公司精製公案拈提〈超意境〉CD一片，市售價格280元，多購多贈）。

宗門道眼——公案拈提第三輯：繼宗門法眼之後，再以金剛之作略、慈悲之胸懷、犀利之筆觸，舉示寒山、拾得、布袋三大士之悟處，消弭當代錯悟者對於寒山大士……等之誤會及誹謗。　亦舉出民初以來與虛雲和尚齊名之蜀郡鹽亭袁煥仙夫子——南懷瑾老師之師，其「悟處」何在？並蒐羅許多眞悟祖師之證悟公案，顯示禪宗歷代祖師之睿智，指陳部分祖師、奧修及當代顯密大師之謬悟，作爲殷鑑，幫助禪子建立及修正參禪之方向及知見。假使讀者閱此書已，一時尚未能悟，亦可一面加功用行，一面以此宗門道眼辨別眞假善知識，避開錯誤之印證及歧路，可免大妄語業之長劫慘痛果報。欲修禪宗之禪者，務請細讀。平實導師著　售價500元（2007年起，凡購買公案拈提第一輯至第七輯，每購一輯皆贈送本公司精製公案拈提〈超意境〉CD一片，市售價格280元，多購多贈）。

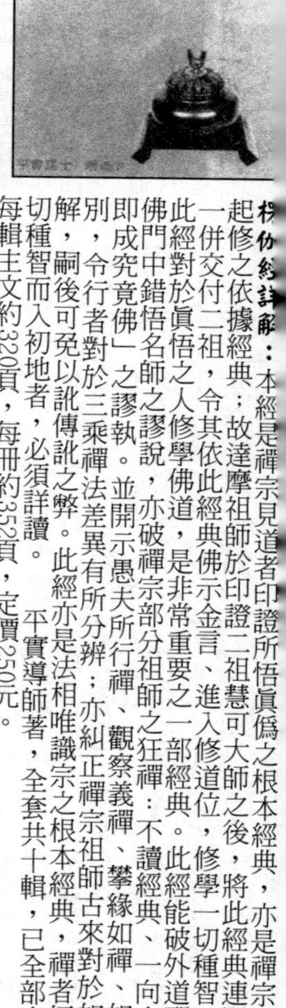

楞伽經詳解：本經是禪宗見道者印證所悟眞僞之根本經典，亦是禪宗見道者悟後起修之依據經典；故達摩祖師於印證二祖慧可大師之後，將此經典連同佛鉢祖衣一併交付二祖，令其依此經典佛示金言、進入修道位，修學一切種智。由此可知此經對於眞悟之人修學佛道，是非常重要之一部經典。此經能破外道邪說，亦破佛門中錯悟名師之謬說，亦破禪宗部分祖師之狂禪：不讀經典、一向主張「一悟即成究竟佛」之謬執。並開示愚夫所行禪、觀察義禪、攀緣如禪、如來禪等差別，令行者對於三乘禪法差異有所分辨；亦糾正禪宗祖師古來對於如來禪之誤解，嗣後可免以訛傳訛之弊。此經亦是法相唯識宗之根本經典，禪者悟後欲修一切種智而入初地者，必須詳讀。　平實導師著，全套共十輯，已全部出版完畢，每輯主文約320頁，每冊約352頁，定價250元。

宗門血脈—公案拈提第四輯：末法怪象—許多修行人自以爲悟，每將無念靈知認作眞實；崇尙二乘法諸師及其徒衆，則將外於如來藏之緣起性空—無因論之無常空、斷滅空、一切法空—錯認爲　佛所說之般若空性。這兩種現象已於當今海峽兩岸及美加地區顯密大師之中普遍存在；人人自以爲悟，心高氣壯，便敢寫書解釋祖師證悟之公案，大多出於意識思惟所得，言不及義，錯誤百出，因此誤導廣大佛子同陷大妄語之地獄業中而不能自知。彼等書中所說之悟處，其實處處違背第一義經典之聖言量。彼等諸人不論是否身披袈裟，都非佛法宗門血脈，或雖有禪宗法脈之傳承，亦只徒具形式；猶如螟蛉，非眞血脈，未悟得根本眞實故。禪子欲知　佛、祖之眞血脈者，請讀此書，便知分曉。平實導師著，主文452頁，全書464頁，定價500元（2007年起，凡購買公案拈提第一輯至第七輯，每購一輯皆贈送本公司精製公案拈提〈超意境〉CD一片，市售價格280元，多購多贈）。

宗通與說通：古今中外，錯誤之人如麻似粟，每以常見外道所說之靈知心，認作眞心；或妄想虛空之勝性能量爲眞如，或錯認物質四大元素藉冥性（靈知心本體）能成就吾人色身及知覺，或認初禪至四禪中之了知心爲不生不滅之涅槃心。此等皆非通宗者之見地。復有錯悟之人一向主張「宗門與教門不相干」，此即尙未通達宗門之人也。其實宗門與教門互通不二，宗門所證者乃是眞如與佛性，教門所說者乃說宗門證悟之眞如佛性，故教門與宗門不二。本書作者以宗教二門互通之見地，細說「宗通與說通」，從初見道至悟後起修之道、細說分明；並將諸宗諸派在整體佛教中之地位與次第，加以明確之教判，學人讀之即可了知佛法之梗概也。欲擇明師學法之前，允宜先讀。平實導師著，主文共381頁，全書392頁，只售成本價300元。

宗門正道—公案拈提第五輯：修學大乘佛法有二果須證—解脫果及大菩提果。二乘人不證大菩提果，唯證解脫果；此果之智慧，名爲聲聞菩提、緣覺菩提。大乘佛子所證二果之菩提果爲佛菩提，故名大菩提果，其慧名爲一切種智—函蓋二乘解脫果。然此大乘二果修證，須經由禪宗之宗門證悟方能相應。而宗門證悟極難，自古已然；其所以難者，咎在古今佛教界普遍存在三種邪見：1.以修定認作佛法，2.以無因論之緣起性空—否定涅槃本際如來藏以後之一切法空作爲佛法，3.以常見外道邪見（離語言妄念之靈知性）作爲佛法。如是邪見，或因自身正見未立所致，或因邪師之邪教導所致，或因無始劫來虛妄熏習所致。若不破除此三種邪見，永劫不悟宗門眞義、不入大乘正道，唯能外門廣修菩薩行。平實導師於此書中，有極爲詳細之說明，有志佛子欲摧邪見、入於內門修菩薩行者，當閱此書。主文共496頁，全書512頁。售價500元（2007年起，凡購買公案拈提第一輯至第七輯，每購一輯皆贈送本公司精製公案拈提〈超意境〉CD一片，市售價格280元，多購多贈）。

狂密與眞密：密教之修學，皆由有相之觀行法門而入，其最終目標仍不離顯教經典所說第一義諦之修證；若離顯教第一義經典、或違背顯教第一義經典，即非佛教。西藏密教之觀行法，如灌頂、觀想、遷識法、寶瓶氣、大聖歡喜雙身修法、喜金剛、無上瑜伽、大樂光明、樂空雙運等，皆是印度教兩性生生不息思想之轉化，自始至終皆以如何能運用交合淫樂之法達到全身受樂爲其中心思想，純屬欲界五欲的貪愛，不能令人超出欲界輪迴，更不能令人斷除我見；何況大乘之明心與見性，更無論矣！故密宗之法絕非佛法也。而其明光大手印、大圓滿法教，又皆同以常見外道所說離語言妄念之無念靈知心錯認爲佛地之眞如，不能直指不生不滅之眞如。西藏密宗所有法王與徒衆，都尚未開頂門眼，不能辨別眞僞，以依人不依法、依密續不依經典故，不肯將其上師喇嘛所說對照第一義經典，純依密續之藏密祖師所說爲準，因此而誇大其證德與證量，動輒謂彼祖師上師爲究竟佛、爲地上菩薩；如今台海兩岸亦有自謂其師證量高於 釋迦文佛者，然觀其師所述，猶未見道，仍在觀行即佛階段，尚未到禪宗相似即佛、分證即佛階位，竟敢標榜爲究竟佛及地上法王，誑惑初機學人。凡此怪象皆是狂密，不同於眞密之修行者。近年狂密盛行，密宗行者被誤導者極衆，動輒自謂已證佛地眞如，自視爲究竟佛，陷於大妄語業中而不知自省，反謗顯宗眞修實證者之證量粗淺；或如義雲高與釋性圓…等人，於報紙上公然誹謗眞實證道者爲「騙子、無道人、人妖、癩蛤蟆…」等，造下誹謗大乘勝義僧之大惡業；或以外道法中有爲有作之甘露、魔術……等法，誑騙初機學人，狂言彼外道法爲眞佛法。如是怪象，在西藏密宗及附藏密之外道中，不一而足，舉之不盡，學人宜應愼思明辨，以免上當後又犯毀破菩薩戒之重罪。密宗學人若欲遠離邪知邪見者，請閱此書，即能了知密宗之邪謬，從此遠離邪見與邪修，轉入眞正之佛道。 平實導師著 共四輯 每輯約400頁（主文約340頁）每輯售價300元。

宗門正義—公案拈提第六輯：佛教有六大危機，乃是藏密化、世俗化、膚淺化、學術化、宗門密意失傳、悟後進修諸地之次第混淆；其中尤以宗門密意之失傳，爲當代佛教最大之危機。由宗門密意失傳故，易令 世尊本懷普被錯解，易令 世尊正法被轉易爲外道法，以及加以淺化、世俗化，是故宗門密意之廣泛弘傳與具緣佛弟子，極爲重要。然而欲令宗門密意之廣泛弘傳予具緣之佛弟子者，必須同時配合錯誤知見之解析、普令佛弟子知之，然後輔以公案解析之直示入處，方能令具緣之佛弟子悟入。而此二者，皆須以公案拈提之方式爲之，方易成其功、竟其業，是故平實導師續作宗門正義一書，以利學人。 全書500餘頁，售價500元（2007年起，凡購買公案拈提第一輯至第七輯，每購一輯皆贈送本公司精製公案拈提〈超意境〉CD一片，市售價格280元，多購多贈）。

心經密意—心經與解脫道、佛菩提道、祖師公案之關係與密意。二乘菩提所證之解脫道，實依第八識心之斷除煩惱障現行而立解脫之名；大乘菩提所證之佛菩提道，實依親證第八識如來藏之涅槃性、清淨自性、及其中道性而立般若之名；禪宗祖師公案所證之眞心，即是此第八識如來藏；是故三乘佛法所修所證之三乘菩提，皆依此如來藏心而立名也。此第八識心，即是《心經》所說之心也。證得此如來藏已，即能漸入大乘佛菩提道，亦可因證知此心而了知二乘無學所不能知之無餘涅槃本際，是故《心經》之密意，與三乘佛菩提之關係極爲密切、不可分割，三乘佛法皆依此心而立名故。今者平實導師以其所證解脫道之無生智及佛菩提之般若種智，將《心經》與解脫道、佛菩提道、祖師公案之關係與密意，以演講之方式，用淺顯之語句和盤托出，發前人所未言，呈三乘菩提之眞義，令人藉此《心經密意》一舉而窺三乘菩提之堂奧，迴異諸方言不及義之說；欲求眞實佛智者、不可不讀！ 主文317頁，連同跋文及序文…等共384頁，售價300元。

宗門密意—公案拈提第七輯：佛教之世俗化，將導致學人以信仰作爲學佛，則將以感應及世間法之庇祐，作爲學佛之主要目標，不能了知學佛之主要目標爲親證三乘菩提。大乘菩提則以般若實相智慧爲主要修習目標，以二乘菩提解脫道爲附帶修習之標的；是故學習大乘法者，應以禪宗之證悟爲要務，能親入大乘菩提之實相般若智慧中故，般若實相智慧非二乘聖人所能知故。此書則以台灣世俗化佛教之三大法師，說法似是而非之實例，配合眞悟祖師之公案解析，提示證悟般若之關節，令學人易得悟入。平實導師著，全書五百餘頁，售價500元（2007年起，凡購買公案拈提第一輯至第七輯，每購一輯皆贈送本公司精製公案拈提〈超意境〉CD一片，市售價格280元，多購多贈）。

淨土聖道—兼評選擇本願念佛：佛法甚深極廣，般若玄微，非諸二乘聖僧所能知之，一切凡夫更無論矣！所謂一切證量皆歸淨土是也！是故大乘法中「聖道之淨土、淨土之聖道」，其義甚深，難可了知；乃至眞悟之人，初心亦難知也。今有正德老師眞實證悟後，復能深探淨土與聖道之緊密關係，憐憫衆生之誤會淨土實義，亦欲利益廣大淨土行人同入聖道，同獲淨土中之聖道門要義，乃振奮心神、書以成文，今得刊行天下。主文279頁，連同序文等共301頁，總有十一萬六千餘字，正德老師著，成本價200元。

起信論講記：詳解大乘起信論心生滅門與心眞如門之眞實意旨，消除以往大師與學人對起信論所說心生滅門之誤解，由是而得了知眞心如來藏之非常非斷中道正理；亦因此一講解，令此論以往隱晦而被誤解之眞實義，得以如實顯示，令大乘佛菩提道之正理得以顯揚光大；初機學者亦可藉此正論所顯示之法義，對大乘法理生起正信，從此得以眞發菩提心，眞入大乘法中修學，世世常修菩薩正行。平實導師演述，共六輯，都已出版，每輯三百餘頁，售價各250元。

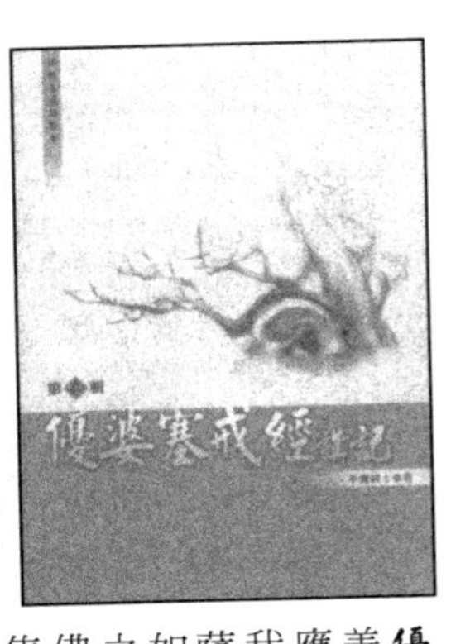

優婆塞戒經講記：本經詳述在家菩薩修學大乘佛法，應如何受持菩薩戒？對人間善行應如何看待？對三寶應如何護持？應如何正確地修集此世後世證法之福德？應如何修集後世「行菩薩道之資糧」？並詳述第一義諦之正義：五蘊非我非異我、自作自受、異作異受、不作不受……等深妙法義，乃是修學大乘佛法、行菩薩行之在家菩薩所應當了知者。出家菩薩今世或未來世登地已，捨報之後多數將如華嚴經中諸大菩薩，以在家菩薩身而修行菩薩行，故亦應以此經所述正理而修之，配合《楞伽經、解深密經、楞嚴經、華嚴經》等道次第正理，方得漸次成就佛道；故此經是一切大乘行者皆應證知之正法。平實導師講述，每輯三百餘頁，售價各250元；共八輯，已全部出版。

真假活佛—略論附佛外道盧勝彥之邪說：人人身中都有眞活佛，永生不滅而有大神用，但衆生都不了知，所以常被身外的西藏密宗假活佛籠罩欺瞞。本來就眞實存在的眞活佛，才是眞正的密宗無上密！諾那活佛因此而說禪宗是大密宗，但藏密的所有活佛都不知道、也不曾實證自身中的眞活佛。本書詳實宣示眞活佛的道理，舉證盧勝彥的「佛法」不是眞佛法，也顯示盧勝彥是假活佛，直接的闡釋第一義佛法見道的眞實正理。眞佛宗的所有上師與學人們，都應該詳細閱讀，包括盧勝彥個人在內。正犀居士著，優惠價140元。

阿含正義—唯識學探源：廣說四大部《阿含經》諸經中隱說之眞正義理，一一舉示佛陀本懷，令阿含時期初轉法輪根本經典之眞義，如實顯現於佛子眼前。並提示末法大師對於阿含眞義誤解之實例，一一比對之，證實唯識增上慧學確於原始佛法之阿含諸經中已隱覆密意而略說之，證實 世尊確於原始佛法中已曾密意而說第八識如來藏之總相；亦證實 世尊在四阿含中已說此藏識是名色十八界之因、之本—證明如來藏是能生萬法之根本心。佛子可據此修正以往受諸大師（譬如西藏密宗應成派中觀師：印順、昭慧、性廣、大願、達賴、宗喀巴、寂天、月稱、……等人）誤導之邪見，建立正見，轉入正道乃至親證初果而無困難；書中並詳說三果所證的心解脫，以及四果慧解脫的親證，都是如實可行的具體知見與行門。全書共七輯，已出版完畢。平實導師著，每輯三百餘頁，售價300元。

超意境CD：以平實導師公案拈提書中超越意境之頌詞，加上曲風優美的旋律，錄成令人嚮往的超意境歌曲，其中包括正覺發願文及平實導師親自譜成的黃梅調歌曲一首。詞曲雋永，殊堪翫味，可供學禪者吟詠，有助於見道。內附設計精美的彩色小冊，解說每一首詞的背景本事。每片280元。【每購買公案拈提書籍一冊，即贈送一片。】

我的菩提路第一輯：凡夫及二乘聖人不能實證的佛菩提證悟，末法時代的今天仍然有人能得實證，由正覺同修會釋悟圓、釋善藏法師等二十餘位實證如來藏者所寫的見道報告，已為當代學人見證宗門正法之絲縷不絕，證明大乘義學的法脈仍然存在，為末法時代求悟般若之學人照耀出光明的坦途。由二十餘位大乘見道者所繕，敘述各種不同的學法、見道因緣與過程，參禪求悟者必讀。全書三百餘頁，售價300元。

我的菩提路第二輯：由郭正益老師等人合著，書中詳述彼等諸人歷經各處道場學法，一一修學而加以檢擇之不同過程以後，因閱讀正覺同修會、正智出版社書籍而發起抉擇分，轉入正覺同修會中修學；乃至學法及見道之過程，都一一詳述之。其中張志成等人係由前現代禪轉進正覺同修會，張志成原為現代禪副宗長，以前未閱本會書籍時，曾被人藉其名義著文評論 平實導師（詳見《宗通與說通》辨正及《眼見佛性》書末附錄…等）；後因偶然接觸正覺同修會書籍，深覺以前聽人評論平實導師之語不實，於是投入極多時間閱讀本會書籍、深入思辨，詳細探索中觀與唯識之關聯與異同，認為正覺之法義方是正法，深覺相應；亦解開多年來對佛法的迷雲，確定應依八識論正理修學方是正法。乃不顧面子，毅然前往正覺同修會面見平實導師懺悔，並正式學法求悟。今已與其同修王美伶（亦為前現代禪傳法老師），同樣證悟如來藏而證得法界實相，生起實相般若真智。此書中尚有七年來本會第一位眼見佛性者之見性報告一篇，一同供養大乘佛弟子。全書四百頁，售價300元。

我的菩提路第三輯：由王美伶老師等人合著。自從正覺同修會成立以來，每年夏初、冬初都舉辦精進禪三共修，藉以助益會中同修們得以證悟明心發起般若實相智慧；凡已實證而被平實導師印證者，皆書具見道報告用以證明佛法之真實可證而非玄學，證明佛法並非純屬思想、理論而無實質，是故每年都能有人證明正覺同修會的「實證佛教」主張並非虛語。特別是眼見佛性一法，自古以來中國禪宗祖師實證者極寡，較之明心開悟的證境更難令人信受；至2017年初，正覺同修會中的證悟明心者已近五百人，然而其中眼見佛性者至今唯十餘人爾，可謂難能可貴，是故明心後欲冀眼見佛性者實屬不易。黃正倖老師是懸絕七年無人見性後的第一人，她於2009年的見性報告刊於本書的第二輯中，為大眾證明佛性確實可以眼見；其後七年之中求見性者都屬解悟佛性而無人眼見，幸而又經七年後的2016冬初，以及2017夏初的禪三，復有三人眼見佛性，希冀鼓舞四眾佛子求見佛性之大心，今則具載一則於書末，顯示求見佛性之事實經歷，供養現代佛教界欲得見性之四眾弟子。全書四百頁，售價300元。

我的菩提路第四輯：由陳晏平等人著。中國禪宗祖師往往有所謂「見性」之言，所言多屬看見如來藏具有能令人發起成佛之自性，並非《大般涅槃經》中 如來所說之眼見佛性。眼見佛性者，於親見佛性之時，即能於山河大地眼見自己佛性，亦能於他人身上眼見自己佛性及對方之佛性，如是境界無法爲尚未實證者解釋；勉強說之，縱使眞實明心證悟之人聞之，亦只能以自身明心之境界想像之，但不論如何想像多屬非量，能有正確之比量者亦是稀有，故說眼見佛性極爲困難。眼見佛性之人若所見極分明時，在所見佛性之境界下所眼見之山河大地、自己五蘊身心皆是虛幻，自有異於明心者之解脫功德受用，此後永不思證二乘涅槃，必定邁向成佛之道而進入第十住位中，已超第一阿僧祇劫三分有一，可謂之爲超劫精進也。今又有明心之後眼見佛性之人出於人間，將其明心及後來見性之報告，連同其餘證悟明心者之精彩報告一同收錄於此書中，供養眞求佛法實證之四眾佛子。全書380頁，售價300元。

鈍鳥與靈龜：鈍鳥及靈龜二物，被宗門證悟者說爲二種人：前者是精修禪定而無智慧者，也是以定爲禪的愚癡禪人；後者是或有禪定、或無禪定的宗門證悟者，凡已證悟者皆是靈龜。但後來被人虛造事實，用以嘲笑大慧宗杲禪師，說他雖是靈龜，卻不免被天童禪師預記「患背」痛苦而亡：「鈍鳥離巢易，靈龜脫殼難。」藉以貶低大慧宗杲的證量。同時將天童禪師實證如來藏的證量，曲解爲意識境界的離念靈知。自從大慧禪師入滅以後，錯悟凡夫對他的不實毀謗就一直存在著，不曾止息，並且捏造的假事實也隨著年月的增加而越來越多，終至編成「鈍鳥與靈龜」的假公案、假故事。本書是考證大慧與天童之間的不朽情誼，顯現這件假公案的虛妄不實；更見大慧宗杲面對惡勢力時的正直不阿，亦顯示大慧對天童禪師的至情深義，將使後人對大慧宗杲的誣謗至此而止，不再有人誤犯毀謗賢聖的惡業。書中亦舉證宗門的所悟確以第八識如來藏爲標的，詳讀之後必可改正以前被錯悟大師誤導的參禪知見，日後必定有助於實證禪宗的開悟境界，得階大乘眞見道位中，即是實證般若之賢聖。全書459頁，售價350元。

維摩詰經講記：本經係 世尊在世時，由等覺菩薩維摩詰居士藉疾病而演說之大乘菩提無上妙義，所說函蓋甚廣，然極簡略，是故今時諸方大師與學人讀之悉皆錯解，何況能知其中隱含之深妙正義，是故普遍無法爲人解說；若強爲人說，則成依文解義而有諸多過失。今由平實導師公開宣講之後，詳實解釋其中密意，令維摩詰菩薩所說大乘不可思議解脫之深妙正法得以正確宣流於人間，利益當代學人及與諸方大師。書中詳實演述大乘佛法深妙不共二乘之智慧境界，顯示諸法之中絕待之實相境界，建立大乘菩薩妙道於永遠不敗不壞之地，以此成就護法偉功，欲冀永利娑婆人天。已經宣講圓滿整理成書流通，以利諸方大師及諸學人。全書共六輯，每輯三百餘頁，售價各250元。

真假外道：本書具體舉證佛門中的常見外道知見實例，並加以教證及理證上的辨正，幫助讀者輕鬆而快速的了知常見外道的錯誤知見，進而遠離佛門內外的常見外道知見，因此即能改正修學方向而快速實證佛法。游正光老師著　。成本價200元。

勝鬘經講記：如來藏爲三乘菩提之所依，若離如來藏心體及其含藏之一切種子，即無三界有情及一切世間法，亦無二乘菩提緣起性空之出世間法；本經詳說無始無明、一念無明皆依如來藏而有之正理，藉著詳解煩惱障與所知障間之關係，令學人深入了知二乘菩提與佛菩提相異之妙理；聞後即可了知佛菩提之特勝處及三乘修道之方向與原理，邁向攝受正法而速成佛道的境界中。平實導師講述，共六輯，每輯三百餘頁，售價各250元。

楞嚴經講記：楞嚴經係密教部之重要經典，亦是顯教中普受重視之經典；經中宣說明心與見性之內涵極爲詳細，將一切法都會歸如來藏及佛性—妙眞如性；亦闡釋佛菩提道修學過程中之種種魔境，以及外道誤會涅槃之狀況，旁及三界世間之起源。然因言句深澀難解，法義亦復深妙寬廣，學人讀之普難通達，是故讀者大多誤會，不能如實理解佛所說之明心與見性內涵，亦因是故多有悟錯之人引爲開悟之證言，成就大妄語罪。今由平實導師詳細講解之後，整理成文，以易讀易懂之語體文刊行天下，以利學人。全書十五輯，全部出版完畢。每輯三百餘頁，售價每輯300元。

明心與眼見佛性：本書細述明心與眼見佛性之異同，同時顯示了中國禪宗破初參明心與重關眼見佛性二關之間的關聯；書中又藉法義辨正而旁述其他許多勝妙法義，讀後必能遠離佛門長久以來積非成是的錯誤知見，令讀者在佛法的實證上有極大助益。也藉慧廣法師的謬論來教導佛門學人回歸正知正見，遠離古今禪門錯悟者所墮的意識境界，非唯有助於斷我見，也對未來的開悟明心實證第八識如來藏有所助益，是故學禪者都應細讀之。游正光老師著　共448頁　售價300元。

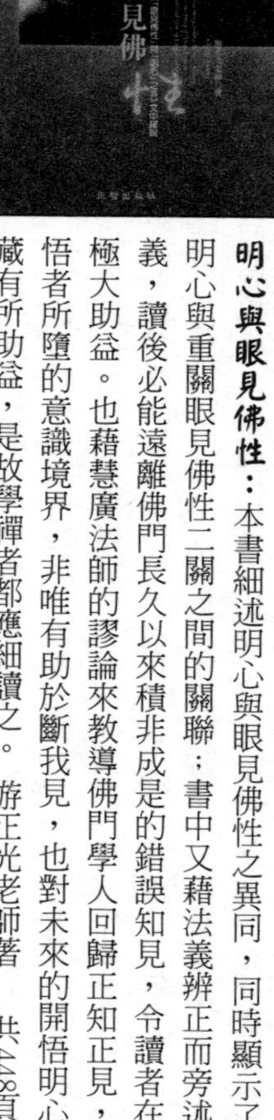

菩薩底憂鬱CD：將菩薩情懷及禪宗公案寫成新詞，並製作成超越意境的優美歌曲。　1.主題曲〈菩薩底憂鬱〉，描述地後菩薩能離三界生死而迴向繼續生在人間，但因尚未斷盡習氣種子而有極深沈之憂鬱，非三賢位菩薩及二乘聖者所知，此憂鬱在七地滿心位方才斷盡；本曲之詞中所說義理極深，昔來所未曾見；此曲係以優美的情歌風格寫詞及作曲，聞者得以激發嚮往諸地菩薩境界之大心，詞、曲都非常優美，難得一見；其中勝妙義理之解說，已印在附贈之彩色小冊中。　2.以各輯公案拈提中直示禪門入處之頌文，作成各種不同曲風之超意境歌曲，值得玩味、參究；聆聽公案拈提之優美歌曲時，請同時閱讀內附之印刷精美說明小冊，可以領會超越三界的證悟境界；未悟者可以因此引發求悟之意向及疑情，眞發菩提心而邁向求悟之途，乃至因此眞實悟入般若，成眞菩薩。　3.正覺總持咒新曲，總持佛法大意；總持咒之義理，已加以解說並印在隨附之小冊中。本CD共有十首歌曲，長達63分鐘，附贈二張購書優惠券。每片280元。

禪意無限CD：平實導師以公案拈提書中偈頌寫成不同風格曲子，與他人所寫不同風格曲子共同錄製出版，幫助參禪人進入禪門超越意識之境界。盒中附贈彩色印製的精美解說小冊，以供聆聽時閱讀，令參禪人得以發起參禪之疑情，即有機會證悟本來面目，實證大乘菩提般若。本CD共有十首歌曲，長達69分鐘，每盒各附贈二張購書優惠券。每片280元。

金剛經宗通：三界唯心，萬法唯識，是成佛之修證內容，是諸地菩薩之所修；般若則是成佛之道（實證三界唯心、萬法唯識）的入門，若未證悟實相般若，即無成佛之可能，必將永在外門廣行菩薩六度，永在凡夫位中。然而實相般若的發起，全賴實證萬法的實相；若欲證知萬法的眞相，則必須探究萬法之所從來，則須實證自心如來—金剛心如來藏，然後現觀這個金剛心的金剛性、眞實性、如如性、清淨性、涅槃性、能生萬法的自性性、本住性，名爲證眞如；進而現觀三界六道唯是此金剛心所成，人間萬法須藉八識心王和合運作方能現起。如是實證《華嚴經》的「三界唯心、萬法唯識」以後，由此等現觀而發起實相般若智慧，繼續進修第十住位的如幻觀、第十行位的陽焰觀、第十迴向位的如夢觀，再生起增上意樂而勇發十無盡願，方能滿足三賢位的實證，轉入初地；自知成佛之道而無偏倚，從此按部就班、次第進修乃至成佛。第八識自心如來是般若智慧之所依，般若智慧的修證則要從實證金剛心自心如來開始；《金剛經》則是解說自心如來之經典，是一切三賢位菩薩所應進修之實相般若經典。這一套書，是將平實導師宣講的《金剛經宗通》內容，整理成文字而流通之；書中所說義理，迥異古今諸家依文解義之說，指出大乘見道方向與理路，有益於禪宗學人求開悟見道，及轉入內門廣修六度萬行。講述完畢後結集出版，總共9輯，每輯約三百餘頁，售價各250元。

空行母—性別、身分定位，以及藏傳佛教：本書作者爲蘇格蘭哲學家，因爲嚮往佛教深妙的哲學內涵，於是進入當年盛行於歐美的假藏傳佛教密宗，擔任卡盧仁波切的翻譯工作多年以後，被邀請成爲卡盧的空行母（又名佛母、明妃），開始了她在密宗裡的實修過程；後來發覺在密宗雙身法中的修行，其實無法使自己成佛，也發覺密宗對女性岐視而處處貶抑，並剝奪女性在雙身法中擔任一半角色時應有的身分定位。當她發覺自己只是雙身法中被喇嘛利用的工具，沒有獲得絲毫應有的尊重與基本定位時，發現了密宗的父權社會控制女性的本質；於是作者傷心地離開了卡盧仁波切與密宗，但是卻被恐嚇不許講出她在密宗裡的經歷，也不許她說出自己對密宗的教義與教制下對女性剝削的本質，否則將被咒殺死亡。後來她去加拿大定居，十餘年後方才擺脫這個恐嚇陰影，下定決心將親身經歷的實情及觀察到的事實寫下來並且出版，公諸於世。出版之後，她被流亡的達賴集團人士大力攻訐，誣指她爲精神狀態失常、說謊……等。但有智之士並未被達賴集團的政治操作及各國政府政治運作吹捧達賴的表相所欺，使她的書銷售無阻而又再版。正智出版社鑑於作者此書是親身經歷的事實，所說具有針對「藏傳佛教」而作學術研究的價值，也有使人認清假藏傳佛教剝削佛母、明妃的男性本位實質，因此洽請作者同意中譯而出版於華人地區。珍妮·坎貝爾女士著，呂艾倫 中譯，每冊250元。

霧峰無霧—給哥哥的信 本書作者藉兄弟之間信件往來論義，略述佛法大義；並以多篇短文辨義，舉出釋印順對佛法的無量誤解證據，並一一給予簡單而清晰的辨正，令人一讀即知。久讀、多讀之後即能認清楚釋印順的六識論見解，與眞實佛法之牴觸是多麼嚴重；於是在久讀、多讀之後，於不知不覺之間提升了對佛法的極深入理解，正知正見就在不知不覺間建立起來了。當三乘佛法的正知見建立起來之後，對於三乘菩提的見道條件便將隨之具足，於是聲聞解脫道的見道也就水到渠成；接著大乘見道的因緣也將次第成熟，未來自然也會有親見大乘菩提之道的因緣，悟入大乘實相般若也將自然成功，自能通達般若系列諸經而成實義菩薩。作者居住於南投縣霧峰鄉，自喻見道之後不復再見霧峰之霧，故鄉原野美景一一明見，於是立此書名爲《霧峰無霧》；讀者若欲撥霧見月，可以此書爲緣。游宗明 老師著 售價250元。

假藏傳佛教的神話—性、謊言、喇嘛教：本書編著者是由一首名叫「阿姊鼓」的歌曲爲緣起，展開了序幕，揭開假藏傳佛教—喇嘛教—的神秘面紗。其重點是蒐集、摘錄網路上質疑「喇嘛教」的帖子，以揭穿「假藏傳佛教的神話」爲主題，串聯成書，並附加彩色插圖以及說明，讓讀者們瞭解西藏密宗及相關人事如何被操作爲「神話」的過程，以及神話背後的眞相。作者：張正玄教授。售價200元。

達賴真面目—玩盡天下女人：假使您不想戴綠帽子，請記得詳細閱讀此書；假使您不想讓好朋友戴綠帽子，請您將此書介紹給您的好朋友。假使您想保護家中的女性，也想要保護好朋友的女眷，請記得將此書送給家中的女性和好友的女眷都來閱讀。本書爲印刷精美的大本彩色中英對照精裝本，爲您揭開達賴喇嘛的眞面目，內容精彩不容錯過，爲利益社會大眾，特別以優惠價格嘉惠所有讀者。編著者：白志偉等。大開版雪銅紙彩色精裝本。售價800元。

童女迦葉考—論呂凱文〈佛教輪迴思想的論述分析〉之謬：童女迦葉是佛世率領五百大比丘遊行於人間的歷史事實，是以童貞行而依止菩薩戒弘化於人間的大菩薩，不依別解脫戒（聲聞戒）來弘化於人間。這是大乘佛教與聲聞佛教同時存在於佛世的歷史明證，證明大乘佛教不是從聲聞法中分裂出來的部派佛教的產物，卻是聲聞佛教分裂出來的部派佛教聲聞凡夫僧所不樂見的史實；於是古今聲聞法中的凡夫都欲加以扭曲而作詭說，更是末法時代高聲大呼「大乘非佛說」的六識論聲聞凡夫極力想要扭曲的佛教史實之一，於是想方設法扭曲迦葉菩薩爲聲聞僧，以及扭曲迦葉童女爲比丘僧等荒謬不實之論著便陸續出現，古時聲聞僧寫作的《分別功德論》是最具體之事例，現代之代表作則是呂凱文先生的〈佛教輪迴思想的論述分析〉論文。鑑於如是假藉學術考證以籠罩大眾之不實謬論，未來仍將繼續造作及流竄於佛教界，繼續扼殺大乘佛教學人法身慧命，必須舉證辨正之，遂成此書。平實導師 著，每冊180元。

末代達賴—性交教主的悲歌：簡介從藏傳僞佛教（喇嘛教）的修行核心—性力派男女雙修，探討達賴喇嘛及藏傳僞佛教的修行內涵。書中引用外國知名學者著作、世界各地新聞報導，包含：歷代達賴喇嘛的祕史、達賴六世修雙身法的事蹟，以及《時輪續》中的性交灌頂儀式……等；達賴喇嘛書中開示的雙修法、達賴喇嘛的黑暗政治手段；達賴喇嘛所領導的寺院爆發喇嘛性侵兒童；新聞報導《西藏生死書》作者索甲仁波切性侵女信徒、澳洲喇嘛秋達公開道歉、美國最大假藏傳佛教組織領導人邱陽創巴仁波切的性氾濫，等等事件背後眞相的揭露。作者：張善思、呂艾倫、辛燕。售價250元。

黯淡的達賴—失去光彩的諾貝爾和平獎：本書舉出很多證據與論述，詳述達賴喇嘛不爲世人所知的一面，顯示達賴喇嘛並不是眞正的和平使者，而是假借諾貝爾和平獎的光環來欺騙世人；透過本書的說明與舉證，讀者可以更清楚的瞭解，達賴喇嘛是結合暴力、黑暗、淫欲於喇嘛教裡的集團首領，其政治行爲與宗教主張，早已讓諾貝爾和平獎的光環染污了。　本書由財團法人正覺教育基金會寫作、編輯，由正覺出版社印行，每冊250元。

第七意識與第八意識？—穿越時空「超意識」：「三界唯心，萬法唯識」是佛教中應該實證的聖教，也是《華嚴經》中明載而可以實證的法界實相。唯心者，三界一切境界、一切諸法唯是一心所成就，即是每一個有情的第八識如來藏，不是意識心。唯識者，即是人類各各都具足的八識心王——眼識、耳鼻舌身意識、意根、阿賴耶識，第八阿賴耶識又名如來藏，人類五陰相應的萬法，莫不由八識心王共同運作而成就，故說萬法唯識。依聖教量及現量、比量，都可以證明意識是二法因緣生，是由第八識藉意根與法塵二法爲因緣而出生，又是夜夜斷滅不存之生滅心，即無可能反過來出生第七識意根、第八識如來藏，當知不可能從生滅性的意識心中，細分出恆審思量的第七識意根，更無可能細分出恆而不審的第八識如來藏。本書是將演講內容整理成文字，細說如是內容，並已在〈正覺電子報〉連載完畢，今彙集成書以廣流通，欲幫助佛門有緣人斷除意識我見，跳脫於識陰之外而取證聲聞初果；嗣後修學禪宗時即得不墮外道神我之中，得以求證第八識金剛心而發起般若實智。平實導師 述，每冊300元。

中觀金鑑—詳述應成派中觀的起源與其破法本質：學佛人往往迷於中觀學派之不同學說，被應成派與自續派所迷惑；修學般若中觀二十年後自以爲實證般若中觀了，卻仍不曾入門，甫聞實證般若中觀者之所說，則茫無所知，迷惑不解；隨後信心盡失，不知如何實證佛法；凡此，皆因惑於這二派中觀學說所致。自續派中觀所說同於常見，以意識境界立爲第八識如來藏之境界，應成派所說則同於斷見，但又同立意識爲常住法，故亦具足斷常二見。今者孫正德老師有鑑於此，乃將起源於密宗的應成派中觀學說，追本溯源，詳考其來源之外，亦一一舉證其立論內容，詳加辨正，令密宗雙身法祖師以識陰境界而造之應成派中觀學說本質，詳細呈現於學人眼前，令其維護雙身法之目的無所遁形。若欲遠離密宗此二大派中觀謬說，欲於三乘菩提有所進道者，允宜具足閱讀並細加思惟，反覆讀之以後將可捨棄邪道返歸正道，則於般若之實證即有可能，證後自能現觀如來藏之中道境界而成就中觀。本書分上、中、下三冊，每冊250元，全部出版完畢。

人間佛教—實證者必定不悖三乘菩提：「大乘非佛說」的講法似乎流傳已久，卻只是日本人企圖擺脫中國正統佛教的影響，而在明治維新時期才開始提出來的說法；台灣佛教、大陸佛教的淺學無智之人，由於未曾實證佛法而迷信日本人錯誤的學術考證，錯認爲這些別有用心的日本佛學考證的講法爲天竺佛教的眞實歷史；甚至還有更激進的反對佛教者提出「釋迦牟尼佛並非眞實存在，只是後人揑造的假歷史人物」，竟然也有少數人願意跟著「學術」的假光環而信受不疑，於是開始有一些佛教界人士造作了反對中國佛教而推崇南洋小乘佛教的行爲，使佛教的信仰者難以檢擇，導致一般大陸人士開始轉入基督教的盲目迷信中。在這些佛教及外教人士之中，也就有一分人根據此邪說而大聲主張「大乘非佛說」的謬論，這些人以「人間佛教」的名義來抵制中國正統佛教，公然宣稱中國的大乘佛教是由聲聞部派佛教的凡夫僧所創造出來的。這樣的說法流傳於台灣及大陸佛教界凡夫僧之中已久，卻非眞正的佛教歷史中曾經發生過的事，只是繼承六識論的聲聞法中凡夫僧依自己的意識境界立場，純憑臆想而編造出來的妄想說法，卻已經影響許多無智之凡夫僧俗信受不移。本書則是從佛教的經藏法義實質及實證的現量內涵本質立論，證明大乘佛法本是佛說，是從《阿含正義》尚未說過的不同面向來討論「人間佛教」的議題，證明「大乘眞佛說」。閱讀本書可以斷除六識論邪見，迴入三乘菩提正道發起實證的因緣；也能斷除禪宗學人學禪時普遍存在之錯誤知見，對於建立參禪時的正知見有很深的著墨。　平實導師　述，內文488頁，全書528頁，定價400元。

喇嘛性世界—揭開假藏傳佛教譚崔瑜伽的面紗：這個世界中的喇嘛，號稱來自世外桃源的香格里拉，穿著或紅或黃的喇嘛長袍，散布於我們的身邊傳教灌頂，吸引了無數的人嚮往學習；這些喇嘛虔誠地爲大衆祈福，手中拿著寶杵（金剛）與寶鈴（蓮花），口中唸著咒語：「唵．嘛呢．叭咪．吽……」，咒語的意思是說：「我至誠歸命金剛杵上的寶珠伸向蓮花寶穴之中」！　「喇嘛性世界」是什麼樣的「世界」呢？　本書將爲您呈現喇嘛世界的面貌。　當您發現眞相以後，您將會唸：「噢！喇嘛．性．世界，譚崔性交嘛！」作者：張善思、呂艾倫。售價200元。

見性與看話頭：黃正倖老師的《見性與看話頭》於《正覺電子報》連載完畢，今結集出版。書中詳說禪宗看話頭的詳細方法，並細說看話頭與眼見佛性的關係，以及眼見佛性者求見佛性前必須具備的條件。本書是禪宗實修者追求明心開悟時參禪的方法書，也是求見佛性者作功夫時必讀的方法書，內容兼顧眼見佛性的理論與實修之方法，是依實修之體驗配合理論而詳述，條理分明而且極爲詳實、周全、深入。本書內文375頁，全書416頁，售價300元。

實相經宗通：學佛之目的在於實證一切法界背後之實相，禪宗稱之爲本來面目或本地風光，佛菩提道中稱之爲實相法界；此實相法界即是金剛藏，又名佛法之祕密藏，即是能生有情五陰、十八界及宇宙萬有（山河大地、諸天、三惡道世間）的第八識如來藏，又名阿賴耶識心，即是禪宗祖師所說的眞如心，此心即是三界萬有背後的實相。證得此第八識心時，自能瞭解般若諸經中隱說的種種密意，即得發起實相般若——實相智慧。每見學佛人修學佛法二十年後仍對實相般若茫然無知，亦不知如何入門，茫無所趣；更因不知三乘菩提的互異互同，是故越是久學者對佛法越覺茫然，都肇因於尚未瞭解佛法的全貌，亦未瞭解佛法的修證內容即是第八識心所致。本書對於修學佛法者所應實證的實相境界提出明確解析，並提示趣入佛菩提道的入手處，有心親證實相般若的佛法實修者，宜詳讀之，於佛菩提道之實證即有下手處。平實導師述著，共八輯，已全部出版完畢，每輯成本價250元。

真心告訴您（一）——達賴喇嘛在幹什麼？這是一本報導篇章的選集，更是「破邪顯正」的暮鼓晨鐘。「破邪」是戳破假象，說明達賴喇嘛及其所率領的密宗四大派法王、喇嘛們，弘傳的佛法是仿冒的佛法；他們是假藏傳佛教，是坦特羅（譚崔性交）外道法和藏地崇奉鬼神的苯教混合成的「喇嘛教」，推廣的是以所謂「無上瑜伽」的男女雙身法冒充佛法的假佛教，詐財騙色誤導衆生，常常造成信徒家庭破碎、家中兒少失怙的嚴重後果。「顯正」是揭櫫眞相，指出眞正的藏傳佛教只有一個，就是覺囊巴，傳的是　釋迦牟尼佛演繹的第八識如來藏妙法，稱爲他空見大中觀。正覺教育基金會即以此古今輝映的如來藏正法正知見，在眞心新聞網中逐次報導出來，將箇中原委「眞心告訴您」，如今結集成書，與想要知道密宗眞相的您分享。售價250元。

法華經講義：此書為平實導師始從2009/7/21演述至2014/1/14之講經錄音整理所成。世尊一代時教，總分五時三教，即是華嚴時、聲聞緣覺教、般若教、種智唯識教、法華時；依此五時三教區分為藏、通、別、圓四教。本經是最後一時的圓教經典，圓滿收攝一切法教於本經中，是故最後的圓教聖訓中，特地指出無有三乘菩提，其實唯有一佛乘；皆因眾生愚迷故，方便區分為三乘菩提以助眾生證道。世尊於此經中特地說明如來示現於人間的唯一大事因緣，便是為有緣眾生「開、示、悟、入」諸佛的所知所見——第八識如來藏妙眞如心，並於諸品中隱說「妙法蓮花」如來藏心的密意。然因此經所說甚深難解，眞義隱晦，古來難得有人能窺堂奧；平實導師以知如是密意故，特為末法佛門四眾演述《妙法蓮華經》中各品蘊含之密意，使古來未曾被古德註解出來的「此經」密意，如實顯示於當代學人眼前。乃至〈藥王菩薩本事品〉、〈妙音菩薩品〉、〈觀世音菩薩普門品〉、〈普賢菩薩勸發品〉中的微細密意，亦皆一併詳述之，開前人所未曾言之密意，示前人所未見之妙法。最後乃至以〈法華大意〉而總其成，全經妙旨貫通始終，而依佛旨圓攝於一心如來藏妙心，厥為曠古未有之大說也。平實導師述　已於2015/5/31起開始出版，每二個月出版一輯，共25輯。每輯300元。

西藏「活佛轉世」制度——附佛、造神、世俗法：歷來關於喇嘛教活佛轉世的研究，多針對歷史及文化兩部分，於其所以成立的理論基礎，較少系統化的探討。尤其是此制度是否依據「佛法」而施設？是否合乎佛法眞實義？現有的文獻大多含糊其詞，或人云亦云，不曾有明確的闡釋與如實的見解。因此本文先從活佛轉世的由來，探索此制度的起源、背景與功能，並進而從活佛的尋訪與認證之過程，發掘活佛轉世的特徵，以確認「活佛轉世」在佛法中應具足何種果德。定價150元。

真心告訴您（二）—達賴喇嘛是佛教僧侶嗎？補祝達賴喇嘛八十大壽：這是一本針對當今達賴喇嘛所領導的喇嘛教，冒用佛教名相、於師徒間或師兄姊間，實修男女邪淫，而從佛法三乘菩提的現量與聖教量，揭發其謊言與邪術，證明達賴及其喇嘛教是仿冒佛教的外道，是「假藏傳佛教」。藏密四大派教義雖有「八識論」與「六識論」的表面差異，然其實修之內容，皆共許「無上瑜伽」四部灌頂爲究竟「成佛」之法門，也就是共以男女雙修之邪淫法爲「即身成佛」之密要，雖美其名曰「欲貪爲道」之「金剛乘」，並誇稱其成就超越於（應身佛）釋迦牟尼佛所傳之顯教般若乘之上；然詳考其理論，則或以意識離念時之粗細心爲第八識如來藏，或以中脈裡的明點爲第八識如來藏，或如宗喀巴與達賴堅決主張第六意識爲常恆不變之眞心者，分別墮於外道之常見與斷見中；全然違背 佛說能生五蘊之如來藏的實質。售價300元。

涅槃—解說四種涅槃之實證及內涵：眞正學佛之人，首要即是見道，由見道故方有涅槃之實證，證涅槃者方能出生死，但涅槃有四種：二乘聖者的有餘涅槃、無餘涅槃，以及大乘聖者的本來自性清淨涅槃、佛地的無住處涅槃。大乘聖者實證本來自性清淨涅槃，入地前再取證二乘涅槃，然後起惑潤生捨離二乘涅槃，繼續進修而在七地心前斷盡三界愛之習氣種子，依七地無生法忍之具足而證得念念入滅盡定；八地後進斷異熟生死，直至妙覺地下生人間成佛，具足四種涅槃，方是眞正成佛。此理古來少人言，以致誤會涅槃正理者比比皆是，今於此書中廣說四種涅槃、如何實證之理、實證前應有之條件，實屬本世紀佛教界極重要之著作，令人對涅槃有正確無訛之認識，然後可以依之實行而得實證。本書共有上下二冊，每冊各四百餘頁，對涅槃詳加解說，每冊各350元。

修習止觀坐禪法要講記：修學四禪八定之人，往往錯會禪定之修學知見，欲以無止盡之坐禪而證禪定境界，卻不知修除性障之行門才是修證四禪八定不可或缺之要素，故智者大師云「性障初禪」；性障不除，初禪永不現前，云何修證二禪等？又：行者學定，若唯知數息，而不解六妙門之方便善巧者，欲求一心入定，未到地定極難可得，智者大師名之爲「事障未來」：障礙未到地定之修證。又禪定之修證，不可違背二乘菩提及第一義法，否則縱使具足四禪八定，亦不能實證涅槃而出三界。此諸知見，智者大師於《修習止觀坐禪法要》中皆有闡釋。作者平實導師以其第一義之見地及禪定之實證證量，曾加以詳細解析。將俟正覺寺竣工啓用後重講，不限制聽講者資格；講後將以語體文整理出版。欲修習世間定及增上定之學者，宜細讀之。平實導師述著。

解深密經講記：本經係　世尊晚年第三轉法輪，宣說地上菩薩所應熏修之唯識正義經典，經中所說義理乃是大乘一切種智增上慧學，以阿陀那識—如來藏—阿賴耶識爲主體。禪宗之證悟者，若欲修證初地無生法忍乃至八地無生法忍者，必須修學《楞伽經、解深密經》所說之八識心王一切種智；此二經所說正法，方是眞正成佛之道；印順法師否定第八識如來藏之後所說萬法緣起性空之法，是以誤會後之二乘解脫道取代大乘眞正成佛之道，尚且不符二乘解脫道正理，亦已墮於斷滅見中，不可謂爲成佛之道也。平實導師曾於本會郭故理事長往生時，於喪宅中從首七開始宣講，於每一七各宣講三小時，至第十七而快速略講圓滿，作爲郭老之往生佛事功德，迴向郭老早證八地、速返娑婆住持正法。茲爲今時後世學人故，將擇期重講《解深密經》，以淺顯之語句講畢後，將會整理成文，用供證悟者進道；亦令諸方未悟者，據此經中佛語正義，修正邪見，依之速能入道。平實導師述著，全書輯數未定，每輯三百餘頁，將於未來重講完畢後逐輯出版。

阿含經講記—小乘解脫道之修證：數百年來，南傳佛法所說證果之不實，所說解脫道之虛妄，所弘解脫道法義之世俗化，皆已少人知之；從南洋傳入台灣與大陸之後，所說法義虛謬之事，亦復少人知之；今時台灣全島印順系統之法師居士，多不知南傳佛法數百年來所說解脫道之義理已然偏斜、已然世俗化、已非眞正之二乘解脫正道，猶極力推崇與弘揚。彼等南傳佛法近代所謂之證果者多非眞實證果者，譬如阿迦曼、葛印卡、帕奧禪師、一行禪師……等人，悉皆未斷我見故。近年更有台灣南部大願法師，高抬南傳佛法之二乘修證行門爲「捷徑究竟解脫之道」者，然而南傳佛法縱使眞修實證，得成阿羅漢，至高唯是二乘菩提解脫之道，絕非究竟解脫，無餘涅槃中之實際尚未得證故，法界之實相尚未了知故，習氣種子待除故，一切種智未實證故，焉得謂爲「究竟解脫」？即使南傳佛法近代眞有實證之阿羅漢，尚且不及三賢位中之七住明心菩薩本來自性清淨涅槃智慧境界，則不能知此賢位菩薩所證之無餘涅槃實際，仍非大乘佛法中之見道者，何況普未實證聲聞果乃至未斷我見之人？謬充證果已屬逾越，更何況是誤會二乘菩提之後，以未斷我見之凡夫知見所說之二乘菩提解脫偏斜法道，焉可高抬爲「究竟解脫」？而且自稱「捷徑之道」？又妄言解脫之道即是成佛之道，完全否定般若實智、否定三乘菩提所依之如來藏心體，此理大大不通也！平實導師爲令修學二乘菩提欲證解脫果者，普得迴入二乘菩提正見、正道中，是故選錄四阿含諸經中，對於二乘解脫道法義有具足圓滿說明之經典，預定未來十年內將會加以詳細講解，令學佛人得以了知二乘解脫道之修證理路與行門，庶免被人誤導之後，未證言證，干犯道禁，成大妄語，欲升反墮。本書首重斷除我見，以助行者斷除我見而實證初果爲著眼之目標，若能根據此書內容，配合平實導師所著《識蘊眞義》《阿含正義》內涵而作實地觀行，實證初果非爲難事，行者可以藉此三書自行確認聲聞初果爲實際可得現觀成就之事。此書中除依二乘經典所說加以宣示外，亦依斷除我見等之證量，及大乘法中道種智之證量，對於意識心之體性加以細述，令諸二乘學人必定得斷我見、常見，免除三縛結之繫縛。次則宣示斷除我執之理，欲令升進而得薄貪瞋痴，乃至斷五下分結…等。平實導師述，共二冊，每冊三百餘頁。每輯300元。

總經銷： 飛鴻 國際行銷股份有限公司

231 新北市新店市中正路 501 之 9 號 2 樓

Tel.02－82186688（五線代表號） Fax.02-82186458、82186459

零售：1.**全台連鎖經銷書局：**

三民書局、誠品書局、何嘉仁書店

敦煌書店、紀伊國屋、金石堂書局、建宏書局

諾貝爾圖書城、墊腳石圖書文化廣場

2.**台北市：**佛化人生 **大安區**羅斯福路 3 段 325 號 6 樓之 4　台電大樓對面

3.**新北市：**春大地書店 **蘆洲區**中正路 117 號

4.**桃園市：**御書堂 **龍潭區**中正路 123 號

5.**新竹市：**大學書局 **東區**建功路 10 號

6.**台中市：**瑞成書局 **東區**雙十路 1 段 4 之 33 號

佛教詠春書局 **南屯區**永春東路 884 號

文春書店 **霧峰區**中正路 1087 號

7.**彰化市：**心泉佛教文化中心 南瑤路 286 號

8.**高雄市：**政大書城 **苓雅區**光華路 148-83 號

明儀書局 **三民區**明福街 2 號\

青年書局 **苓雅區**青年一路 141 號

9.**宜蘭市：**金隆書局　中山路 3 段 43 號

10.**台東市：**東普佛教文物流通處 博愛路 282 號

11.**其餘鄉鎮市經銷書局：**請電詢總經銷**飛鴻**公司。

12.**大陸地區請洽：**

香港：樂文書店

旺角店 :香港九龍旺角西洋菜街 62 號 3 樓

電話 : (852) 2390 3723　email: luckwinbooks@gmail.com

銅鑼灣店 :香港銅鑼灣駱克道 506 號 2 樓

電話 : (852) 2881 1150　email: luckwinbs@gmail.com

廈門：廈門外圖臺灣書店有限公司

地址：廈門市思明區湖濱南路809 號 廈門外圖書城3 樓 郵編：361004

電話：0592-5061658（臺灣地區請撥打 86-592-5061658）

E-mail：JKB118＠188.COM

13.**美國：世界日報圖書部：**紐約圖書部　電話 7187468889#6262

洛杉磯圖書部　電話 3232616972#202

14.**國內外地區網路購書：**

正智出版社 書香園地　http://books.enlighten.org.tw/

（書籍簡介、經銷書局可直接聯結下列網路書局購書）

三民 網路書局　http://www.sanmin.com.tw

誠品 網路書局　http://www.eslitebooks.com

博客來 網路書局 http://www.books.com.tw
金石堂 網路書局 http://www.kingstone.com.tw
飛鴻 網路書局 http://fh6688.com.tw

附註：1.請儘量向各經銷書局購買：郵政劃撥需要八天才能寄到（本公司在您劃撥後第四天才能接到劃撥單，次日寄出後第二天您才能收到書籍，此六天中可能會遇到週休二日，是故共需八天才能收到書籍）若想要早日收到書籍者，請劃撥完畢後，將劃撥收據貼在紙上，旁邊寫上您的姓名、住址、郵區、電話、買書詳細內容，直接傳眞到本公司 02-28344822，並來電 02-28316727、28327495 確認是否已收到您的傳眞，即可提前收到書籍。 **2.**因台灣每月皆有五十餘種宗教類書籍上架，書局書架空間有限，故唯有新書方有機會上架，通常每次只能有一本新書上架；本公司出版新書，大多上架不久便已售出，若書局未再叫貨補充者，書架上即無新書陳列，則請直接向書局櫃台訂購。 **3.**若書局不便代購時，可於晚上共修時間向正覺同修會各共修處請購（共修時間及地點，詳閱**共修現況表**。每年例行年假期間請勿前往請書，年假期間請見共修現況表）。 **4.**郵購：郵政劃撥帳號 19068241。 **5.**正覺同修會會員購書都以八折計價（戶籍台北市者爲一般會員，外縣市爲護持會員）都可獲得優待，欲一次購買全部書籍者，可以考慮入會，節省書費。入會費一千元（第一年初加入時才需要繳），年費二千元。**6.尚未出版之書籍，請勿預先郵寄書款與本公司，謝謝您！** **7.**若欲一次購齊本公司書籍，或同時取得正覺同修會贈閱之全部書籍者，請於正覺同修會共修時間，親到各共修處請購及索取；**台北市讀者**請洽：103 台北市承德路三段 267 號 10 樓（捷運淡水線 圓山站旁）請書時間：週一至週五爲 18.00~21.00，第一、三、五週週六爲 10.00~21.00，雙週之週六爲 10.00~18.00 請購處專線電話：25957295-分機 14（於請書時間方有人接聽）。

敬告大陸讀者：

大陸讀者購書、索書捷徑（尚未在大陸出版的書籍，以下二個途徑都可以購得，電子書另包括結緣書籍）：

1.廈門外國圖書公司：廈門市思明區湖濱南路 809 號 廈門外圖書城 3F

郵編：361004　電話：0592-5061658　網址：http://www.xibc.com.cn/

2.電子書：正智出版社有限公司及正覺同修會在台灣印行的各種局版書、結緣書，已有『**正覺電子書**』陸續上線中，提供讀者於手機、平板電腦上購書、下載、閱讀正智出版社、正覺同修會及正覺教育基金會所出版之電子書，詳細訊息敬請參閱『正覺電子書』專頁：http://books.enlighten.org.tw/ebook

關於平實導師的書訊，請上網查閱：

成佛之道　http://www.a202.idv.tw

正智出版社 書香園地　http://books.enlighten.org.tw/

中國網採訪佛教正覺同修會、正覺教育基金會訊息：

http://big5.china.com.cn/gate/big5/fangtan.china.com.cn/2014-06/19/content_32714638.htm

http://pinpai.china.com.cn/

★ 正智出版社有限公司售書之稅後盈餘，全部捐助財團法人正覺寺籌備處、佛教正覺同修會、正覺教育基金會，供作弘法及購建道場之用；懇請諸方大德支持，功德無量。

★ 聲　明 ★

本社於 2015/01/01 開始調整本目錄中部分書籍之售價，以因應各項成本的持續增加。

＊ 喇嘛教修外道雙身法、墮識陰境界，非佛教 ＊

＊ 弘揚如來藏他空見的覺囊派才是真正藏傳佛教 ＊

售後服務—換書啓事（免附回郵） 2017/12/05

《楞伽經詳解》第三輯初版免費調換新書啓事：茲因 平實導師弘法早期尚未回復往世全部證量，有些法義接受他人的說法，寫書當時並未察覺而有二處（同一種法義）跟著誤說，如今發現已將之修正。茲爲顧及讀者權益，已開始免費調換新書；敬請所有讀者將以前所購第三輯（不論第幾刷），攜回或寄回本公司免費換新；郵寄者之回郵由本公司負擔，不需寄來郵票。因此而造成讀者閱讀、以及換書的不便，在此向所有讀者致上萬分的歉意，祈請讀者大眾見諒！

《楞嚴經講記》第 14 輯初版首刷本免費調換新書啓事：本講記第 14 輯出版前因 平實導師諸事繁忙，未將之重新閱讀而只改正校對時發現的錯別字，故未能發覺十年前所說法義有部分錯誤，於第 15 輯付印前重閱時才發覺第 14 輯中有部分錯誤尚未改正。今已重新審閱修改並已重印完成，煩請所有讀者將以前所購第 14 輯初版首刷本，寄回本公司免費換新（初版二刷本無錯誤），本公司將於寄回新書時同時附上您寄書來換新時的郵資，並在此向所有讀者致上最誠懇的歉意。

《心經密意》初版書免費調換二版新書啓事：本書係演講錄音整理成書，講時因時間所限，省略部分段落未講。後於再版時補寫增加 13 頁，維持原價流通之。茲爲顧及初版讀者權益，自 2003/9/30 開始免費調換新書，原有初版一刷、二刷書籍，皆可寄來本公司換書。

《宗門法眼》已經增寫改版爲 464 頁新書，2008 年 6 月中旬出版。讀者原有初版之第一刷、第二刷書本，都可以寄回本公司免費調換改版新書。改版後之公案及錯悟事例維持不變，但將內容加以增說，較改版前更具有廣度與深度，將更能助益讀者參究實相。

換書者**免附回郵**，亦無截止期限；舊書請寄：111 台北郵政 73-151 號信箱 或 103 台北市承德路三段 267 號 10 樓 正智出版社有限公司。舊書若有塗鴨、殘缺、破損者，仍可換取新書；但缺頁之舊書至少應仍有五分之三頁數，方可換書。所有讀者不必顧念本公司是否有盈餘之問題，都請踴躍寄來換書；本公司成立之目的不是營利，只要能眞實利益學人，即已達到成立及運作之目的。若以郵寄方式換書者，免附回郵；並於寄回新書時，由本公司附上您寄來書籍時耗用的郵資。造成您不便之處，再次致上萬分的歉意。

正智出版社有限公司 啓

換書及道歉公告

《法華經講義》第十三輯，因謄稿、印製等相關人員作業疏失，導致該書中的經文及內文用字將「**親近**」誤植成「清淨」。茲爲顧及讀者權益，自 2017/8/30 開始免費調換新書；敬請所有讀者將以前所購第十三輯初版首刷及二刷本，攜回或寄回本社免費換新，或請自行更正其中的錯誤之處；郵寄者之回郵由本社負擔，不需寄來郵票。同時對因此而造成讀者閱讀、以及換書的困擾及不便，在此向所有讀者致上最誠懇的歉意，祈請讀者大眾見諒！錯誤更正說明如下：

一、第 256 頁第 10 行~第 14 行：【就是先要具備「**法親近處**」、「**眾生親近處**」；法**親近**處就是在實相之法有所實證，如果在實相法上有所實證，他在二乘菩提中自然也能有所實證，以這個作爲第一個**親近**處——第一個基礎。然後還要有第二個基礎，就是瞭解應該如何善待眾生；對於眾生不要有排斥或者是貪取之心，平等觀待而攝受、親近一切有情。以這兩個**親近**處作爲基礎，來實行其他三個安樂行法。】。

二、第 268 頁第 13 行：【具足了那兩個「**親近處**」，使你能夠在末法時代，如實而圓滿的演述《法華經》時，那麼你作這個夢，它就是如理作意的，完全符合邏輯去完成這個過程，就表示你那個晚上，在那短短的一場夢中，已經度了不少眾生了。】

正智出版社有限公司 敬啓

國家圖書館出版品預行編目(CIP)資料

法華經講義 / 平實導師述. -- 初版. -
- 臺北市 : 正智, 2015.05　面 ;　公分

ISBN 978-986-56553-0-3 (第一輯:平裝)
ISBN 978-986-56554-6-4 (第二輯:平裝)
ISBN 978-986-56555-6-3 (第三輯:平裝)
ISBN 978-986-56556-1-7 (第四輯:平裝)
ISBN 978-986-56556-9-3 (第五輯:平裝)
ISBN 978-986-56557-9-2 (第六輯:平裝)
ISBN 978-986-56558-2-2 (第七輯:平裝)
ISBN 978-986-56558-9-1 (第八輯:平裝)
ISBN 978-986-56559-8-3 (第九輯:平裝)
ISBN 978-986-93725-2-7 (第十輯:平裝)
ISBN 978-986-93725-4-1 (第十一輯:平裝)
ISBN 978-986-93725-6-5 (第十二輯:平裝)
ISBN 978-986-93725-7-2 (第十三輯:平裝)
ISBN 978-986-94970-3-9 (第十四輯:平裝)
ISBN 978-986-94970-7-7 (第十五輯:平裝)
ISBN 978-986-94970-9-1 (第十六輯:平裝)
ISBN 978-986-95830-1-5 (第十七輯:平裝)
ISBN 978-986-95830-4-6 (第十八輯:平裝)
ISBN 978-986-95830-9-1 (第十九輯:平裝)
ISBN 978-986-96548-1-4 (第二十輯:平裝)
ISBN 978-986-96548-5-2 (第二十一輯:平裝)
ISBN 978-986-97233-0-5 (第二十二輯:平裝)

1. 法華部

221.5　104004638

法華經講義——第二十二輯

著　述　者：平實導師
音文轉換：章乃鈞、高惠齡、劉惠莉、蔡正利、黃昇金
校　　對：章乃鈞 陳介源 孫淑貞 傅素嫻 王美伶
出　版　者：正智出版社有限公司
電話：〇二 28327495　28316727（白天）
傳眞：〇二 28344822
111 台北郵政 73-151 號信箱
郵政劃撥帳號：一九〇六八二四一
正覺講堂：總機〇二 25957295（夜間）
總　經　銷：飛鴻國際行銷股份有限公司
231 新北市新店區中正路 501-9 號 2 樓
電話：〇二 82186688（五線代表號）
傳眞：〇二 82186458　82186459
初版首刷：二〇一八年十一月三十日　二千冊
初版三刷：二〇一八年十二月二十一日　二千冊
定　　價：三〇〇元